南怀瑾与金温铁路

侯承业◎编著

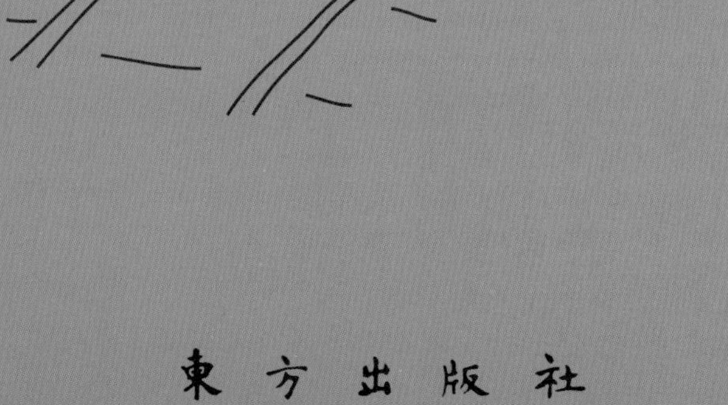

東方出版社

南怀瑾与金温铁路

侯承业 ◎编著

東方出版社

图书在版编目(CIP)数据

南怀瑾与金温铁路/侯承业编著.
—北京:东方出版社,2013.7

ISBN 978-7-5060-6640-2

Ⅰ.①南… Ⅱ.①侯… Ⅲ.①南怀瑾(1918～2012)-生平事迹
②铁路工程-史料-浙江省 Ⅳ.①K825.46②F532.9

中国版本图书馆 CIP 数据核字(2013)第 178721 号

南怀瑾与金温铁路

侯承业 编著

责任编辑: 孙涵 张莉娟
出版发行: 東方出版社
地 址: 北京朝阳门内大街 166 号
邮 编: 100706
邮购电话: (010)65210056 65210060
印 刷: 环球印刷(北京)有限公司
经 销: 新华书店
版 次: 2013 年 9 月第 1 版 2013 年 9 月北京第 1 次印刷
开 本: 787 毫米×1092 毫米 1/16
印 张: 21
字 数: 322 千字
书 号: ISBN 978-7-5060-6640-2
定 价: 42.00 元

目 录

简体版出版说明

听到东方出版社意欲出版《南怀瑾与金温铁路》一书的消息，不禁有些吃惊，也有些意外；因为这本十五年前印行的书，虽是一个纪实，但内容所传达的，并不一般，而是有特殊的意义，但却少有人注意。惟有台湾管理学大师陈定国博士，于各大学讲演时，宣称欲投资者，这是必参考的一本书。

世上的好书太多了，各式各样的智识学问都有。古人说：立德、立言、立功，不过人们常常忽略，任何的学问修养，都是在事功的成就过程中，才得以充分显现出来。所以古人说："坐而论道，不如起而行之"，因为事功是立德、立言、立功的具体呈现，圆满成就。

不过，说到事功，那也是无法强求的，即如先圣孔、孟二者，由于当时的情势和环境，终致伟愿难伸，功业难成；千百年后，因万方获益，才得事功圆满，成其为圣。

金温铁路是国父孙中山先生在《建国方略》中的计划，其重要性，吾辈幼年已深印脑海。但八十年已过，或因战乱无法修建，或因环境变迁而中断，始终未能修成。

时至 1989 年，大陆正在摸着石头过河，开创新局；炎黄子孙当然人人有责。此时，离乡去国四十载的南师怀瑾先生，甫自美到港，即有温州书记刘锡荣前来访，为百年未建的金温铁路，请求南师牵头领导。

修建一条铁路谈何容易，尤其引进外资投入国家建设，铁路史并无前例，其中千头万绪，如资金引用，艰难困扰的情况，绝非笔墨可形容。单说沟通意见，企望相互了解之事，已是千难万难了。

中国人到底是中国人，终于共同携手努力，经过先后六年光阴，铁路完成而通车了。检阅既往，其间颇有特殊之处，发人深省。

（一）开创境外资投入国内建设之先例。

（二）在铁路修建过程中，南师并未前赴国内一步，而是坐镇香港，只由门下李素美女士，往来香港、浙江之间，担任传递沟通任务。

（三）南师虽为投资者，但并未派遣任何南氏家族成员或门人学生、亲朋故旧等，前往参与工作。

（四）工程完毕后，南师放弃所有合约中应得利益，只收回投资，不计利息，还路于浙江地方。

本书中收集南师亲笔信件有六万余字之多，曾有一识者于阅毕此书后说：从书中看到的一切，才对古人所谓“运筹帷幄之中，决胜于千里之外”，恍然而悟；对于做人的标准，处事之智慧，更多有令人心领神会之处。

黄社长领导的东方出版社，一向立于文化之前端，现在更独具慧眼，印行本书，令人敬佩，盖亦读者之幸也。

刘雨虹　记

2012 年 5 月于庙港

繁体版出版说明

本书的出版，不是为了宣扬任何人的功勋，更不是标榜任何事业的伟大，而纯粹是为了一种社会责任。

任何一种长期牵动社会注意、影响大众价值观的事件，都属于社会事件；这些事件的过程与结果，都应该对社会大众公开，也就是，负起社会责任。

《南怀瑾与金温铁路》这本书的出版，就是基于这个社会责任的原故。

远自七八年前开始，媒体在港台地区及美国，就开始报道南怀瑾倡修金温铁路的消息了。此后不但常有报道，且一度谣言满天，真假难辨，使许多人蒙受影响，也使许多事更增加了困难。

现在铁路终于修好了，也是公开资料，向社会交代的时候了。

编记本书的侯承业博士，是美国华盛顿大学的土木工程教授，曾经实际参与金温铁路的许多事务。他无数次奔波于美国、香港、浙江之间，故能体会到修一条铁路不容易，修一条与大陆合资的铁路更是难上加难。其中最关键性的困扰，是意识形态与价值观的差异。

其实，四面八方参与的人，都是劳苦功高，都是尽心尽力的；但突破重重障碍却是大智慧。在这方面来说，浙江省参与的人士，承受的折磨更令人同情，而沿线民众无私的奉献，尤其令人感动。

侯承业博士多年来的工作，除教育方面外，更兼具了企业的经历，故而深感修筑金温铁路的资料，不但具有教育意义，并且提供了宝贵的合资经验。这个经验，不仅有助于大陆以外的投资者，更增进了大陆方面对外资的了解。所以，这个经验似乎还具有文化交流的意义。

这本书不是空谈或一方面的自我陈述，而是根据信函、文件、合约、会议记录等编集而成。十年过去了，国父《建国方略》中的重要建设——金温铁路，终于完成了，中山先生在天之灵当可告慰了吧！

刘雨虹

1998年2月于台北

前　言

金温铁路自孙中山先生于《建国方略》中描出蓝图八十年以来，历经曲折，先后倡修七次，均未成功。现在在南怀瑾先生的推动下，终于促成了这条铁路的诞生。

金温铁路长 251 公里，有隧道 35 公里，桥梁 14 公里，全线地形复杂，施工艰难，从申请报批到工程完工，总共投资近 30 亿元，费时近十年，开创了我国铁路史上合资建设的先河。浙西南两千万人企盼了大半个世纪的梦想，终于成为事实。

远在 1987 年，南先生在美国时，就对国内留美学子讲课时说过，到中国投资，不可用一本万利之心态，不然就是“驱耕夫之牛，夺饥人之食”。自然国内各级政府的领导者，也不能以不同的制度，作不一样的政令解释，一定要全力真诚地去配合，不然等于“剖胎炼丹，杀鸡取卵”。同时更要有四个基本理念和认识，那就是：共产主义的理想、社会主义的福利、资本主义的经营和中国文化的精神。这几句话，看来好像口号、标语，实际上，是为了使自己的国家繁荣昌盛，人民生活幸福。

南先生正是本着这个理念，自 1987 年起，经过十年的努力，备尝辛苦，终于使金温铁路由构想变为现实。其间他对整体规划、管理制度、经营方法、股份制度、海外银行融资、领导方法等，一一加以说明，留下了大量的信函、文书。本书就是根据几年来有关金温铁路的信函、文件、合约、新闻报道、施工简报、典礼纪要以及南先生的口述编写而成的。它是金温铁路的修建史实的真实记录。

南先生说过：为什么要修这条铁路呢？无非是想帮助中华民族发展起来，尽量为社会做点事，使大家受点益。他常说，修铁路是傻瓜才做的。以国内现有的种种条件，一条铁路修成，要好几年的时间；至于收回成本，快则十来年，慢则二十年；说到赚钱，那就是三十年的事了，除了命长，谁肯等那么久。尤其像他已七八十岁的人了，投资铁路，要想赚钱的话，除非神经病、疯子才会干。

开始谈铁路的时候，大家叫他领个头，用国内现在的话，叫“牵头”。他当时也就答应了，同时声明：他没有钱。但是，既然答应了，他就一定要把这条铁路修出来。他说：钱有什么了不起！钱是靠“人”想办法去找的。“志心于道义者，功名不足以累其心。”这里的“道义”涵义很广，凡是不为己利，不为私欲，真的是为天下利益的，对于将来个人的有名无名、有功无功，都是毫不考虑的。

就南先生个人的理想与希望而言，修一条金华到温州的铁路干道，不过是一件人生中义所当为的事而已。他真正要做的是为子孙后代修一条大道路，借用宋儒张横渠先生的四句话来说，便是：“为天地立心，为生民立命，为先圣继绝学，为万世开太平。”

所以南先生说，人们常常做事做不好，就往“钱”上面推，那是不对的。现在的改革、开放，就是要把那些捆死自己的框框解放开来，使自己活起来，这才是主要的精神。制度用活了，钱自然会来。实际上，世界上的财富都是有限的。一个社会、国家把财富的力量发动起来，集中起来，并且合理有效地支配运用，就可以富有，反之，只能是贫穷。

南先生特别提到，中国人的习气，就是个人的自我主观太强，缺乏团结性，两个人在一起，便有三派意见，表面客客气气，内心互不相让。还有我们的社会，近数十年来养成了一种不好的风气，把应酬吃喝当作公事；把坐议立谈的空言当作工作；以浪费公款为当然；以推过饰非为能事。

所以他希望由金温铁路公司的同仁做起，慢慢影响，改正这些不良风气，愿人人能做到："严以责己，宽以待人"，"对人要宽厚，对事要严谨"。所以，他倡修的，不止是一条铁路，也是要修建一条通往人心的大道。

侯承业于美国华盛顿大学

1997年9月20日

第一章　大半个世纪的企盼

八十年的梦想
兰溪讲堂的话
不怕穷　怕没有规章
谈金温铁路

八十年的梦想

国内的第一条外资参与建设经营的地方铁路——金温铁路，于1997年8月8日全线铺通，浙江省府柴松岳省长特致电给香港的南怀瑾先生，他代表省政府和全省四千四百万人民，向南老致以崇高的敬意与诚挚的谢意。浙江人民永远记住南老先生的卓越贡献。金温铁路的铺通、建成并投入营运，对于推动浙西南乃至浙江省的经济发展，带动贫困地区脱贫致富，将起到重要的作用。同时也为内地与港澳台地区合资建设地方铁路和其他基础设施项目，创出了一条新的道路。

金温铁路自孙中山先生于《建国方略》中描出蓝图的80年以来，历经曲折，先后倡修7次，均未成功，今日终于铺通，这是中央和地方各级政府、沿线人民群众共同努力的功劳，也是南先生鼎力扶助的结果。所以柴省长在1997年7月30日给南先生的信中，特别真诚地期待南先生能莅临参加盛典，共享成功之果。

南先生在1997年8月2日回函说：

> 来示知悉。欣闻金温铁路全程铺通工程完成，首先敬贺省府诸公以及参与兴建诸位同仁，大功将要完成的莫大喜讯。但我因忙于另一件工作，比起修筑铁路的工程，还紧急重要百倍以上。年老神衰，昼夜不懈，致使身心疲惫不堪，实无法遵命亲自到场观礼。今特托侯承业、李传洪、王伟国三位代表祝贺。另外我有金温铁路全线铺通感言一首，并请教正。

铁路已铺成　心忧意未平
世间须大道　何只羡车行

金温铁路贯穿浙西南山区，始自金华市，终至温州市，途经的地区占浙江省57%的土地面积和49%的人口。全长251公里，计有桥梁135座，共长14公里，隧道96座，共长35公里，沿途设车站27个。全线地质条件差，地形复杂，特别是温州丽水段为山区丘陵与河网地带，加上温州平原地区又处于全国典型的软土地带，施工难度大，所以施工历时五年，花费近30亿元。在大家坚苦奋斗中，才完成了任务。为什么在金温铁路全线铺通之际，南老师仍然“心忧意未平”呢？

原来在过去十年中，先自1987年温州市代表在美国拜见南先生，提出由南先生出资80%修建这条地方铁路。由1988年酝酿到1992年正式由中央批准，至1992年底开工到今天1997年铺轨完成，南先生出钱出力，费尽心思，给省领导、地方政府与铁道公司的信函不下百万言，这岂仅是一个中外合资修建铁路的事呢！回顾过去十年来的一切，正是一个活生生的历史，代表了两个不同社会背景对人事处理的不同角度，显示了南老忧国忧民的心意，也看到当时国内处理事情的心态。南老时时以大体为重，时时以做人处世为出发点，试看他在1988年写给温州的信：

温州要想在工商业上起飞，而对国内及国际声誉，得到认许，不能以已往和现在的个体户发达自豪。须知海内外人士，提到温州的社会风气，都在摇头叹气，望而却步。粗暴、恶声，看近不看远，顾前不顾后，不能尊重人人，而使人人对自己不尊重，至堪痛惜。永嘉学派与温州民风，在南北宋以来，

> 素为历史所重视。现在趁此时机，温州应首先发动全民建立社会主义的社会新秩序，作为首倡而影响全民社会，这可接上温州个体户发展的先声，更有重大意义和功德。希望您刘市长、董书记要鼓起勇气，拿出魄力来拟一具体方案，领导全民。为政之道，只要看得清，认得真，但能利国利民者，应义所当为而为之，便是千秋事业，大功勋。如果这样，一条金温铁路，必然顺理成章可以造成。这种意义，比起造物质铁路更重要，这是造人心的道路。所谓新秩序，也就是旧说的礼貌运动，但换作新社会新秩序，便可使人们了解，个个认为重要。

所以南老不仅是倡导修建了一条有形的金温铁路，他更要大家除去自私的心，为全民来作贡献。

兰溪讲堂的话

1987年的秋冬时节，南先生还在美国华盛顿首府特区居住，旁边有条小河，故大家称南老师的居所为兰溪。那时他常为到美国深造的留学生，讲述中国未来的前途，他提到此时此地要对大陆投资，必须具备四项理念和认识。那就是：“共产主义的理想、社会主义的福利、资本主义的经营和中国文化的精神。”南先生认为：

> 中国大陆，现在所号召投资开发的内涵，需要的是真实投进资金和进步的精密科技，用以改进多年的贫乏和落后，并非如资本主义社会工商业自由市场式的投资，可以一本万利，至少是一本十利的如意算盘。如果没有这种认识和意向，冒昧向大陆投资，无疑是“驱耕夫之牛，夺饥人之食”。不但是势所不行，亦理所不可。

国内一般人的思想，认为中国地大物博（这句名言叫了七八十年，是有问题的自误语），有未经开发的丰富矿藏资源，有12亿以上人口的劳力资本，有年轻有为可以培训的技术人员，只要你拿资金和技术来，包你一定发财。

但大家似乎忘记了国内制度不同，意识形态不同，对政令解释不一，且法规矛盾，犹如一个古典大家庭式的社会，只要一个新媳妇进门，这个五世同堂的家长们，太公太婆，祖父祖母，叔伯兄弟妯娌们满堂，个个可以当家，也个个可以讲了算而不算，谁都有权有理看着新媳妇，要她端茶送糖果，要她独当十面，料理羹饭。终致使新进门的媳妇受不了，不是狼狈逃回娘家，便是患忧郁症、恐惧症，积劳成疾而亡。这种现象，几乎是普遍存在。那么，所谓号召侨外（海外及港澳台）回国投资的结果，无疑是“剖胎炼丹，杀鸡取卵”。不仅暴露了人穷志短的窘态，而且也显示了国家民族气节的弱点。

要统一调和这种现实存在的矛盾现象，不是只叫几句口号就可以解决的。必须要上下同心，四海一德，经过一段曲折艰苦的道路，才有希望。倘使大家心里余悸犹存，担心随时变故，那就不堪设想了。

不怕穷　怕没有规章

随后又值温州市方副市长率团访问纽约及华府地区，南先生的外国学生，一位任职美国国务院的人，特向南老报告，要不要接见一下温州来的乡亲，南老欣然应允。

对于温州市当场所谈胶鞋业等设厂投资，南先生表示没有兴趣。但是他老人家特别对副市长等说，如果他有钱向国内投资，第一是建电力公司；其次是钢铁公司或铁路、空运等交通事业；再其次便是发展医药。但南老也表示，遗憾的是，他非拥有巨资者，只是空谈理想而已。

在美国的时候，南老就不只一次对大陆来的留学生们谈起，中国开放过早，国家会变成地方诸侯经济，人民会失去礼义而向钱看，影响深远。如果能一步一步有计划开放，集体制还能对国家经济发展出大的利益，中国就更容易走向富强。南老也举出历史上的例子。

比如，南北朝乱了二百多年，生活穷困到了人吃人的地步（注：东晋后，宋、齐、梁、陈、隋五朝，均据南方之地，史称南朝，公元420～589年；北魏、北齐、北周，均据北方之地，史称北朝，公元386～581年）。但隋朝统治不到20年就变成富国，当时，其疆域东至于大海，西至甘肃、四川各省，南至越南，北至蒙古。

另一个例子，唐末几十年大乱，社会上变成易子而食的困境，但到了宋太祖赵匡胤统治天下，不出20年，全国上下连挂帐的钩子都是银制的。所以国家穷困并不可怕，怕的是没有规章，人心无义，只学会穿西装，打领带，擦口红，炒股票，那这个国家的发展就受到影响了。如果每个人生活虽苦，但均能遵守法律，有道德观，又有好的风俗习惯，这个国家不出十年就能更上一层楼。

20年前，南老在他讲述的《论语别裁》一书就说过，历史上近数百年来，中国是处于最弱的时候，但时代在变，国运也在变，未来中国会有二百年的机运，会比唐朝开国时还强盛。但事在人为，有机会如没有好好地抓住，也是发生不了作用的。

1988年的初春，南先生来到香港，为他办手续的是当时比利时驻香港领事馆的一位参赞，他也是南老的学生。就在到港的第三天，在大陆的贾亦斌先生就到港拜访南老，南老则说，有空就过来吃饭，但不谈政治的事。南老也提到了中国民主的问题，时间不到，过早的民主，只会使人各自争取私人的利益，不会为整个国家社会的发展去做贡献的。

就在这个时候，南老也与在温州的家人亲友们取得了联络，又加上温州市李景山先生要陪南老的孩子小舜来港，所以就谈到投资金温铁路的事上了。

谈金温铁路

接着便有温州市董书记朝才，率团莅港访问工商界，曾与南老晤谈。同时又有李景山处长在港多几日的盘桓，详细谈到温州市刘市长、董书记及大家对金温铁路兴建 7 次未成，而且开工 3 次，停工 3 次，现在是多么地殷切期望能修建铁路成功。李处长言下之意，希望南老能起而倡导修建金温铁路，为地方人民谋福利。南老听了也耸然动容，可惜他在海外撑持的公司，并无如此庞大资金。当时南老曾对李处长说过几点意见，后来也同样对继续来访的章主任华表、陈主任敬之均重复说过：

> 一、据我所闻，在近三四十年来，国内修建前所未有的铁路，如青海到西藏，云南到贵州，乃至成渝铁路等，的确是对历史有交代，成绩斐然可观。同时又听说为非洲修了一条铁路。当然，那是当政者从大处着眼，另当别论。但对地方建设的铁路，何以迟迟难产，这自然是由于全面性的经济问题，不言而喻。
>
> 二、距今五六十年的时代，我读过孙中山先生所著的《建国方略》，对他抱有功成不居，想要专心从事国家建设，为全国筹划铁路乃至亲自实地观察，印象深刻，不胜钦佩。这比之于清末一代状元张謇（字季直，南通人），只为家乡地方开发

生产建设，当然更其伟大。但我们后继无人，及今还未完成建国大业，未免有太多的遗憾和感慨。

三、孙先生对地方性铁路的构想，曾记有福州、温州、杭州联线的计划，这确有其高明的远见。如果金温铁路修建，再衔接福州到温州联线，甚至南回由闽南地区打通广州，便可使华南半壁山河，一齐活跃飞腾起来。然后再扩展到华中、华北。有志者当如此着眼，才有意义。

四、说到国家现代化的建设理想，我又对李处长讲了很多空话。我认为我们国家，处在现代世界的国际局面中，落后不一定是坏事。过去落后，现在开始建设，应要迎头赶上21世纪的未来才对。

建设国家与地方交通网，如铁路、公路，同时要兼顾到国防大计。人类社会的历史发展，永远不会三世不变的（根据传统文化的定义，30年为一世）。未来的国际战争，是多方面的总体战，所以眼光要放远点，由落后而变为领先的国家，那有多么好啊！

第二章 对金温铁路的筹划

金温铁路以往的波折
共同讨论修建问题
上海会商
耸然动容 坦陈所思
八项疑虑
以商而言 不宜投资
香港联盈公司可行性研究
实际问题 曲折艰苦
义所当而为之
签订协议书
深入探讨 编列进度
浙江省政府呈国务院请示
双方审议具体工程问题
效益分析
温州领导致南老的一封信
国家计委批复可行性报告
邀约浙江省方来港签约
对国内投资的感想
坚决为修铁路签约
合约签订
合约外的协议

金温铁路以往的波折

1988年11月30日，温州市长刘锡荣，特托章主任华表及陈主任敬之到港拜访南老，正式谈到金温铁路修建的事，并带来刘市长给南老的信。刘市长说，当时温州机场正在赶工，不克前来。南老特回函两封如下：

> 今承阁下专派章主任华表一行莅港送达金温铁路资料，适值台湾方面有关发信托公司负责人到此，当即请法国农贷银行负责人张先生共同进行会商此一计划，大致皆甚有兴趣。且从爱国热忱着眼，都寄予殷望，并拟会同各方力量，必期有成。唯金温铁路各项资料，尚须编组周详，方好着手洽谈。且最重要者，无论为投资，或合资，甚之贷款，但依国际融资惯例，须提出确定偿还资金办法及国家承认之保证单位，方为落实。故尚望温州方面继续努力，拟定以上各要点，方好着实进行。
>
> 阁下身为地方首长，能为地方公益，热情尽心，比之古为好官，应无逊色，至为钦佩。遥望冬尽春来，彼此双方均有好音，诚如所愿也。

另一信中，南老亦云：

> 每闻乡人来言，阁下清风亮节，至为钦佩。金温铁路事，义为国家与桑梓福利，极望有期于成也。

章主任一行先表示了大半个世纪来，修建金温铁路的历史，均未成功，南老也说道：

现实世界的事，都是要资源和人力结合才可成功。从中运用资源和人力的，便是用来沟通流动的货币——钱。有句古语说的好，“无钱休入众”，现在我们需要的更是钱。过去七次未成，也就是缺一个钱字。

温州在浙江省东南，瓯江之口，此港比之宁波，腹地较广，周围地区各业生产发达，如完成铁路发展，必对地方贸易有莫大助益。孙中山先生早在他的《建国方略》中说过：“世界各国无论何处，铁路常为国家兴盛之先驱，民众幸福之源泉也。若无铁路，运输无术。而工商皆废，复何实业可图?”他还说明了，一条温州辰川线，一条福州镇江线，如能接轨，温州通往世界各地的航运就萌芽了。

现在先来回顾一下过去 80 年来金温铁路修建的历史点滴：

一、1915 年，浙江省长公署向北洋军阀政府报告，修建宁波至温州的甬嘉铁路，并做了选线踏勘和工程预算。

二、日伪占领期间，为掠夺武义之沸矿，曾修建金华至武义段约 40 公里之轻便军用铁路，当时开工人数达数千之众，规模可观。日本投降前，拆毁了这段路。

三、1947 年，浙江省希望利用美援修建金温铁路，再次做了选线踏勘和工程估算。

四、修建金温铁路的梦想，依旧蒙着历史的风尘，依旧拖着沉重的步伐，走向了 1958 年。那是个值得铭记的日子，金温铁路被列入第二个五年计划。7 月 13 日、15 日、16 日的《解放日报》、《浙江日报》、《温州日报》，相继刊登了为适应工农业大跃进形势的需要，一条纵贯浙江南部的重要铁路干线，全长 384 公里的金温铁路（金华—温州—矾山）现已开始测量定线的工作。

同年 11 月，铁路线上的飞云大桥桥基开始钻探，12 月，金华至桂溪（黄碧街）段动工。铁路沿线一带百姓奔走相告，无不欢欣，近三万民众加入建设的行列。当时的金华、永康、缙云三县商业部门，为使民工和部队官兵吃得好一点，想尽各种办法去支援。他们响亮地提出：“铁路筑到哪里，副食品就供应到哪里!”

不幸的是，就在人们立志准备建路的时候，金温铁路又因为国家财政困难，缩短基建战线，于 1959 年 4 月被迫停工。大队人马撤走了，丢下了七八公里长的路基，3 座已开工的大桥，7 座已开工的涵渠，一度红旗招展的工地又寂静下来了。凡可种植的路基都被陆陆续续地挖成田地，只有依稀可辨的痕迹，显示着这里曾有过喧闹和憧憬。

五、1973 年、1983 年、1984 年……此后又有无数的研究、报告、勘察，可是每次的风风雨雨之后，伴随的必定是使人失望的沉默，金温铁路好梦难圆。

历史走到今天，早已验证了孙中山先生的话：“地方之苦乐，亦以铁路之远近计之。”想当年，杭甬线未建前，宁波和温州二地区比翼而飞，工农业总产值递增率平均。可是一旦杭甬线通车及镇海港扩建后，宁波便毫不留情地把温州远远抛到了后面。

温州历来自嘲“死（水）路一条”。作为沿海 14 个开放城市之一，该出的出不去，运来的也出不去，长期以来只能靠着公路和水路，运量小，成本贵，削弱了产品市场的竞争力。

金温公路已有 60 年历史，路面窄，路基差，确已无法负担重荷。

所以温州人民对铁路的盼望，超过了一切，因为只有修成金温铁路，才能使这个港口成为真正的大港重镇。

六、1984 年，温州被列为全国 14 个沿海对外开放的城市之一，浙江和江西部分全国人大代表，向全国人大提出了兴建金温铁路的议案。邓小平指示，金温铁路要列入议程。李鹏指示铁道部：请研究，能否办成地方铁路。金温铁路于是又起高潮。在 1985 年，省里抽调了各个部门 30 多位干部，成立了金温铁路开发公司，金华、丽水、温州 3 个地区施工指挥部也相继挂牌，800 多名工程人员陆续进入现场，完成了金温全线初步勘测。青田至龙湾段并完成测量，金华至缙云也完成了测量与定线。温州地区并由金融机构组成“银团”来协调融资，支持重点建设，同时全线的初步设计也通过了鉴定。又经过多方协商，地方和中央合资建设的形式被考虑采纳，好消息也由北京中南海一层一层地传来。国家计委各个部门签了字，万里、姚依林、田纪云等副总理也分别签了字，当时的李鹏副总理在出国前也签了字。可是，由于种种理由、原因，最后却没有批，这是在 1985 年底。金华、丽水段的铁路指挥部在悄无声息中撤走了，只保留了一个人和一个印。只有温州，10 个人死死守着这个摊子，可是他们也不曾料到，这一守又是好多年。

七、1989 年 4 月 8 日，浙江省七届人大二次会议上，温州市领导和 100 位代表联名，再次向省人大递交了《尽快建设金温铁路的提案》。温州市代表也在省人代会上发言，洋洋洒洒数千言，有理有据，慷慨陈词，发言结束时疾呼：为了实现浙江人民渴望了数十年的迫切愿望，为了改变浙江“半壁江山”贫穷落后的面貌，金温铁路已到了非上马不可的时候了。温州代表认为，“不造金温铁路，死也不能瞑目”。所幸，铁道部第四设计院第五测量队 90 多名队员又开进了温州，为金温铁路温州段的定线展开工作。可是还是纸上谈兵，没有钱，没有人支持，没有人负责，梦想永远是梦想。如今只有恳请南老先生带领大家，来兴建这条铁路了。

南老是温州乐清人，又是一位学者，他为人谦虚，又乐于助人。市领导的多方恳请他“能起而倡导修建金温铁路”，加上乡人的殷殷企望，自然也使他老人家“耸然动容”，不过这是一条需款 10 亿人民币之大投资，总要认真地完成各项计划与评估才好办事。

共同讨论修建问题

1988 年 12 月 24 日，温州市章华表与陈敬之二位主任莅港拜见南老时，特别准备了资料向南老报告，并恳请南老能倡导修建金温铁路。在会谈中，除南老外，还有李传洪先生及法国农贷银行负责人张先生参加。会谈对金温铁路的修建细节问题，也由章主任、陈主任作了回答。这是一个历史上的大事，金温铁路由南老倡导修建，这个会议产生了强大的力量，就是因为章、陈主任的诚恳、据实的回应，南老有了全力协助的想法。

南老说：非常感谢章主任、陈主任两位参加此次会谈，同时也感谢张副总对温州特别的帮忙。前天和章主任曾谈及金温铁路的事，因为无记录，章主任所讲的非常珍贵，所以请他再重复一次，以利在座各位的了解。

章主任作了下述的回答：

金温铁路的建设对温州地区及浙江省非常重要，这条铁路的完成，作用很多，简单地说：

一、温州本身是沿海对外开放的重要城市，如铁路和港口接通，使得温州成为贸易的转运中心。

二、浙江南地区的主要物资如萤石矿、木材、煤矿等，及大量的客运，可通过铁路得到方便的运输，有利于经济的发展和人民生活。

三、金温线的建成，可减轻浙赣线的负担，分流浙赣线的物资及江西、湖南、安徽等省的物资，运至温州出口，缩短运输距离，比较方便。

四、改善铁路网的布局。特别是如果福建省将铁路从福州连到温州，对东南沿海的运输将大为改善。

这时，张先生问了一句：南方的福州如何？是否有竞争？

章主任回答说：此线通车对福州有补足作用，事实上，福州还催促此线的完成。

陈主任也作了补充：福建方面亦有几个方案，闽北由于建设较差，此线完成，靠海可以此线为出路，从全国纵横铁路网来说，此地区是个空白，1300 万人口无铁路可用。

章主任又说：宁、温、闽地理上很接近，但无铁路，只是靠公路。

南老问道：铁路的建设是温州九县加上其他多个县所期盼，其实这也是孙中山先生的理想，如果铁路完成，以后再能通福州、南安沿海而下广州，西接云南，则整个沿海的效益就很好了。但我们先谈这里的建设，有哪些问题呢？

章主任回答说：1985 年初赵紫阳总理来温州视察，说先建设机场码头，然后再建铁路，原先建铁路的方案就搁置了下来。如今我们码头造好了，机场明年也可以通航，就把原方案又提了出来。

原方案按国家铁路的要求，及由国家投资设想，概算要 9 亿人民币，由于资金未落实，所以方案就搁置了。

以后按照老铁道部长吕老的意见，叫“固本简末”，先通后备，铁路还要快建，但由国家建设为主，改为地方建设为主，标准降低，造价就减少。

一、先搞大站，一些小车站可以暂时不建，这样可以减少很多个小站。

二、原先在青田要搞水电站，它的淹没面积大，铁路标高一高，成本就大，现在暂不考虑电站建设，又降低了铁路的造价。

三、由地方来施工，管理费用低，其他方面还可以想一点办法，不按照国家铁路的标准，如减少房道的面积等，也可以降低造价。

所以总投资由 9 亿降为 4.5 亿。但是由于搁置期间物价上涨，今年 6 月再进行评估，估算需要 6 亿，我们再考虑 6 月以后至施工时，造价还会增加，大概估计 8 亿。

张先生问道：您的计划尚未批复下来？

章主任回答说：批复主要有两次，一是设计任务书，二是初步设计。譬如设计任务书，若是总投资定为 8 亿，则照此设计，容许 10％的上扬弹性，若超过则必须重新报批设计任务书，必须申诉理由。

南老很认真地问道：由地方出资可以简化程序，加快进度，这样在预算上如何？若引进外资又如何？

章主任回答说：资金方面以原先 4.5 亿计，国家铁道部出 1.5

亿，浙江省 1.5 亿，温州市 1 亿，金华市 2000 万，丽水地区 3000 万，这是考虑了运量与运价。按照国家铁路和运价，1 吨公里才 0.018 元多，以此计算，需要几十年才能回收投资。如今按地方造价，与公路运价 1 吨公里 0.27 元比较，铁路 1 吨公里仅 0.12 元，而且初期运量约有 400 至 500 吨，以此考虑 9 年可收回投资。

张先生问道：算法上可能要考虑成本，譬如火车的能源管理支出、物价指数等。

章主任回答说：这是静态考虑，未作动态的详细计算，譬如运价可调至 0.14 元，煤炭运输每年有 100 多万吨，沿线土地增值，火车站附近地皮等考虑开发，若引进外资，需考虑外汇平衡。

李传洪先生问：铁路是单线，长期效益如何？

陈先生回答说：运能上单线可达 1300 万吨，设计上还考虑将来电气化的可能，隧洞预留一定高度。

南老又问道：若是成立合资的公司，分期的资金和铁路分段的考虑如何？

章主任回答说：合资有优惠条件，我们从长远来讲，哪怕不赚钱也要建铁路。照省经济规划院的讲法，第一年需 1.17 亿，第二年需 3.87 亿，第三年 2.97 亿，第四年 9900 万，若建设抓得好，资金足，有可能 3 年完成。

南老又说：温州独立与外方合资可能吗？是不是阻碍较小？

章主任答道：独资不如合资，对铁路我们温州一家还不能说了算数，还有丽水和金华，还要请示省里。我的看法利益必须均沾，地方也出资，老百姓积极性高，外资投入必须对内有好处，对外也有好处。

张先生问：是否可成立股份有限公司，发行股票、集合中资、侨资、外资、台资。

章主任回答说：赞成投资合股发股票的办法，为了减轻负担，还可以想办法用投资的外汇，去进口国内生产急需的原材料，换回的人民币用来造铁路。投资取得的利润、股息，再去投资创汇的企业，获得外汇利润，对台资还可以考虑搞房地产开发。

陈主任也补充说：按地方铁路来征地，土地的价格较低，如按此计算股份，则一般人民的价格压得很低是不公平的，应该大家都公平地算价入股。

章主任说：地方上要出资，因为老百姓也要入股，对造铁路大家积极性很高，车站附近土地可以开发。至于外方资金进来不一定要现汇，可以进口原材料，外汇可以按照平衡的外汇牌价，铁路投资可用人民币计算，我们外方有侨资、台资；中资方面有温州、丽水、金华，还有浙江省都合起来，都成为股东，吸收当地的游资，搞一个铁路开发公司。

南老说：也许可以成立铁路银行，加快资金周转发行股票，存放款，可以用信用社形态。

张先生说：目前物价上涨是26%，超过利息太高，不大可能有人存款，房地产投资有所有权问题。

陈主任说：大家买铁路股票，还有爱国爱乡的心态。搞土地开发可以像上海拍卖土地，只有使用权，没有所有权，使用年限一般50年，最多75年。

南老对当天的协商与讨论有了一个初步的结论，他说道：我们今天大概有个了解，现在下一步也许要了解合资上如何提保证，必须考虑中外方合作，由股东本身及银行组成，再接洽商业银行。这一次简单的谈话，大家都受益，我们在今后大家各自研究，以后再作沟通。

上海会商

1989年1月11日，温州市长刘锡荣先生来函给南老，对省府有关规定优惠案，作了说明，并感谢南老对章主任、陈主任的款待与指导。南老也在1989年1月17日回函给刘市长说：

有关金温铁路事，拟在近日缮写个纲要，或者事遂人愿，可能在初夏将亲偕数人返国在沪上或在温州故乡与阁下诸公亲商大计，一有确定，当力函迅速实施。否则必遣得力分子前来候教，以定方针。

南老为了力行上述承诺，于 1989 年 2 月 2 日在上海市举行了金温铁路座谈会，请贾亦斌先生与贾宁、王伟国代表他出席了会议。其记录如下：

一、1989 年 2 月 2 日，温州市副市长马云博、计委副主任陈敬之、浙江省驻温州联络处长李景山和秘书等 4 人，携带刘市长亲笔简来沪拜访贾亦斌先生，在浙江省驻沪办事处，专就金温铁路建设一事进行了近 5 个小时的座谈，同时参加座谈的还有贾宁和王伟国先生。座谈的简况如下：

首先马市长介绍建设金温铁路的意义和工程的大体情况，陈主任和李处长作了补充说明，并递交了有关资料。马市长还请贾老会后向中央领导反映金温铁路筹建情况，希望尽快立案批准建设，向省领导说明有关情况，争取大力支持，向南老介绍国内情况。

二、贾老在听了介绍以后，归纳起来说了以下几点意见：

（一）建设温州铁路工程很大，涉及 3 个市 7 个县全长近 270 公里，桥梁多，隧道多，难度大，投资也大。南老出于爱国爱乡之情，愿意帮助建设，但是我们不能把这样大的事情，都压在他一个人身上，应有钱出钱，有力出力，建设这条铁路。最好要合资，不能搞独资，要发挥各自的力量和优势，大家合作，共同把这件事情办好。南老希望，筹集建设铁路的资金能够专款专用，建设工作能够独立进行，不受干扰。我想这个要求应该做到，也必须努力做到。

（二）金温铁路能否建成，现在看来，关键是资金。最近几年全国要紧缩基本建设费用，但是交通还是要保的，问题是资金如何解决。要中央立案，是否还要中央投资，其他物资是否需要支持？若不要中央投资，只要立案，批准建设，可能比较好办。我们要详细计算一下，国内到底可以筹集多少资金？希望南老提供多少？建设铁路需要多少时间？每年需要多少钱？均要有明确计算，以便各自作准备。

（三）还本问题一定也要考虑，建设铁路，时间长，直接效益低，收入的都是人民币，外资一般应以外币偿还。南老是个爱国学者，他不考虑还本问题，但我们要考虑这个问题，这也有利于南老对外筹集资金。

（四）金温铁路是地方铁路，采用广东汕梅铁路的办法比较好，发挥地方积极性，上马快，效益也高。搞铁路建设，也搞信贷贸易，现在温州和南老师的积极性最高，在资金方面要比较容易筹集。是否可以先合作成立投资公司，把能做的事先做起来，以促金温铁路建设整个搞起来。

（五）有些事向南老讲清楚。他希望用高标准建设金温铁路，用现代的方法管理铁路，为国内铁路建设树立一个好样子。这是很好的设想，但是根据温州地区目前的工农业和运输情况，以及目前资金困难等情况，采用固本简末，先通后备的方针，以高标准建设铁路路基和轨道、桥梁和隧道，而沿路的设施和辅助设备简单些，待以后有钱时再逐步完备。南老常讲："千军易得，一将难求。"关于人才问题他也有很多设想，你们可以去找他商量，多听他的意见。

（六）南老是我的老朋友，建设铁路是他的最大愿望，为公为私，我都要出力，马市长的三点要求，我一定努力去做。

三、在贾老讲话过程中，温州方面不断补充说明有关问题，主要有：

（一）资金问题：建设金温铁路，总计约 8 亿人民币。按目前情况，温州拿出 1 亿，丽水拿出 0.3 亿，金华拿出 0.2 亿，合计 1.5 亿，问题不大。要省里拿出 1.5 亿可能有问题，但是国内兑得出 3 亿还是有可能的，可以动员人民购买股票。我们温州还有 0.8 亿国库券，也可以动用。希望南老出资 1 亿美元，占总投资的

60%就可以了。建设铁路要三年到三年半的时间，第一年约需1亿多人民币；第二、三年各3亿多，剩下半年约0.7亿左右。

（二）建设金温铁路1986年曾经做过大量工作，金华至丽水一段路的施工图都已作出来。全线每个县都成立了指挥部，省有领导小组，现在的柴副省长就是组长。只要资金落实，项目批准，马上可以破土动工。

（三）浙江省领导对中外合资建设铁路很支持。沈省长和柴副省长已表态，不管南老采取哪种形式合作都欢迎，省里一定提供最优良的服务和最好的配合，可以考虑采取广东汕梅铁路的办法。南老可以派人来；或者我们派人去香港，继续协商；更欢迎南老亲自来。

（四）铁路投资额很大，还本问题一定要慎重考虑。金温铁路是地方铁路，运费可以高一些，若定每吨公里为0.12元（人民币），每年运输量按450万吨计算，年收入是1.4亿；若定0.14元，年收入是1.64亿，总投资不到十年就可以收回。现在公路运费是0.28元，铁路运费只有它的一半，问题应该不大。铁路沿线矿产、森林资源很丰富，也可以合作开发。温州地区政策比较灵活，在其他方面诸如海港、码头、房屋等方面，只要对双方都有利，也可以合作。铁路收入是人民币，可以换成外汇偿还，也可以用货物偿还，每年2000万美金是可以解决的。关于投资担保问题，温州银行实力不够，省银行可以，我们正在协商。

（五）贾老提出，温州和南老带头先走一步，大家都很赞成。陈主任估计，南老出资0.3亿美金，温州也出资一部分，建设铁路和投资公司的第一期资金就够了。马市长准备回温州后马上研究此事，并派人去广东学习投资公司如何搞法。南老正在考虑，我们一定尊重南老意见，按南老意见办。

四、会上，贾宁先生转达了南老对建设金温铁路的意见，以及贾宁先生本人的想法，并表示回港后将全面座谈情况，向南老汇报。

五、座谈结束后，马市长立即返回温州，并决定由李景山处长向南老汇报座谈情况。

耸然动容　坦陈所思

南老听完了李景山处长的座谈情况汇报后，就作了以下的补充谈话：

一、与计委对话的补充意见

跟着 1988 年的秋天，温州市计委章主任和陈副主任，先后率团访问香港。章、陈两主任又亲自交来温州市刘市长的亲笔信，情辞谦虚而恳切，至为感人。当然重点仍在为修金温铁路呼吁。看来刘市长确是一个热心公益、青年有为、贤良方正的好首长。极为钦佩。并且承章、陈两位主任真诚而坦白地述说修建金温铁路的计划和经济价值的实况，内心至为激动。

我当时就说：假使我或我们公司，甚至另有其人，要修建金温铁路，就有几个不合国内时宜的关键，恐难办通。

二、假设的理想

（一）要与温州市互相合作，单独设立一个铁路公司（公司名称另定）。但当然要遵守国家政府的建制，只是有它独立经营的自主权，希望不受层层卡住而不能办事。

（二）铁路公司，要独资经营。但我所闻的独资，并非说像美国式的铁路私有私营的独资。后来在上海，经过老友贾亦斌先生代表我已向诸位解释过。我所谓独资的意思就是铁路公司的资金，要专款专用。老友知我，确是此意，我确是希望假使投资建路，各方要高抬贵手，不得以任何理由拦截挪移他用。

（三）外资（侨资）与温州市本身或其他任何地方性的资金，不论哪方面的多或少，都照股份公司的国际通行性法规，按照股份分配而拥有一定范围的股权。

（四）引进外资投资铁路，单靠运输收入，要想在10年或20年回收本息的话，如照现代化经营工商业，或投资股市和期货的利润比例来看，那就等于“天方夜谭”的神话。换言之：在理论的逻辑上是煞有介事，但在铁路本身所经营运输业务上是大相径庭的。况且世事多变，谁又敢担保10年20年世界上的变局是如何情形呢！

（五）由于以上种种理念，假如我们或某一公司要投资铁路，所有投下的资金，犹如种子，犹如火种，到了铁路修成，经营舒畅时，便可逐渐回收新种。这是抛砖引玉的办法。所以当铁路公司开工作业时，同时必须采取资本主义股票上市，与社会主义的合作双重办法，鼓励沿铁路全线的人们购买股票，逐渐推广而使这个铁路公司变为地方性人民所拥有的公司。这是我的理想和希望。

（六）但是这项初步作为种子的资金，需要美金约1.2亿元。可是一般从事工商业的资本家们，很少有盈余的闲钱肯做这种事。换言之：具有雄厚实力的资本家们，几乎百难得一抱有福利社会的思想习惯。不然，一条短短二三百公里地方性的铁路，何以在投资大陆响彻云霄的风声中，从来便无人问津及此呢！

（七）因此我为金温铁路假设，与其求人不如求己，何妨设计向全线利益所及的28个县，1295万人口，自动自发如宗教性化缘募捐，各输1日所得，或1月所得，甚至，如发行预购股票（不是公债）的办法，筹集资金。但话虽如此，天下最难办的便是公益事业，千古人情心理是不同意先见之明的，只会欣羡或嫉妒既成的果实的。况且大陆地方人民，在“十年浩劫”之后，新苏不久，国民收入有限，边远乡村的落后地区，更是谋得温饱不易。如果走此假设路线，注定是走不通的。

（八）为此，势必引进外资（侨资）合作，成立铁路公司，首先辅助金温铁路全线所经的乡村或县市，预计必须设立站头的重点地区，给予工农商业小额贷款，把地方经济活跃起来。然后，结合全线所经过的全民力量，分段开工，辅导协助修建铁路。但这段设想，在国内政府的体制上，会走得通吗？可以批准吗？恐怕未必，这一假设，似乎也是难通的。

（九）地方自立自强的路线既然走不通，反过来，只有向外资或外国银行寻求贷款的办法。但是外资或银行，不是慈善机构的救济院。当前国际金融正在假相发达的情况中，他所要求的回收本息的保证，在国内是绝对有困难的。当然，也有远见或别有雄图的外国银行，欣然贷款投资，但我所顾虑的，是历史上修造满蒙铁路式的古鉴不远，无论怎样说，宁可慎重将事，不可冒昧图成。

（十）至于其他修路计划和工程设计，我相信国内修造铁路的多年经验，自有铁道部、局及铁路学院的专家学者们的高见和设计蓝图，不需要有太多的疑虑。或者为更完备起见，到时再雇请外国的专家工程师做顾问，俾使他山之石，可以攻错。那是后话不提。

三、到目前为止：

我对家乡地方修建全民渴望已久的铁路，并非只是兴趣，实在是愿望之一。

假使是我的公司或其他公司与温州投资合作，创立一个铁路公司，并不希望中央政府或省政府的补助，因为明知国家的财政有困难，不然，国家人民的路，政府早已着手完成了。虽然如此，但必须要求国家政府给予辅助与种种方便。

假设仍然是假设，我对于资金的来源，到今天为止，还是没有把握。成功不必在我。我但愿有心人，能使此路成功，行者有其路，大家有路走，确是功德无量。

在这一段将近三个月的时日中，温州刘市长再三驰函慰问，催提纲要，适逢感冒风寒，迟迟未能复命。及今强起握笔，坦陈所思所意，以备参考。至于如何建造铁路的详细计划，及连带的开发环境，如矿产、林木等等的经济价值，希望温州市书记、市长、计委诸公，能够事先做好周详的计划书，以备及时之用。所谓计划书，也不必墨守陈规，仿照其他修造铁路的计划，地区民情、资金运用，各个有特性不同，以创作为主，也许可以便利他处参考学习呢！

祈望金温铁路的修建，能在最近期中吉祥如意地完成，应是全民的福祉，不仅是关于一人一地的好事。

八项疑虑

1989年4月28日，南老给李景山处长一函，说道：

天下事图难行易，往往不遂人意。图易畏难，每每成于意外。为金温铁路事，因弟台等动我以乡情，说陈其大义，使我偏私情谊，油然而生，故不揣力小而任重，才疏而谋大，但不知不觉而困于乡土温情之扰，愈缚愈紧，难脱层层障碍。不知弟及诸公，何以教我。昔人有言："虎项金铃，谁能解得?"深望董书记、刘市长、章、陈二计委策之为幸。

这里就表达了南老的心怀。就在当日，又给温州市政府负责人写了对于成立金温铁路公司的意向，全文如下：

董书记朝才、刘市长锡荣、章主任华表、陈主任敬之、李处长景山：在一九八八年的秋夏之间起，直到现在一九八九年的春末夏初，足有半年多的时间，你们诸公与我磋商金温铁路的合资、合作等事，好像我们双方都在空谈而不切实际。但在我或我所主持的公司立场看来，实际上，不只是资金（钱）的问题，是怎样可以建立一个可行性的办法问题。资金毕竟是人的智力所造成所聚集的。无钱固然难办事，但无办法聚财和运用财，有钱也等于无用。对吧！

我的意见：

所谓我的意见，也就等于你们诸位所习惯说的意向。同诸位一样，极希望金温铁路赶快及时修建成功。此其一。

但在此时此地，希望金温铁路快速修建成功的办法，在我及我所主持公司的同仁的意见，最好是与温州市共同合作成立一个专款专用、专业办理有关修建金温铁路的独立的股份公司。公司的名称究竟定名叫什么，这是次要的一个题目，须待真要成立公司时拟定。此其二。

这个独立的铁路公司的成立，必须要经国内主管的铁道部，甚至最高当局，以及主管省府与地方政府正式批准。此其三。

因此必须先由温州市方面呈报层层上级，请准合法步骤，取得批准公文，准予成立股份合资或合作的铁路公司，才是正规起步。不然，只是温州市与我方两个单独意向，未得上级高峰准许，那也完全属于我们一厢情愿的事，岂不永是空谈幻想。此其四。

关于资金投向：

金温铁路的完成修建，根据目前（一九八九年上季）的计算，约须资金人民币×××，等于美金一亿一千万元。此其五。

但在温州市本身，力所能及，可以投入修建铁路的资金，约估有××元。

另如丽水×××元，金华×××元。这些部分还在未定之前，实在难以做落实打算。那我所主持的公司或同仁必须投进一亿美元左右，才算落实。

无论何种投资合作，一个人或一个公司投进生产经营，先不论股份的怎样分配，对于投进资金的利益计算方法，多少年可以还本？怎样保障还本？利润的计算怎样？必须有一个具体计划落实方案，才好切实策划。但我们到现在为止，实在都不知其详，所以无法肯定。此其六。

如果只须我们公司投资或信用合作，投进少量股份，例如出壹佰万美元到伍佰万美元或壹仟万美元，即可促成铁路公司的成立，不须全盘计划管事，既有利可图，又助人为善，那可以说是我们公司轻松愉快的事，又何乐而不为。

但如要一亿美元的投入，计划修建铁路，配合国家设计与全盘政策，无论在人事及建造与经营管理方面，多方皆需配合大量人才与资金运用，那么，本公司必须要极端重视考虑周详。此其七。

至于修建金温铁路的开始与进程中，乃至铁路完成之后，沿线有连带关系的矿产及森林、木材，有落实资料的资源有多少？怎样开发？是否属于铁路公司的有权开发范围之内？必须要经与主管矿产及森林资源等有关的主管部门依法批准，准许配合，这些，在在处处，都是我们所未知其详的问题。

连带的，如铁路沿线的车站建设，及车站所归划的土地发展等有关问题亦是不详。

因此，我再三希望温州方面能提出详细计划及其要求，我们才好确定怎样办。

同时据我所知，本国铁路对于借贷外资来修建是绝对不许可考虑的事，那对于我们公司如要部分引进外资投入，亦势所为难，故不得不有所待，才能确定提出我们的至诚意向可行性的办法。此其八。

总之，上述八点即是我们公司极愿投入共建金温铁路的真正意向与愿望。所难以得知可做肯定投入考虑的碍难之处，企盼示知为幸。

至于我们公司既然在此时此地，投身工商界的大时代巨流之中，虽不及多财善贾，长袖善舞，拥有大资本公司的力量；但商场如战场，也是“运用之妙，在乎一心”。请毋操虑。

南老为金温铁路启动所作的考量是十分精密的，他对问题的答案与实际会发生的事情，早有了先见之明，如今提出来，要大家思考解答，了解与共鸣，并且达成共识。

以商而言 不宜投资

1989 年 10 月 20 日，南老派出其香港公司及与台湾方面有关之代表尹衍梁及李传洪二位先生去浙江，同浙江省代表作了三天深入的研讨，并于 10 月 22 日签订了意向书。浙江方面由杨国章、马云博签字，香港联盈公司尹衍梁签字，见证人贾亦斌与丁世祥也签了字，该意向书作了如下的介绍：

1989 年 10 月 20 日至 22 日，浙江省计划经济委员会杨国章、姚金录，省对外经济贸易厅朱翠菱以及温州市马云博、章华表等，与侨商开设在香港之联盈兴业公司代表尹衍梁、李传洪先生，就合资建设金华至温州铁路的有关问题进行了商谈。浙江省方面对金温铁路的设计、沿线的矿产资源，以及工程的前期准备情况和利用外资的打算，经济效益以及有关的政策问题，向尹先生等作了比较全面的介绍。尹衍梁先生等认为，建设金温铁路是利国利民的好事，也是南怀瑾老师多年来的愿望，表示愿意共同建设金温铁路，并达成以下意向：

一、双方同意合资建设金温铁路。根据有关技术资料，铁路全长 251 公里，设计按二级干线标准修建，年运能力为 1500 万吨。

二、合资方式：浙江省的公司与联盈兴业公司，共同成立合资企业（名称另定），在浙江省登记注册。总投资约 1.4 亿美元，出资比例：浙江方为 20%，香港方为 80%。注册资金不少于总投资的 1/3，其余 2/3 的资金，浙江省方面提出，按总投资的出资比例，由双方各自筹集，各自承担风险和债务利息。香港方面提出由合资企业借贷，并承担债务，同时要求有中国银行担保。对此，浙江方面表示充分理解，但因困难度较大，需要另作研究和向上级反映。

三、合资限期为30年至50年。

四、金温铁路以合资形式建设，可享受国家和省规定的关于鼓励外商、侨胞来华投资的各项优惠政策。浙江方面表示，凡浙江省有权决定的其他优惠，原则上都可以考虑。对此，尹衍梁先生表示欢迎。

五、双方同意在建设金温铁路的同时，开展综合开发，如铁路的配套服务业、房地产、码头、投资业以及沿线的矿产资源的开发和其他经济合作开发。

六、联盈兴业公司方面表示，一个月内将派员来浙江，对金温铁路的基本情况进行调查和分析，浙江方面表示要积极予以配合。

七、金温铁路建成后，按地方铁路管理，实行地方运价，独立核算。

南老所属的香港联盈兴业有限公司，在1989年10月22日与浙江省签订了合资建设金温铁路的意向书后，就全力调配人员作工程预定地之实地踏勘，并就1988年铁道部第四勘测院所提供的给浙江经济建设规划院之文件《金温铁路建设咨询报告》作了详细的研讨，并由尹衍梁与李传洪二位先生作了全线踏勘，也就其亲身体验及看法，提出了报告，针对现实及情况作了分析，同时也作了两项很重要的结论：

一、依投资回收期30年计算，较一般投资偏低，再加上利率累进及通货膨涨因素，单就报酬率而言，不宜投资。

二、由财务分析可知，若单靠运费收益，则报酬较差，必须经由土地资源之开发，贸易之弥补，才能增加投资之可行性。

但南老以其建设浙西南半壁江山的经济骨干工程为由，仍然决定了参与投资，并没有以投资报酬率计算而作罢。

香港联盈公司可行性研讨

下面的叙述，就是联盈公司所作的可行性报告：

一、金温铁路

浙江省金华到温州之铁路，在我国历史上曾七度被提议兴建。然而皆因时事变动及财政不敷而作罢。1984 年初，国务院将温州市列入全国 14 个进一步对外开放的沿海城市。1985 年 2 月，省计委审查了金温铁路修建之可行性研究，并由国家计委会同意按地方铁路方案修建。1988 年又由铁四院作了咨询报告。金温铁路西起金华，接合浙赣铁路，向东南行经武义县、永康县、缙云县、丽水县、青田县，至温州市，并延伸至龙湾港区。全长 253.9 公里，全线预计分布 25 个车站，初期货运量为 450 万吨。温州港之扩大兴建及温州机场之即将完成，皆使温州对其腹地之交通运输有急切之需求，而金温公路之过分拥挤及拓宽困难，亦使筹建金温铁路成为当务之急。

二、沿线经济资源

本线涵盖县市面积约 4.3 万平方公里，人口约 2000 万人，温州、丽水地区 1987 年国民总产值为 65 亿元人民币。

（一）矿产资源——本区矿产资源丰富，主要为非金属石矿。瑞安之明矾可占世界总储量之 60%，开采量亦为全国第一。缙云县沸石储量 1.1 亿吨，1988 年产量约 20 万吨，为化工及水泥业之重要渗料。永康盛产萤石矿，每年约 20 万吨出口日本，为化工、氟化工业之原料。青田、缙云附近之叶腊石及珍珠岩，为陶瓷、雕刻及良好之建筑材料，另本区亦有 2 亿多立方米之花岗石储量，若能配合便利之对外交通，应具有广阔之开采前景。

（二）林业——本区林地面积 3000 多万亩，1987 年丽水地区木材产量为 85 万立方米，估计蓄积量约 4000 万立方米，另毛竹蓄量为 1.1 亿株。

（三）农业——本区地形多样，农业生产条件良好。主要作物为稻米、棉花、烟叶、油料、茶叶及水果等。耕地 428 万亩，粮食产量 156 万吨，1987 年农业总产值为 25 亿元人民币。本区农业多以自给自足为主，若能配合良好联外交通，农产之运销将更为有效。

三、投资提议

（一）建设计划——施工总工期为四年，其中施工准备及重点工程施工约一年，路基、桥梁、隧道及轨道为两年，其他附属设备及电力等为一年。沿线有金温公路及县级公路承担施工运输。材料如砂、卵石、石料等均可就近采供，水电亦可由地方供应无虞。

（二）投资方案

1. 由浙江省与我方合资成立公司，总投资额为 1.2 亿美元，实收资本 1/3，浙江省提供 20％（800 万），我方 80％（3200 万），其余 2/3（8000 万美元）拟向外商银行取得贷款。

2. 人民币对美金汇率以 1∶6 核计，假设期间内汇率不变。

3. 自备投资额于投资期间不得提回。贷款金额由营业所得优先提偿。企业所获盈余，按出资比率分派。

4. 合资期限为 50 年，期间我方可享外资及侨资之一切优惠。

5. 铁路沿线重要地段之土地由浙江省适量规划，由合资公司开发利用，沿线农、林、矿产资源亦可由合资公司计划开发、运销。

（三）贷款之取得——应由浙、我双方合拟完整可行之细部计划，确保营运后之资本回收及利润，并由中央提供担保，向外商银行取得贷款。唯按惯例，中央对年利率 6％以上之贷款，较不易批准承担保证。

（四）还款计划——按预估之营运计划及收益，合资公司应按银行可接受之时限，提出详明可行之还款计划。至于还款所需之外汇额度，浙方建议可由下列三种方式取得：

1. 由省方向中央报准合资公司买适量之调节外汇。

2. 省方在政府留存之外汇中考虑提供。

3. 在铁路沿线投资兴建能创汇之工商企业，以获取外汇。

实际问题 曲折艰苦

1989 年 11 月 20 日至 24 日，香港联盈公司再组成研究小组，成员七人，由金华至温州，沿铁路预定路线实施踏勘。由浙江省各县计委等及铁四院人员陪同了解沿线状况及经济资源。其间并与有关人员举行多次会议，除了解铁道计划及沿线资源外，并对投资计划提出待解决之疑问及建议。经此初步踏勘，香港联盈公司已充分了解浙方之立场，并对本案之可行性及行动方案，形成腹案。七人踏勘回港后，提出报告如下：

金温铁路之构筑成本、营运成本、运量分析及营收预估，均由铁四院之专家提供，详载于“工程简介”之章节中。唯丽水至温州段未经细部设计及定测，且成本结构未考虑往后数年之物价因素，故下列数据只能供可行性分析之参考。

一、社会效益

本区矿产及农业资源丰富，但由于交通不便，增加了物资进出之运输费用，削弱了产品的市场竞争力。人民生活改良及日常交通，亦受缺乏便利运输工具之限制。温州港之扩建急需扩大经济腹地，加强与内陆之联系。金温铁路之筑成，将可带动浙江南部、福建北部之经济繁荣，甚至可将江西、湖南省之外贸物资，经温州港出口，其社会效益之显著是肯定的。

二、工程评估与企业财务分析

（一）工程计划概要——路线起自金华市经武义、永康、缙云、丽水、青田至温州市，路线长度（单轨）为 253.91 公里，用地占 10120 亩，约为 668 公顷。路基土石约为 1777 万立方公尺。全程中有桥梁 174 座，全长为 15 公里，涵洞 911 处，共长 12 公里，隧道 57 座，共长 31 公里，轨道 291 公里，房屋建筑为 103.60 平方公尺，约为 31345 坪，电讯设备为 254 公里。计划由浙江省计划经济委员会负责，设计与监造由铁道部第四勘测设计院负责。工程进度，约四年可完成。

其测量与规划，全线之地质钻探已于 1985 年底全部完成。路线初测也于 1985 年底完成。定线测量，由金华到丽水（约 127 公里）已完成，由丽水到温州（约 127 公里）尚未进行。其设计主要标准为一级地方铁路，轨距为1435米，正线数目为单线，限制坡度最大为6‰，曲线半径一般最小为600公尺。牵引机车种类为蒸汽，通讯为架空明线，年输送能力（远期十年后）为1000万吨。其施工之材料等设计规定，资料不全，尚应补充。

工程设计说明已有桥涵工程、隧道工程、平面交叉、立体交叉、车站布置、站场设备、机务检修设备、铺设轨道、电讯设备、号志设备、路线标志、站房建筑、防护设施。另外用地取得也作了报告，应无疑问。

其设计进度，金华至丽水，细部设计已完成，但丽水至温州，尚未进行。未来施工时期，这可能是延误工程及增加预算的一大空白，不能不注意。施工规划，资料不全。施工预算表中，概估总预算为1.2亿美元（7.3亿元人民币；以1∶6计算其汇率），造价每公里平均为48万美元（287万元人民币每平方公里），其地形可述如下：

金温铁路越钱塘江及瓯江水系，金华至缙云大部分为丘陵，局部为低山地形，岩层主要为红色砂岩。缙云至青田，河流两岸山坡陡峭，仅局部有谷地及小片盆地，岩层则为流纹岩及凝灰岩，间有花岗岩，山坡斜度较陡，表土披覆较薄，唯滑坡、塌方、崩陷、落石等现象尚不严重。

至温州市则为小平原，主要为淤泥质，砂黏土，粉细砂夹泥炭，因淤泥层较深，故地基松软。

地层方面也作了说明，尤其温州段之软土应注意。全线因地层不同，略可分三路段：

1. 金华路段——此段路线主要通过剥蚀丘陵地带，相对高差不大，为红色砂岩及凝灰质砂岩，山坡斜度在30度左右，唯基岩裸露，表土较薄，山坡稳定，为全线最易施工的一段。

2. 丽水路段——此段路线越经众多河流，两岸均为陡坡，桥梁隧道相连，工程艰巨，岩层为流纹岩及凝灰岩，坡度在45度左右。且沿河地形，地质复杂，有滑坡及岩堆落石分布，并有断层延伸至瓯江，为一地质不良地段。故隧道建设甚多。

3. 温州路段——此段自温溪以下，因受潮汐及两岸谷地软土影响，地势平坦，大部分为软土，厚度约30公尺左右，主要为淤泥质土层，不宜筑高路堤，故考虑以砂椿改良土质或以桥代路基方式施工，以减少软土路基的处理。

（二）营收项目预估

分析回收期，以30年计，但先预计至20年，如依铁四院之资料，前四年为施工期，第五年开始有营收，其预估为：

1. 第五年之货运周转量为8300万吨，总收入为9900万元人民币，其营运成本为3300万元，故利润总额为6600万元。

2. 第20年，货运量为20亿吨，营收可到2.4亿元，利润总额为1.64亿元。

（三）修建全线之概算经调整后为6亿元人民币。按此财务分析可得下列结论：

1. 投资回收期间约为十年，依此大规模交通建设投资尚属可行，唯其因为运价设定高达中央铁路之6倍，与固定投资及营运之低廉成本不成比例所致。

2. 内部投资报酬率为17.8%，依投资回收期30年计算，相对来说，较一般投资案偏低。若考虑利率累进及通货膨胀因素，则单就报酬率而言，不宜投资。

3. 净现值部分，因采6%之低利率计算，30年累积为3.5亿美元，较投资额1.2亿元，仅有不到3倍之回收。若提高利率至9%，则回收仅1.5倍。

三、财务有关疑点

（一）国际借贷问题——因中国贷款保证方式仅能用实力担保，且铁路建设非比一般投资，所以中央（人民银行）之担保乃向外银贷款之必要条件。但若中央要求利率在6%以下，则我方必须提供更具吸引力之投资报酬预测及完备之还款计划。否则，贷款问题将处于两难状态。

（二）外汇平衡问题——基本上，浙方提出之偿债外汇方案，均难达到巨额之还款要求。企业可购买之调节外汇及政府之留存外汇数量，仅可供偿付小部分之贷款。而设立创汇之企业，其收益及可获得之外汇，目前均不能量化。即还款之细节计划目前尚未成熟，外汇来源有待进一步探讨。

（三）工程标的问题——工程之本体、范围、预算、路线、完工品质等规范，目前均尚未有定论。丽水至温州亦尚未详测，有关之财务预算因此可能有巨大变化。若将整个工程发包给省成立之劳务工程公司，该公司亦可能要求重新评估成本及营收，造成发包困难。

（四）铁路沿线开发问题——沿线重要地点均已实施禁建，但可划归合资公司规划开发之区域面积及沿线物产开发计划，浙方均未有具体可行之腹案。由财务分析可知，若单靠运费收益则报酬较差，必须经由土地资源之开发弥补，才能增加投资可行性。

总结论外，下面之后续工作仍应立即展开：

1. 因向外银借贷之所需，由易所长及卢先生负责于12月中旬前，收集提供铁道公司向银行贷款之计划供作参考。尹先生及其部属按此模式，于明年1月中旬前，将金温铁路兴建计划制成中、英文两版本，凭英文版向国外银行洽商贷款之可行性。中文版则送交浙方，以利向中央争取保证。

2. 委由易所长商洽日本之有关公司，组成研究考察小组，至金温沿线踏勘，分析各项成本及费用，并对客、货运流量提出客观之报告，供我方参考。

3. 有关铁路建造成本及一切相关资料，请浙方无保留提供。

4. 有关下列事项，请浙方设法协助：

（1）向中央争取经费及贷款担保。

（2）提示还贷外汇之具体来源。

（3）提示开发沿线土地及资源之可行方式。

（4）将合资期限延长至70年。

（5）委任我方商洽国外具规模之观光开发公司，协助省、县规划观光资源。

义所当而为之

根据香港联盈公司七人小组所作实地踏勘与分析，认为丽水至温州段尚未完成定线测量，而且该区地形复杂，施工困难，加之温州地区又为软土区，故其未来就预估的费用上，会有问题，特提出应加以注意。

另外如以投资报酬率来看，应无价值，况且施工时间初步预估四年，是否能照计划施工也是问题。

还有很多资料并不完全，就可行性分析而言，认为尚不具备。

但是南老一再地说过：

> 如果投资公共建设想一本万利，那永远不会去做的，尤其是铁路工程，它不像公路、捷运、电厂、钢铁厂、飞机场，它不是封闭式的，因为货运一定是由温州到其他铁路经过的城市为目的地，不能再由金华转运，费时，费力，增加成本。所以一定要同国铁有契约，大家协调，共同协助才能达到目的。加以国内法令规章尚未走向健全阶段，一切以人为出发点，所以一般人不会去投资的，不然，开放这么多年了，为什么没有人去投资铁路工程呢！
>
> 这次我们就是要开启一个例子，只要大家真真诚诚地去做，为一个大目标，我是可以理解与完全配合的。但是，什么话都要说在前面，不然，开工了，一定会到时各说各话，伤了原来的和气与目标。

最后南老认为，为了浙西南的经济利益，为中国的中外合资修建公共建设开启一个例子，他决定由香港联盈公司参与投资。

自然，国内各级政府的领导者，也不能以不同的制度，作不一样的政令解释，一定要全力真诚地去配合，不然就等于“剖胎炼丹，杀鸡取卵”。在前面也提到过这四句话。南老个人虽然没有巨资，但他决定还是要倡导修建这条铁路，因为他认为，钱，可以去找。80年了，孙中山先生振臂挥处，牵动了这一个金温铁路的梦想，80年后的今天，南老决定了修建中国第一条中外合资的铁路。80年，浙西南几百万人沉淀了大半个世纪的梦想，终于将成现实，中国的地图上，一条新的动脉将抹去不应该有的一片空白。祖籍温州的学者南怀瑾先生的出现，终于给金温铁路带来了新的转机。

签订协议书

1990年2月25日，浙江省政府地方铁道公司代表陈同海，与香港联盈兴业有限公司代表尹衍梁，及见证人贾亦斌及丁世祥，均签订了中外合资经营金温铁路的协议书，内容如下：

浙江省地方铁路公司受浙江省人民政府委托，与香港联盈兴业有限公司，为合资建设浙江省金华至温州铁路，自1989年10月以来，进行了多次接触，就合资的主要问题进行了深入的讨论。双方同意合资建设经营金温铁路，达成如下协议：

第一条　合资经营的各方为：浙江省地方铁路公司（以下简称浙江）；香港联盈兴业股份有限公司（以下简称外资）。浙江与外资根据《中华人民共和国中外合资经营企业法》和国家其他有关法规，同意在浙江省建立合资经营金温铁路开发有限公司。以下简称“合资经营公司”。该企业名称待后商定。

第二条　合资经营公司的组织形式为责任有限公司。双方以各自认缴的出资额对合营公司和债务承担责任。各方按其出资额在注册资本中的比例共享利益、共担风险及亏损。

第三条　合资经营公司的经营范围是：负责金温铁路的工程建设及建成后的营运管理。鉴于铁路投资前期效益低，还贷期较长，同时，双方为了进一步开发浙江省经济，双方合资开发经营房地产、旅游业以及国家允许开发的矿产等（项目待确定后报批）。

合营公司对金温铁路，实行地方铁路管理、地方运价、独立核算、自负盈亏。

第四条 新建的金温铁路起自浙江省金华，路经武义、永康、缙云、丽水、青田至温州，全长250.7公里。按中华人民共和国一级地方铁路标准建设。

第五条 合资经营公司的总投资额，初估约为1.63亿美元（不包括建设期间涨价因素和营运流动资金）。注册资金不少于总投资的1/3，约5433万美元。出资比例为：浙江20%，外资80%。

第六条 注册资金以外的1.0866亿美元贷款资金，由合资企业担当债务人，从境内外银行贷款。浙江希望外资方能在境外筹措80%的贷款资金，贷款的各种费用加利息在内，年不超过6%，还款期在十年以上，宽限期不少于四年。在此条件下，浙江方向浙江省人民政府申报，要求国务院特批，由国内银行对外担保。并由浙江省对国内银行反担保，合资经营公司以自有资产向浙江省作抵押。外资方表示，为了建设好金温铁路，减轻利息负担，争取长期低息贷款是符合合资双方的利益，愿为此继续努力。

第七条 合资经营公司在浙江省注册登记。实行董事会领导下的总经理负责制。设名誉董事长两名，由双方各一名；董事长一名，副董事长一名，董事若干名；设总经理一名，有关董事会及经营管理机构的具体方案另行商定。

第八条 合资经营公司享受中华人民共和国和浙江省有关鼓励外商、台湾同胞来投资的各项优惠政策。

第九条 双方商定合资经营公司的合资期限为70年以上。

第十条 双方商定金温铁路在建设投资的概算经铁道部审定后，由双方组织有关单位承包建设。建设工期为四年。

第十一条 双方就今后的工作进程，作了认真的讨论和安排。

深入探讨 编列进度

1990年2月25日。双方签订了投资金温铁路的协议书后，香港联盈兴业有限公司商请了会计师，研究了一下现在尚待研商的问题，结论如下：

一、待讨论事项

（一）资本额问题——因自有资本需以现金为主，我方要求配合现金流量逐年注入；但涉及需中方银行担保，银行则要求投资者应先于初期便缴足股款，以减轻银行之风险。

（二）贷款问题

1. 我方需在国外筹措80％之贷款资金，且贷款之利息加费用不超过年6％。

2. 双方向国外筹措贷款时，若利息费用条件不同时，如何处理?

3. 对外之贷款除以合资公司之自有资产为担保外，双方股东亦应做保，涉及投资风险扩大。

（三）经营项目问题

1. 除铁路之兴建经营外，沿线土地、物产之开发并未明列于经营范围内，仅提及“经报批后，双方可合资开发经营”。

2. 除铁路外之营利若无法预估，则我方向外贷款之投资报酬及还款计划将欠缺吸引力。

（四）经营权问题——我方坚持掌握经营权，浙方未明确允许。浙方认为因涉及国家整体之铁路政策，及日后与各机关协调问题，应由其担任负责人，以利经营。

（五）外汇平衡问题

1. 还贷所需之外汇仍无来源，企业可购买之调节外汇或浙方留存之外汇数量远不敷所需。

2. 汇率变动因素（人民币即将再贬值），将严重影响还贷计划；利用外币存款规避汇率风险之方式，迄今尚不明确。

（六）工程造价问题

1. 工程之本体、范围、品质等规范至目前尚未有定论，丽水至温州亦未完成详测。工程预算可能之变动仍大。

2. 将物价上涨因素年3%计算，总造价美金1.85亿（美元比人民币是1∶4.75），依近年经济趋势看来亦属保守。物价及劳务成本大幅上涨之可能性仍高。

二、调整后之财务预测

（一）现金流量（30年）若考虑物价上涨因素年3%及本次工程成本之调整，按各年20%、35%、36%、90%之年资本支出，则NPV为美元396亿（年利率6%），若利率升至9%，则仅为美元1.89亿。账面回收期为10.69年。

（二）敏感度分析（20%强），内部报酬率为15.59%，在资本支出、营业收入、营业成本在20%强变动时，影响不大。而营业收入确为影响净现金流量之最重要因素。

三、立即应办之事

（一）即日起，我方应开始向外银接洽贷款事宜。

（二）1990年5月，浙方争取应项报批核准。报批核准后浙方组成“地方铁路公司”。

（三）1990年7月，铁四院提出“初步设计及概算”。我方派员参与审查商议。

（四）1990年8月，初步设计及预算之审查完成。

（五）1990年12月，合同签订，组成“金温铁路开发有限公司”。

（六）1991年1月，铁路兴建开工。指定之后续联络人——浙方：杨国章，我方：贾宁。

四、续办事项

（一）向银行洽询本案贷款或发行公债之可行性美金9800万元，经银行人士指导完成之贷款计划书与还款计划。

（二）派员（铁路、工程、财务）与铁四院人员讨论工程内容与品质，并研究预算之编订。

（三）研究参与本投资案之公司主体与资本筹措问题。

（四）预估投入之人力与经营团队。

南老对上述工作的研讨，分清楚了哪些事要立即开始，哪些事要准备洽商，由什么人负责，也订出了时间表，同时也提出了将来可能发生的矛盾。

1. 外资为大股东时，怕国家政策会害怕公共建设为外资所掌握，所以浙江省会提出作主导人，以人地熟悉及实地施工为由，外资不能不答应。

2. 为外资向境外贷款，年息为 6%，实规定太过苛刻，并由中国银行担保与浙江省政府反担保，虽说由外资筹贷，但上述二方随时都可因自身理由，而使外资贷款走入困境。

3. 如果浙江省主导一切，在国内贷款，其利息又如何？也作规定，还是不作规定，如此就更明显对外资要求太苛，对浙江省没有作任何限制。

4. 工程概算是如何操作，如增加时又怎么算，应该有个决定，不然，恐影响贷款，也影响工程，更影响股东权益。

5. 参加工作人员的定案，这么大的工程，领导的人是成功的保障，人选就要注意了。南老作了以上的分析，但同时也说明事在人为，大家要同心协力来开启这个史无先例的工作。

浙江省政府呈国务院请示

1990 年 10 月 24 日，浙江省人民政府送呈《关于浙江省利用合资建设金华至温州铁路的请示》给国务院与国家计划委员会，其文如下：

金华至温州铁路项目建议书已于 1985 年由我委批准。但因财力不足，一直未能修建。几年来，浙江省为筹措建设资金做了很大努力，经与台商多次接触后，双方同意合资建设，经营金温铁路。

金温铁路从浙赣线新东孝站出发，经武义、永康、缙云、丽水、青田至温州，全长 250.7 公里（含通向温州龙湾港和经济技术开发区的龙湾之线 10 公里）。全线贯穿浙西南腹地，吸引 3 市 28 个县，人口 2000 余万人。沿线有矿产、森林、农业水产资源，并适于发展旅游业。由于温州是全国 14 个对外开放沿海城市之一，又是著名侨乡，建港条件好，具备开展外贸和外引内联的良好条件。因此金温铁路的建设对改善温州及浙西南地区的投资环境，加快经济发展有着重要意义，并可为完善东南沿铁路网建设奠定良好基础。

该线货运量初期为每年 300 万吨。铁路建设主要技术标准为：二级铁路；单线；限制坡度按 6‰与两方案在设计中进行比选；近期蒸汽牵引，远期内燃牵引，预留电气化条件；闭塞方式采用继电半自动；远期年输送能力 1000 万吨。

金温铁路大部分处于丘陵地区，工程较为艰巨，为减少初期投资，在满足运输需要的前提下，近期应尽量少设车站，总投资要控制在 7.7 亿元以内。铁路公司与香港联盈兴业股份有限公司（台资）多次磋商，已于 1990 年 2 月签署了合资建设和经营金华至温州铁路的协议书，拟组建金温铁路开发有限公司，进行该铁路的建设和经营管理。该合资企业的注册资金不少于项目总投资的 1/3，其中浙江省地方铁路公司出资 20%，台方出资 80%。注册资金以外的投资，由合资企业从境内外贷款并负责偿还，其中 80%的境外借贷部分由中国银行担保，浙江省作反担保（由浙江省与中国银行商妥，待国家批准建设铁路后，双方正式办理手续）。合资企业以自有资产向浙江省作抵押。双方商定合资经营年限，暂定为 70 年。

根据上述情况，我们认为：

一、浙江省利用台资建设铁路的做法，是多渠道集资发展我国铁路的一次积极而有益的尝试，将为加快我国交通基础设施建设探索一条新路子，应当予以鼓励和支持。

二、金温铁路业经国家批准立项，只因资金短缺，未能批准建设。现浙江省提出台商合资修建，解决了资金问题，至此该项目建设已基本具备条件，因此拟同意浙江省与台商合资建设这条铁路，并由浙江省组织合资双方共同编报可行性研究报告。

三、关于金温铁路经营管理问题，我们认为：应考虑到铁路行业的特殊性，其营运管理工作要由合资双方充分协商，划分各自的职责范围，并商铁道部以协议形式加以明确。

四、金温铁路接轨引起的金华车站等，与扩建工程应同步建设，所增加的工程费由铁道部和浙江省各承担一半。有关金温线部分线路与规划的黄浦水电站互有影响的问题，鉴于水库何时建设尚未确定，为了节省投资，经与浙江省协商，同意水库下游20公里铁路先按全线统一标准建设，待黄浦水电站建设时再行抬高，所需费用按国家有关规定办理。

五、鉴于金温铁路建设前期工作已经做得比较深入细致，只需将改为合资经营后所涉及的资金筹措，外汇平衡，综合补偿等内容进一步补充落实，因此建议国务院批准金温铁路合资建设，并授权我委审批其可行性研究报告。

双方审议具体工程问题

1990年12月3日至11日，浙江省计划经济委员会，会同铁道部第四勘测设计院，与香港联盈兴业有限公司，对金华至温州铁路的补充初步设计进行审议。这次审议首先在杭州对初步设计主要技术标准、线路走向、站场布置、客货运量和经济效益等方面问题进行了认真审查和交换意见，而后对沿线有关市县的主要车站的布置和近几年来的客货运量进行调查核实。现将审议意见纪要如下：

一、双方一致认为铁四院提交的补充初步设计中，关于主要技术标准、线路走向等方面，基本上是合理的、可行的。

二、双方基本同意关于金温铁路各站场布置设计。

（一）双方同意在金华麻车塘设置交接场方案，但要求尽可能把车站由金温线下行方向右侧调到下行方向左侧，以利扩大车站腹地。

（二）双方同意温州货站按：“西山南”或“西山北”两个方案，同时加以设计测算比较，要求温州市要保证与东站配套的城市道路、供水、供电等设施同步建成。

（三）同意石柱车站站址往北移600米左右，以增加腹地，以备今后综合开发之需要，具体范围和要求待进一步商定。

三、对主要车站的站房功能和造型设计，双方要求须各具特色，站房应留有发展余地，具体由双方共同协商后确定。与车站配套的设施，如道路、桥梁、公交、水电等，由地方政府同步建成。

四、这次双方共同就沿线各市、地、县，1986、1987、1988三年的实际运量，进行了核实性的调查，双方对调查的结果和方法无异议。其结果是：

确认1988年全线平均货流量为每年下行355.07万吨，每年上行226.29万吨。浙江方认为按7%递增率，1996年货运量将达到每年下行610万吨，上行每年389万吨。同时因考虑到初期运输能力有限，仍有部分通过汽车运输，而且2008年前，铁路运输能力只能达到450～500万吨。为此，浙江方在估算经济效益时，对货运量只按7折下行每年427万吨，上行每年272万吨计列。对客运量计算出该项目的全部投资内部收益率为19.5%，投资回收期8.75年（静态，含建设期）。浙江方认为上述客货运量和测算的经济效益是符合实际的。对此，外资方表示，为慎重起见，还要进一步计算。浙江方同意就如何估算效益问题同外资方再作进一步协商。

五、这次调查中，浙江方提出考虑到今后的发展和现有运量等因素，有必要将原设计中采用蒸汽机车牵引方案，改为采用东风一型内燃机车，这项调整可以在满足设计运量的前提下，节省今后维修成本，节约煤场占地，减少有关设施。但相应增加投资600万元人民币（折合约120万美元）。此外，个别车站需增加股道，需提前增开两个车站（国湖、黄碧街），以适应运输量增加的需要。对此，外资方表示原则同意，并希望铁四院尽快提供有关明细资料。

六、外资方要求沿线各地方政府，对已确定的车站位置和线路区段范围内的用地加以严格控制，从现在起，上述范围内不得增加永久性建筑物和新种植多年生作物。浙江方表示同意和支持，并负责向省政府报告，以便落实。

七、双方同意铁四院编制的工程总概算：西山北方案为8.64亿元，折合1.662亿美元；西山南方案为8.84亿元，折合1.7亿美元。

浙江方：浙江省计划经济委员会（陈同海签字）

外资方：香港联盈兴业有限公司（尹衍梁签字）

效益分析

1990年12月11日，在讨论时也作了铁路的效益分析如下：

一、客运量——1996年全线客流密度按每年200万人（单向）计算，认为双方客流密度相等。本年客运周转量按5%递增，以后逐年持平。

二、货运量——1996年全线货运量按1988年实际货运量年递增7%，再按7折计算。本年度货运周转量110753万吨公里。营运20年货运周转量按7%递增，以后逐年持平。

三、运价——货物运价每万吨270美元公里，旅客运价每万人115美元公里。

四、运输收入——主要为客货运输收入，另计算了少量的邮政、行李、包裹运输收入。

五、营运成本——各年度营运成本分项测算，其平均单位成本约每50美元换算吨公里，运营初期单位成本略高。

六、计算指标——全部投资现金流量计算指标：财务内部收益率为19.5%，投资回收期8.75年（静态，含建设期）。

自有资金流量计算指标：自有资金为全部投资的1/3，不足部分考虑贷款解决。贷款年利率6%，贷款偿还期15年，其中宽限期5年，后10年等额还款。

财务内部收益率IRR＝25.96%。

投资回收期6.5年（静态，含建设期）。

南老为了让浙江省政府早日完成金温铁路修建的可行性报告送呈国家计划委员会批示，特别于 1991 年 1 月 19 日出具出资证明，作为保证投资之依据：

为完成总投资额约一·七二（1.72）亿美元的合资兴建金温铁路项目，根据合资协议本公司负责筹措合资企业注册资金以外，双方在境外贷款资金约一·二（1.2）亿美元，资金的年利息现定为百分之六，还贷期约为十五年，其中宽限期为五年。

联盈兴业有限公司

董事长　南怀瑾

温州领导致南老的一封信

在推动金温铁路的公文旅行过程中，由 1988 年开始至今已有 3 年，温州市领导也已换人，但南老一直全力地去倡导，这是温州新领导给南老师的信：

尊敬的南怀瑾先生：

首先请允许我们向您致以崇高的敬意和亲切的问候！

久闻先生之宏业伟绩、高风亮节，爱国爱乡之心昭然，实在令人敬佩不已。

金温铁路乃温州一大重要基础设施建设项目，可谓浙西南地区的生命线，其对温州的对外开放、社会经济发展等均有极重大的意义。承蒙先生之全力关心、支持、帮助和推进，目前铁路的勘测设计工作已经完成（项目可行性研究报告），近期即可批复下达。温州方面的资金筹措政策也已到位，一条建设合同正式签订，我国第一条合资开发地方铁路的建设序幕就将拉开，浙西南 1300 万人民数十年来梦寐以求的愿望即将成为现实，温州的交通等各项事业也将由此突飞猛进，先生兴建铁路、造福人民之伟大创举，也将广泛传颂于祖国大地。

刘锡荣书记虽已赴任新职，但他在新的工作岗位上更有利于推进铁路建设，他表示将为铁路建设贡献自己的一切。

为了不辜负浙西南人民的期望，不辜负先生爱国爱乡的赤诚之心，我们将建设金温铁路作为自己上任以来的头等大事，全力以赴地做好金温铁路建设的一切准备工作，不遗余力地推进铁路建设各项工作的顺利进行，努力促使金温铁路的宏伟蓝图在“八五”前期获得实现。

我们殷切期望南老先生在方便的时候拨冗莅温考察、指导我市的经济建设和社会发展，我等将竭诚欢迎！

这是新领导人，温州市委书记孔祥有与温州市长陈文宪于1991年8月5日的来信。

国家计委批复可行性报告

在1991年9月16日，国家计划委员会对浙江省金温铁路可行性报告作了批复。其结论如下：

一、金温铁路北起浙赣线上的新东孝车站，经武义、永康、缙云、丽水、青田至温州，全长251.51公里（含龙湾港支线10公里）。该线的修建对开发沿线丰富的自然、矿产资源，加强省间交流，改善投资环境，促进经济发展具有重要作用，不仅可为建立东南沿海铁路网奠定良好基础，同时，也有利于加强海峡两岸的发展，同时经专家赴现场踏勘调研后认为：修建这条铁路有多方面重要意义。财务分析表明，该项目是可行的，社会效益也是比较好的。

二、同意你省地方铁路公司与香港联盈兴业股份有限公司组建金温铁路开发有限公司（暂名），合资建设和经营金温铁路。合资双方拟共同经营的其他项目，请按国家有关规定，另行报批。

三、考虑到金温线在东南沿海铁路网中的重要意义，该线主要技术标准为：国家干线二级铁路（为节省初期投资，凡在远期发展中易于改造的部分，可先按一级地方铁路标准建设）。单线，限制坡度采用6‰或9‰，经初步设计比较后确定，到发线有效长按近期运量设计，并预留850米的条件，采用内燃机车牵引，考虑允期电气化条件，继电半自动闭塞，输送能力近期按调查运量确定，远期1000万吨。

四、金温铁路总投资为1.72亿美元（折合人民币9.2亿元）。其中，注册资本5733万美元（浙江省地方铁路公司出资1147万美元，占20%，香港联盈兴业股份有限公司出资4586万美元，占80%）。注册资本以外的资金可由合资企业从境外借贷并负责偿还。应坚持由香港联盈兴业股份有限公司负责从境外借贷约1.2亿美元，年息为6%，还贷期15年，宽限期5年。本批复下达后，你省应及时与中国银行商洽办理担保手续，以便开展下一步工作。合资双方应按出资比例分担盈利及亏损，外汇平衡由合资企业自行负责。

五、同意金温线建成后实行地方铁路运价。合营期限70年。其营运管理、职权划分问题，合资双方应本着方便管理，有利生产并符合有关规定的原则，充分协商并征求铁道部意见后，在有关合同、章程中明确。

六、关于要求进一步享受优惠待遇问题，需待本批复下达后，由你省按有关规定向主管部门正式提出申请报告，按程序审批。

七、金温铁路引入金华站等改扩建工程，应与金温线同步建成，营运中与国铁交接方面的事宜，应由合资企业与铁路部门商定，并写入合同。

八、金温线在建设中，要精打细算，优化设计，努力控制初期投资，并做到建成一段，营运一段，尽早发挥投资效益。

邀浙江省方来港签约

由1988年起协商修建金温铁路，至1991年底，始蒙国务院批准，公文来往已过3个年头，这其间人事的变化，国事的变化，均未影响南老的决心，他一定要领导大家来修这条铁路，好像他变成了修这条铁路唯一的受惠者了。他热心地来推动过去3年来的协调，忍人所不能忍的气，受别人所不能受的苦，做别人所不想做的事。在1991年10月8日，他致函给浙江省柴副省长松岳先生，原文如下：

柴副省长松岳先生：

敬启者：据所见告，金温铁路一案，已经国务院铁道部等主管单位批准。现阶段亟须进行商榷合资等问题。今经敝公司董事会决议：

一、敬请原经办诸位：柴副省长松岳、刘书记锡荣、杨主任国章、陈主任同海，偕同温州市原案洽议者章主任华表、联络处长李景山，移驾莅港与敝公司联席会议，洽妥今后进度。

二、除上述诸位外，贵方认为尚须另有主要人员同来，即请预先通知人数。

三、此行所邀请诸位往返旅费（包括飞机票等）及旅居费用，可由敝公司负责。

四、会议时间：暂定一九九一年十二月廿日为准。

五、会议地点：香港联盈兴业公司

专此，备函邀请，敬即示覆，以便筹备为荷。

浙省除了上述的人员外，其参与金温铁路合资谈判的人员尚有温州市董书记，及新任书记孔祥有、新任温州市长陈文宪。其部分人员之资料如下：

丁世祥：浙江省人民政府重点建设特邀顾问
浙江省重点建设领导小组副组长
浙江省金温铁路筹建领导小组副组长

陈同海：浙江省计划经济委员会副主任

浙江省重点建设领导小组副组长
浙江省金温铁路筹建领导小组副组长
马云博：温州市人民政府副市长
杨国章：浙江省重点建设领导小组成员兼办公室主任
浙江省金温铁路筹建领导小组成员兼办公室主任
傅必成：中国银行杭州分行副行长
姚金录：浙江省计划经济委员会外资处处长
李茂山：铁道部第四勘测设计院金温铁路总体设计负责人
黄绍元：浙江省金温铁路筹建领导小组办公室副主任

对国内投资的感想

1991 年 11 月 8 日晚上 10 点，南老在香港住所，对孔祥有书记与章华表主任谈了很多话，并请他们回去报告给各级领导，同时作了录音，原文重点如下：

今天是 1991 年 11 月 8 日 10 点 30 分，地点在香港。参加的有孔祥有书记、章华表主任和我三个人。你们明天早上要走了，我不能送你们了，非常感谢你们这趟来，我也不说更多感谢的话了。我今天用录音带的意思，主要是章主任在这里，孔祥有书记也在这里，章主任这趟回去以后到杭州，到省里去，你们知道，我邀请了柴副省长、刘锡荣先生、陈同海先生。陈先生他大概到宁波当市长不能来了。上次签可行性报告是他负责的。另外杨国章先生、温州的章主任、李景山主任，他们那一次来是政府批准了金温铁路项目建议书，到今年 9 月批覆可行性报告为止，公文手续已经搞了 3 年多。那么，下一趟 12 月份来港是签合同了，这个签约还有很多问题，所以我先提出来，章主任把录音带回去，先请刘锡荣书记听一下，给省长听一下，杨国章听一下，做个研究。

第一点就我的经验，自从我从美国回到香港三年多了，向国内做了很多事情，也做些投资。有些事情，除了温州南氏医药科技奖励基金会，利息奖励每年 5～6 万港币，是你们几位亲自动手的，比较算快。国内办事，没有一件是快的，使你头痛得不得了。换句话说，我们讲国内，不能批评它没有制度，它有制度，但他那一套制度是不符合现代化的，不符合开放政策的社会。每一件事，签约也好，合资也好，你想做一件好事把钱汇进去，做好事都有困难。南氏医药基金会汇入英磅基金，几个月内找不到下落，温州中行问省分行多次，说没有收到，最后从香港汇出银行查询确认是压在省分行里，重重阻碍，这些情况不要讲你们两位都知道了，它就是法令以及制度没有弄好的关系。现在我们这个铁路，让我很着急，可是拖了三年多啦，我们当时在上海投资，四个合资化学工厂也动了，铁路到现在还没有影子，到现在才批下来。当然一个地方铁路，像我早就提出来，首先要变成一个公司组织，这在国内法定的立场上已经是特别的恩惠了，中央同意金温铁路可以合资建设，已是网开一面了。但是他们所讲恩惠，我不接受，我们能提出来，他们能够办，我倒是非常感谢国内各方面执政的人，铁道部也好，还总是为我这个提议开了一个特别的格式。所以我早就讲过，你们早应该开，开了再把这个法令改一改。在海外欧美的华侨，为了家乡，有钱愿意修铁路、修公路的绝不止我一个人，一定很多，大家不敢摸呀！你那个法令，种种为难。人家送钱上门还要受气，这个不干。这个受气不是说别的，要这里通过，要那里通过，一件事情要盖几百个章，怎么受得了。譬如讲，我们这个铁路谈到三年多了，现在才批下来，才能签约。这一次我们讲，就是签了约，我想过啦，给你们二人商谈过，也还不算数，还不能马上动工。假设很顺利，我们两方就签约。省里头，浙江省还要上报，这是一定的，报了以后还要通过审核，还要经审复，再来，再来以后，后面的事情还多着呢！真正能够动工，起码要经过一年多。那么章主任站在政府的立场上，跟我争了一下，我说一年多，他说八九个月，这个我们两方面都打个折扣，也要一年，一年以后马上动工吗？所以我说命长的人才会干这件事，发了疯啦。老实讲，做点傻事情，只要我活着，就可以做，到处化缘也好，要钱也好，也还可以化点来，卖卖老面子，这件事我讲的是实际的情况。章主任大概能了解我这里的情况。我要活到挨到一年两年到真正动工了，就可以完成这个心事。这是第一点。

希望你去跟省里讲，现在合同细则草稿尽快传真过来让我看一看，那我们就可以知道，还要修正哪些问题。如此到我们这里来签合同就简单了。

南老又说道：

李素美倒提醒我两件事，她说：据原来我听到的，省里同意铁路沿线矿产资源给予优先合作开发，当然有些什么矿产还是空空的嘛！有些什么矿现在也不知道。那个矿能不能开也不知道。这些资料顺便带来给我们，不是给我们，而是我们跟他们合作的铁路公司。这些应该在这签约里头也写上。第二我们铁路假设开通，沿线有几十个车站，原来所讲的车站附近的土地，都归这个公司来开发，铁路即使蚀本，也可以从这个地方赚一点点回来，也不是我个人赚，是这个铁路公司赚，这些资料当然也要知道。我原先的理想也是这个，这些请他们同时研究，也就是李素美的这段话。

我以前提出来的，我再三跟章主任讲，浙江省跟我们合作的这个铁路公司，你看我事先给你讲，你还记得吧？共两点。我说这一条铁路，真要照我理想是不做现在这样子的铁路，做地下铁路，第一我开始给你讲，你还记得吗？（章说：记得。）为什么呢？世界有战争，将来的战争是立体、全面的，将来战争一来，不是第二次大战，下一次大战那个战争，都是核子，一切都要回到地下，为了军事上，你不能说这个国家就没有战争，与其来说我们修了这条路，用了十年八年以后，发现世界形势变了，再要修地下铁路，要花多少钱，这是我第一次跟你讲，你还记得吗?

第二点，就是第一次跟你说的，我说即使修这个铁路，现在铁路进到磁浮铁路了，铁路的轮子呀是用磁铁，可以飘起来走。可是我前天看到中国已开始研究磁浮铁路了，这个车子已经在做了，已经在研究，预计 15 年会出来。日本早有了，当然世界上还是日本最现代化了，像我想的都做到了。你看（指章）我们初见面，二三年当中，章主任你讲铁路股票在上海上市问题很困难，我说股票市场会开，银行在上海会开，我讲了二三年不到，都兑现了。所以开始第一趟王伟国来香港，我说上海的码头你先给订一个船用码头，现在如何?他们没有眼光，没有气派，不给我订下来，如订下来，现在码头啊！已涨了 30 多倍了。可惜你做个计委主任，那要是给我当经理，我就命令你给我订下来，订了，你要假使做生意也好，为国家建设也好，现在都涨，涨得不得了，国内现在还要变，大家做干部，做公务员都做习惯了，替公家办事，没有现代思想了。我所以提出来，这条铁路开工了，我要力争由省里、温州、我们三方面合起来，我要弄到股票上市。上市不是资本主义做股票的办法，我们要卖给沿线的老百姓啊！换句话，我们铁路完成了，这条铁路不是归我们的，也不归我们公司的，但这个公司还存在，这个公司等于整个公家的，温州市或者浙江省同老百姓合作，我倒可以退出来，只要事业做成功，成功不必在我呀！而且我们要做生意赚钱，拿 1 亿多美金在香港玩金融，半年以内，若运气好可以变成二三亿呀！我何必跟你们玩 20 年，以后再收回成本的铁路呢?你懂得吗?所谓做铁路就不是做生意的道理了，可是我们要把做生意、做贸易的精神放进去。所以后来陈同海他们来谈，我说你们不会做生意，假使会做生意，铁路公司还没有成立以前，我先提1000万美金给你好不好，我们先把铁路公司变成贸易公司。我说：你浙江省有什么东西跟我做贸易，丝绸，浙江最大宗是丝绸，你们和华润做了，你不会拨出来给我。浙江此外还有什么东西呢？除了丝绸以外，只有温州的盐巴。我不要，做生意的话，没有东西。后来陈同海在这里我不是幽默他吗？他那时候代表省啊！他说：老师您修了铁路，我们不会使你吃亏，总会有东西让你老赚一点钱。提到温州什么电力公司呀！我说：你讲了半天还是温州的，你怎么不提浙江的呢？我说：你这个宁波人，只想着宁波，我和陈同海两个人幽默讲笑话，同学们笑了，我也笑了。我说你这个宁波人光拿温州送人情，温州是我的家乡呀！比方讲啦！你懂这个意思吗？现在所以我要他们动出脑筋来，我们的铁路，比如说这趟来了，即使签了，我刚才开头讲了，起码还要一年多才能动工，假如我们现在签了，把这个公司呀多加一点什么营业项目，马上可以成立，我可以调一部分，至少可以调千把万美金，先来用2000万美金或几千万做点投资，为铁路找出资金的路来。

南老师又说：

作为一个领导人，头脑要灵活一点，懂一点现代化，懂一点国际贸易，懂一点国际开发的应用。用钱跟用兵两个是一样的，会打仗的人呀，会以寡击众，以弱击强。我有1000块钱，我要做到10万块钱的生意，才有本事。一毛钱没有能做了事叫本事，不要有100万还只做了30万的生意，那是最笨的人。公家都做这种笨事，我们不能这样再笨下去做。这几点意思，希望他们这趟出来，你（指章）也一定要出来的，你是搞财政的，哈哈，老弟（指章）不好意思讲你哪！不过我看你的头脑还行，已经在外面跑了很多趟了。经济是要活用，譬如上海这个斯米克，我那个学生在那里，他投资200万美金，你看那4个工厂，全国都跟他改进了啦！（注：南老动员他的学生李慈雄博士，30多岁，回国投资，合办4个工厂，几年时间，工厂发生大变化，国内经济参考曾刊登消息说为什么一样的设备，一样的人，合资办厂变化很大，引起较大反响，叫斯米克现象。）我们浙江何尝做不到这样呢？假使能够由这个铁路开始，同时，我们跟孔书记再来一个农业带动（孔书记向南老提出改变温州农业的设想，南老很赞赏）。我们再搭一个架子，再合资开发农业也可以呀！一路搭上来，对不对？要看人的脑筋动不动呀！（南老手拿一份上次共同签署的金温铁路可行性报告给孔看）这个就是上次签的报告，孔书记你大概翻一下。这个是可行性报告了，这一趟来签的约，我希望能看到这几点意见的回音，不晓得我的表达讲清楚了没有？（对章讲）你听清楚没有？（章答：清楚了）希望你去，请你做个私人代表，你离开那个公务立场，以私人代表把我的意见，那个录音带带给柴副省长、刘锡荣先生、杨国章先生他们再听一听。这个意见你看对不对？你看还有别的没有？（章说：孔书记也在这里，我到杭州把你的意思录音带带回去，向省里汇报。）你要把我的意思讲出来，用我的录音带做补充，因为录音带是我讲的，不然大家误会了，说什么章华表呀……这样不好，录音是证明，我的意思是你有财经方面才能，要动动脑筋，怎么做得更好。今年不行了（指铁路开工，及开工前做些灵活应用资金问题），争取明年春天能动起来。动起来我心里还有一个办法，是希望呀！不晓得能不能够做得到。这个年龄的人，过一天算一天，这个话是真话，人不会跟自己的生死来开玩笑的，我希望明年呀连我那个农业都带动啦！把农业发展计划带动了，那就更好啦！你（指孔）懂得我这个意思吗？所以我说包括加拿大的水利发电厂也带起来（指五天前孔向南老提到发展农业中的温州栅溪水利枢纽工程的意义，南老很感兴趣，马上对加拿大的学生说，要求他帮助向加政府要求给予贷款。）希望政府头脑要清楚一点，那不只对温州有好处，整个浙江都有好处呀。这是铁路、农业、水利发电搞好，对不对？这不是谈生意问题了。

坚决为修铁路签约

原来预定1991年12月18日的中外合资会议，因浙江省领导得呈送国务院核批后始能出境，延至1992年1月15日在香港举行，南老特于1991年12月23日，给温州李景山处长转呈信函给柴省长等，原文如下：

温州联办李处长景山请转

杭州杨国章先生　刘锡荣先生

柴省长松岳先生均鉴：

自杨国章先生寄来有关金温铁路合资草约，经分别征求本公司有关负责人员尹衍梁博士、陈定国博士等人，负责研读结果，各抒所见，对此草约稿件，或多或少，均提出贡献意见，俾供修改参考。因文繁字密，暂不一一寄上，唯将尹衍梁所提意见稿传供参考之一。他如陈博士等意见，最主要者有二：一、未见明确提出借款担保者为中国银行。二、未能先行预订，讲铁路股权将来可以上市（即我往日所说：将来铁路股权，可创立在社会主义新模式，新架构之下，类似股票上市，俾沿线各地人民可以买卖铁路股权，共同拥有及维护铁路等利益。）有关上面第二项构想，事非不可行，只在经历经验及时机问题。我想，大家意识思想，尚未开通之前，似乎极为惊讶，不能想象。其实，实为轻而易举，由此先例，可供国内进展之最好参考；例如上海斯密克之事实。不过，亦可暂不写出，待双方会议时面谈。所以我预先说明收到各方意见之资料如此而已，并未定论。因此事尚须由中央了解同意，是为最要。

其次：有关省方与诸位莅港会商时间，我已知道势有所阻，不能照预期到达。此事可延迟一点无妨，且待贵方通知，另订日期，另办手续。

另外：我经闻不确传说，及所见各报章之报导趋势，如金温铁路之开建设由铁道部直接与省府及外资合办，亦是好事，“成功不必在我”。无论是浙江省府、温州市府，以及本公司或本人，只有一个共同愿望、希望，极诚恳的希望，只要国家好，铁路修得成功。不管是哪方面，或谁的成功，都是额手同庆，是天大的好事。所以说：如果铁道部有意接此案，我们可以从新讨论，促其早日完成。

近因事忙，未及随时与诸位联系，歉甚。今特此奉知，即祝

新禧

南怀瑾

一九九一年十二月廿三下午

最后附告：金温铁路，无论在任何情况之下，务必促其速成，在我并无丝毫退悔之意。此望了解。

南老对事物的看法，都有其独特的先见，他一再强调，利用股份制来取得资金，利用当地人民，特别是温州的富裕，来修建此一铁路。同时要利用因铁路的修成，交通事业的发展，而对车站附近土地规划开发，对铁道公司的修筑铁路，未来经营，以及利息及所借本金的支付是一大保障。

1992 年 1 月 15 日，大家到达香港后，就照着合同草约开始讨论，香港联盈公司，除南老外，尚有李素美总经理、尹衍梁博士、陈定国博士、曾律师、王伟国、蔡世亮等多人。尤其尹衍梁博士特别就合同内容提出多处质疑。他认为当初是同浙江省在协商，怎么签约又变成同一个浙江省的地方铁路公司来签约了，他认为无形中

降低了合作的对象，他无法接受。同时如以投资报酬率来谈，那么20年到30年才能回本，他认为那是国家政府应该做的事，绝不是一个投资者应去做的事。所以他认为合同的每一个字都应该由律师去研究，因为签约的人，要对合同负责，不能照章签约。同时他认为，如果不给合资公司取得车站前的1500亩土地，及土地开发及贸易、矿业、海港的业物，铁路在20年内一定无法回本，那么投资价值就太低了。所以他提出一切可由浙江省独立作业，香港的联盈公司可以借钱给浙江省政府并协助取得贷款。因为如此，对香港联盈公司才比较有保障，不然，合资公司由外资出大多数的资本，又去借贷1.2亿美元，在年利率6%的苛刻下，好像外资要修这条铁路会得到无数的好处似的。所以他认为这个大前提不解决，谈下面的合同是多余的。因为照他与他自己公司专家们的评估，修这条铁路，以这样的合约，如在商言商，是毫无价值的。

南老说：

如果以投资的角度来谈，就绝不能参加，因为再笨的人也可以把钱放在银行生利息，也比投资这个铁路好。不过修这条铁路，不是投资，而是做一件社会福利的事业，更是为中国公共建设开一个例子，他的意义就很大了。可惜我的学生们没有理解我的想法，就是浙江省政府的代表们也不了解，以为我只是为家乡修一条铁路，爱国爱乡而已。所以大家开了好几天会，还是在那里争来争去。我老实说，如果我明天死了，你们这条铁路还修不修，除了我，今天不会有一个企业家商人来投资的。所以你们好好把握住时间，我说过，这个合约我一定会签，就是为了柴省长与刘锡荣书记的未来前途，我也要签约。可是你们也要知道，骗人也要点东西啊！什么事都站在自我的立场，没有想到我们是合起来成立一家公司来修好铁路的。现在不作好准备，开了工没有钱了，怎么办？我是在协助你们呀！怎么连这个道理都想不通，只知道这个要报批，那个要报批，为什么就不能负起责任，为国为民来做事呢？为什么什么事情都怕成这个样子呢？好像这条铁路是为我修的，天下的事，哪有这个道理呢？

我一生说出的话，一定做到，我做一件事，只问他应不应该做，该做的，我一定去做。这条铁路大家企望了 80 年，修了 7 次都没有成功，今天我就决定一定要修，不是为我，是为了要开启一个大例子，中国政府的公共建设可以和外资合作。因为不如此，不能加速国内的公共建设。所以我们不去打开这个关闭的大门，那么几十年都不会有人打开这个大门的。但是如果我们打开了这个大门，以后的人就好走了，政府也就会更改法律，就不会这么批来批去了。创造一个新境界，领导这个时代在变的人，永远是辛劳的。我希望大家知道我的想法，我的目的，我不是在投资，我是在做一个笨人而已。你们说什么台商，就是不懂得宣传，我明明是外资、港资，总要加上一点政治色彩。你们知道，修这条铁路，既不是政治目的，也不是经济目的，只是开启一个例子，你们看，送钱去，都得等三年来来往往的批文，这个大门，我们不去打开，谁愿意去做呢？

就在这样的原则下，于 1992 年 2 月 26 日签了字，香港联盈由李素美总经理签字，浙江铁道公司由杨国章代表签字，双方见证人由南怀瑾先生与柴省长松岳二人签字，这个历史的镜头进入了这个 20 世纪的一页中，80 年的梦想也就有了实现的一天了。

合约签订

这是个历史上第一个中外合资修建铁路的合同，他是经过三年的公文旅行，经过无数人的心血，更重要是南老为开启历史上的例子而完成的，我们应该记得这个合约重要内容：

缘起：

中国浙江省地方铁路公司和香港联盈兴业有限公司根据《中华人民共和国中外合资经营企业法》和中国的其他有关法规，本着平等互利的原则，通过友好协商，同意在中华人民共和国浙江省投资兴办金华至温州铁路及开发之合资经营企业，特订立此合同。

有限责任：

合营公司为有限责任公司，甲乙双方对合营公司的债务责任限于各自所占合营公司的注册资本股份额，双方按其在注册资本中的股份比例享受利润，承担风险和亏损。

经营宗旨：

本着加强经营和资源开发，加快浙西南地区交通设施建设，采用先进管理方式，以最低的运输消耗，最大限度地向社会提供运输能力，经营旅客和货物运输，获取企业经营效益，同时通过综合开发，综合经营促使投资各方获得满意的经济效益。

经营范围：

一、经营金华至温州铁路全线客、货运输业务及其相关之机器设备设施，车辆等生产、维修、销售业务。

二、开发并经营与该铁路有关之商业、旅游业、服务业，沙、石和其他建材业，车站邻近及铁路沿线房地产业，铁路与公路联运及铁路与河海水路联运之相关仓储、码头、港口等业务。

三、经报请批准后，综合经营工业加工业，自然资源、矿产及能源开发利用及房地产工业区开发经营等项目。

规模：

一、合营铁路单轨运转时之年输送能力初期按 450 万吨，远期按 1000 万吨设计，工程设计以甲乙方认可的《金温铁路设计审议会议纪要》为依据。

二、其他经营项目之规模依公司实际运作情况，由董事会决定。

投资额及注册资本：

一、合营公司的投资总额为 1.72 亿美元。

二、合营公司的注册资本为 5733 万美元，均以现款投入，其中：甲方为 1147 万美元，占股份之 20%；乙方为 4586 万美元，占股份 80%。

注册资本注入方式：

一、甲方：缴付 1147 万美元。乙方：缴付 4586 万美元。甲乙双方在营业执照签发日起 3 个月内以现金缴付 15%。

二、合营公司如需外购设备时，为争取时效，经一方同意，由另一方开出之信用状并如期、如数到货者，其信用状金额视同资金注入。

三、15%以外之注册资金配合对外借款进度及工程实际进度需要，由董事会决定通知各方注入，工程实际进度计划由董事会决定之，双方缴清出资额后由合营公司出具出资证明书。

股权转让：

甲乙任何一方如向第三者转让其全部或部分股权，需经另一方同意，并报审批机关批准，该第三者须以书面向合营公司董事会确认承担出让方在本合同中所承担之一切义务和责任，并同时享有出让方之一切权利。

一、一方若要移转其全部或部分股权给第三者时，对方有同等优先承购权。

二、一方若要移转其全部或部分股份给其母公司、子公司或姐妹公司，且转移前后之权利及义务相同时，对方应予同意。

三、一方若要移转其全部或部分股权给社会公众时，另一方应予同意并共同努力促议审批机构批准。

借款：

一、注册资本以外的11467万美元，以合营公司担当债务人，由乙方负责为合营公司向银行借款，以年息6%，还款期15年，宽限期5年，乙方若能以较上述条件更佳之条件向世界银行或其他银行获得借款时，甲方应予同意，借款合同另行制订。

二、合营公司对外借款，应配合工程建设进度计划之需要，分期借入，具体要求于借款合同中明确之。

三、乙方负责为合营公司向银行借款之有关担保事宜，双方同意以合营公司自有资产向浙江省政府作抵押，由浙江省政府向中国银行取得合营公司在境外银行贷款担保书，以中国银行为合营公司在境外贷款担保人。

甲方为合营公司取得铁路建设的土地使用权如下：

一、铁路单轨路线土地及场地站之征收使用，应由政府以优惠价格按《合资建设金华至温州铁路可行性研究报告》之测算价格为准，提供给合营公司使用。

二、按规划预留双轨建设条件所需用之土地，依合营公司之业务需要，由政府以最优惠价格提供给合营公司使用。

三、铁路各车站相当面积之土地应事先保留给合营公司开发使用，各车站保留土地之面积及地点，以能优先供应者为原则，由双方实地勘察后确定，由政府办里保留及征收手续；各重要车站保留土地之总面积不少于1500亩；保留土地中与铁路用地同时征收者，其征收价格与铁路用地之征收价格相同；保留土地中在铁路用地征收后征收者，其征收价格按征收时最优惠价格征收之。

四、铁路沿线之土地，合营公司若要开发综合经营时，合营公司应有优先权。

五、土地所有权属国家所有，合营合同期满后，合营公司使用的土地由政府收回。

六、合营合同期满但经合营双方一致同意续约经营时，合营公司继续享有原土地使用权。

七、政府若因特别需要，需征用合营公司之土地时，应提供另外适合之土地供合营公司使用并赔偿合营公司因搬迁所发生的所有成本和费用，以及营业损失。

公开招标：

合营铁路及其场站之建筑设计施工等工程合营公司公开招标，其承包协议书由董事会审定，若无他人承包全部或部分工程时，由甲方负责承包，其预定承包协议书亦由董事会审定，甲方将负责承包之所有工程标准悉依国家铁路标准之规定，其预算不超过《工程投资估算表》之数额，甲方承包全部或部分工程并实施完成在经费上有所节余时，甲方承诺将该节余归还合营公司。

筹建处：

合营公司在筹建合营铁路及其场站时，可以成立筹建处，负责工程设计蓝图审查及预算、招标、工程进度监督、验收等责任，其组织及详细职责，由董事会决定。

董事会成员：

一、合营公司董事由九名董事组成，由合营双方以书面委派，其中甲方委派三名，乙方委派六名，董事长由乙方委派，副董事长由甲方委派，另设名誉董事长二名，甲乙方各委派一名。

二、董事长、副董事长及董事任期为四年，经委派方继续委派可以连任。

三、合营双方在董事任期内更换委派的董事（包括董事长、副董事长），须以书面通知合营公司董事会，继任者之任期至原任董事之任期为止。

四、董事会在平等互利的基础上依公司章程之规定方式议决事项，但本合同第二十一条列出之重大事项，须经全体出席董事会议的董事（应至少包括甲方一名董事）一致通过。

五、董事的个人意见只可供总经理参考，必须由董事会议决接纳其意见后，方可成为合营公司的决定。

重大事项：

下列重大问题应全部出席董事会会议之董事一致通过方可成为合营公司的决议：

一、合营公司章程的修改。

二、合营公司的终止、解散和清算。

三、合营公司注册资本的增加或转让。

四、合营公司与其他任何公司的合并。

五、延长合营期限。

六、议决资产抵押和担保书的出具。

董事长职责：

董事长是合营公司的法定代表，对外代表公司，对内召集及主持董事会会议，董事长因故不能履行其职责时，由副董事长代行职责；若董事长及副董事长皆因故不能履行职责时，由董事长书面指定的董事代行职责。

董事会议之召开：

一、董事会议每年不少于2次，由董事长召开及主持会议，并由董事长以书面或电报或电传或图文传真通知董事会全体董事，说明会议议题、时间及地点，董事会议可在商定的国内外适合地点举行。董事长因故不能召集时，由副董事长召集并主持会议；若董事长及副董事长因故不能召集时，由董事长书面委托的董事召集并主持会议。

二、经2/3董事提议，或董事长认为必要时，可召开临时董事会议。临时董事会议，由董事长及副董事长决定，在国内外适合地点举行。

法定出席人数：

董事会议应有2/3或以上的董事出席方能举行，其中至少有一位甲方董事在内，若甲方董事已受通知开会，但不能出席亦未委托出席时，则不在此限。董事长因故不能出席，可出具委托书委托他人出席和表决，如未出席也未委托他人出席则为弃权，表决时，除下列事项需有至少2/3或以上出席董事的同意外，其他一般事项需有过半数出席董事的同意，才可作出决议：

总经理及副总经理的任免。

合营公司五年计划及年度计划。

合营公司的年度预算、决算及利润分配。

专案投资计划及合资计划。

会议决议（或纪要）：

董事会每次会议，需用中文详细地书面纪录，并根据记录做成决议（或纪要），经全体出席董事或董事代表签字后，由合营公司保存，副本寄送每一名董事。

经营管理机构：

一、合营公司实施董事会领导下的总经理负责制，设置经营管理机构，负责公司的日常经营管理工作。

二、经营管理机构设总经理一人，副总经理及部门经理级以上人数，依总经理提请董事会通过之组织结构表而定。

三、总经理由乙方推荐，董事会任免；至少一位副总经理由甲方推荐，由总经理提请董事会任免，其他高级职员及部门经理级人员由总经理提名，董事会通过任免。

四、公司财务长由乙方推荐，由总经理提名董事会任免。

五、以上人员的任期，以一任四年为原则，期满表现优良者，董事会可通过继续聘任，任期仍为四年。

甲方：浙江省地方铁路公司	乙方：香港联盈兴业有限公司
授权代表：杨国章	授权代表：李素美
职务：经理	职务：总经理
确认见证人：柴松岳	确认见证人：南怀瑾
职务：浙江省副省长	职务：董事长

1992 年 1 月 26 日

合约外的协议

1992 年 1 月 26 日，浙江省地方铁路公司与香港联盈兴业有限公司就金温铁道合同规定以外有关土地、贸易，合营公司境外机构等事项达成以下协议，以协助金温铁道开发有限公司之顺利繁荣发展，承诺如下：

一、有关土地保留使用方面：

1. 铁路之主要车站综合经营，及配套施用地，给予预先保留，预留时间以铁路全线建成后 2 年内提出规划并开发，必要时可以申请延长保留。

2. 合营公司在铁路沿线范围综合开发其他项目，可根据合营公司开发计划，在同等条件下，合营公司有优先开发权及土地使用权。

二、关于贸易业务方面：

浙江省负责协调将省内部分产品，透过合营公司境外相关机构，在国外销售，并给予最优惠之条件，及协调有关下列产品之外贸公司之境外相关机构联络、执行国外销售业务，其部分产品项目如下：

1. 丝绸及其制品。

2. 纺织品及服装。

3. 农业产品。

4. 林业产品。

5. 食品及酒类产品。

6. 化学工业原料及产品。

7. 砂石、水泥及其他建材产品。

8. 金属及非金属矿石及制品。

9. 手工艺品。

10. 玩具。

11. 其他省产产品。

三、关于合营公司港联络机构：

合营公司成立后，依业务需要向经贸部申请设立香港之联络机构，由合营公司派员常驻，浙江省方应尽力协助为其办理多次出入境证件。浙江省代表：柴松岳（副省长）。联盈实业有限公司代表：李素美（总经理）。

第三章 八十年梦想成真

精诚从事 泯除成见
好事多磨 南老再谈铁路宏愿
言出如山 金温铁路一定要建造起来
胸怀谁了解
发行股票的初步设想
垂暮之年 童心未泯
苦尽甘来 有志竟成
尘埃落定 作各项安排

南老以强烈的愿望，排除一个又一个的困难，顶着一个又一个的压力，带着他的学生们全力参与金温铁路修建的投资工作，正如他为金温铁道公司献言中所引用的两句古诗所形容的那样：

云里烟村雾里山　看之容易作之难
洛阳三月花似锦　多少工夫织得成

南老经过5年的努力，浙西人民做了80年的梦，总算由他手里变成了事实，这个合资公司的合同决定总投资1.72亿美金（当时折合9.46亿元人民币），合资年限70年，建设工期4年。

但这个合同还是要送北京核批，他的路途正如南老所料，仍然崎岖不平。

精诚从事　泯除成见

中外合资兴建金温铁路的合同签字后，于1992年2月1日，浙江省柴副省长特别致南老一封谢函：

香港联盈兴业有限公司　董事长南怀瑾先生：

这次我省组团赴香港洽商金温铁路项目，在您亲自主持和积极推动下，彼此如同一家，气氛热烈坦诚，加深了理解，统一了一些看法，取得了重大的进展。值此农历新春之际，再次向您致谢，恭祝您新春康吉！并预祝金温铁路早日建成造福于民。

金温铁路的兴建势在必行，对此我们都有坚定的信心。目前及将来的某些困难，相信经双方共同努力，必定会得到圆满的解决。洽谈中涉及的具体事项，我们正在积极办理中。有关进展情况，今后由我省地方铁路公司与贵公司联系通报。

浙江省副省长　柴松岳

1992年2月1日

1992年3月19日浙江省地方铁路公司，正式发函给原有的金温铁路金华、丽水及温州地段建设领导小组办公室，成立了金温铁道开发有限公司筹备处：

金温铁路金华、丽水、温州地段建设领道小组办公室：

为进行合资建设金温铁路项目的各项前期准备工作，经合资双方商定，现决定建立浙江金温铁道开发有限公司筹备处及温州联络处。

浙江金温铁道开发有限公司筹备处及温州联络处，由合资双方互派人员组成，为合资公司成立之前的过渡性机构。

筹备处设主任一名，由香港联盈兴业有限公司总经理李素美担任，副主任两人，由浙江省配备。经浙江省人民政府领导同意，由浙江省地方铁路公司经理杨国章担任常务副主任，由温州市副市长马云博担任副主任。

筹备处暂设在杭州市，办公地点在杭州市环城北路57号浙江省地方铁路公司内。筹备处温州联络处的办公地点另定。筹备处经费，由合资双方共同负担。筹备处由3月20日开展工作。

为了加速推动筹备处，香港联盈公司李素美总经理立即电汇10万元人民币。浙江筹备处的杨国章复函如下：

李素美总经理：

1. 汇来的10万元人民币已收到（3月19日）。

2. 金温铁道开发有限公司合同书，将于本月28日上午送去国家经贸部。

3. 浙江省对外经济贸易委员会上报文件名及文件号是〔1992〕浙外经贸资字第286号，《关于转报中外合资浙江金温铁道开发有限公司合同、章程的报告》。

南老也致函柴副省长及杨国章，要求借调章华表及李景山二位担任联盈代表，副本并发给温州市孔书记祥有、陈市长文宪，其函如下：

浙江省柴副省长松岳、杨总经理国章：

兹因金温铁道公司，业已初步开始工作，因业务需要，恳请贵方借调章华表、李景山两位转离原岗位，暂且担任联盈公司方面代表，参加金温铁道工作，已蒙惠准，至为感谢。

因章华表与李景山两位，曾与本公司往返数年，较为熟悉贵我双方情况，将有利于及时沟通意见，协调工作。为此尚请鼎力协助办理多次往返香港身份证件，俾有利联系工作，并希即予支持为幸。耑此即颂

勋安

南怀瑾

一九九二年四月三日

好事多磨 南老再谈铁路宏愿

天下事都是如此，你看到了一个大前提，一个大远景，是造福国家与民族，但是大多数的人，看不到那么远，一切也不出南老之所料。公文一到北京核批，又有了问题，所以南老特派李素美总经理与杨国章先生，一同上京求教许鸣真先生，请他鼎力相助，南老的信函如下：

鸣真先生吾兄左右：

屡蒙存问风寒袭染之疾，至为感激。其实，身病尚轻，心病较重。四十余年家国，八千里地山河，彼此情怀，不言可喻。尤以我以衰暮之年，童心未泯，冒然承诺乡人修筑金温铁路一事，虽于春间病中草率签约，及今环顾国内情况，实多初所未尽周详，乃致葛藤不少，亟须料理，方可从事。但在国内我乏得力良友，唯吾兄诚笃长厚，可以输诚信任，故特命李总经理真吾（即李素美）偕同马小姐上京面陈详情，恳请

贤父子鼎力助予解决，则不但我个人之幸，亦可谓东南半壁之幸也。

溯自两三年前，初谈金温铁路投资，我已断定国内不是无力构建，实乃政策之不善所致。但因地方首长谬以十余县地方福利，一二千万人民渴望相勉，便慨然投袂而起，允为设法合资。初意待此铁路兴工，即将鼓动福建衔接而上，修筑福（福州）温（温州）铁路，先以沟通闽浙两省与国内联线，然后再加鼓励，由福建兴筑南回铁路以接潮（潮州）汕（汕头）至于两广川滇，便可全通。为此，则华南一带起步腾飞，逐渐影响国内各地。

此为当时狂心构想，如善策善筹，海外侨资，应当有人关怀桑梓，闻风而起。若以合资模式为之，或许不难。

但我所倡之合资修筑经营方式，虽名为公司，实非外国铁路公司相同，依我开始倡导，以“共产主义的理想，社会主义福利，资本主义经营方法，中国文化精神”为主。待铁路公司成立动工之时，既以有价储蓄证券之股份方式，投销铁路股份于沿线人民。为此：一则，可以吸收个体游资，化为国家社会之经济实力。一则，铁路修成，我所投资之股份撤出，转移从事国内农业水利等等所需兴办实业。倘能照此方式，则可一资多用，借力用力，所谓一举两得，三全其美。

此为距今三四年前构想，时至今日，国内个体存款，与日

俱增，即为温州一市，闻已近十亿美元之数，固然未出所料。若果如此，则此类游资，不善为吸收，始终将成为社会之赘疣，徒见表面富裕而必实受不良之害。

为之，特恳贤乔梓鼎力相助，趁此铁路合资经营公文尚未正式批复之时，先与体改会当局，请示商酌，准许金温铁道公司有价储蓄券或股券在国内有条件发行，必当由此而带动市场，欣欣向荣无疑。

其次，初约我方与浙江省合资修筑，实亦我之大意失策之过。其实，应当邀请铁道部或如贵公司者有关部门，与省方及投资合营者通力合作，方为善策。如此举可行，趁此正式公文尚未批复之前，亦可妥善筹商，婉转变更，以期完善。此外，合约所列，有关矿业、房地产建筑，及贸易等条件，实乃统为铁道公司成立后之整体利益而议，并非专为本公司投资获利设想，此乃我所一贯主张，望各主管部门，尤须了解。至如外经贸部有所疑问，应属此故，望予说明为幸。

此次与李素美同时上京，为金温铁路作说明者，尚有浙江省杨总经理国章等数位，希随时约见，以备咨询，并希指教。

近闻杨先生斯德欠安，便中盼代为致候。倘已康复，必关心老友，或可相助一臂。李素美亦与杨先生相识，请吾兄临时斟酌。临书，仓卒，言文不详，高明如兄，当能体谅原意。余不赘及，统由李素美面详。肃此即颂

崇安

许鸣真先生在1992年4月18日给南老回了信：

关于金温铁路报批一事，我就经贸部提出的修改意见与杨国章先生作过讨论。认为总的态度是支持的。对合同中要求修改的条款有三类情况：其一为个别笔误；其二为文字表达不确切、不完整之处；其三为与国家现行法规不一致者。

对此，我认为对第一、第二类问题，可同意作适当调整修改；对第三类问题，我打算进一步向经贸部做工作，争取在保留原合同确定原则的前提下，变通处理，尽量少改。

这样处理是否妥当，请示知。

1992年4月22日南老又回信如下：

许鸣真先生左右：

日前彼此传真言金温铁路事，

先生指示意见，均极正确。昨日陈定国博士返港，面告曾得杨国章兄电话商改原签合约内容，听来多属主管不明大原则，且不顾国家所定律法，徒从本位立场，周纳挑剔，虽曰不无理由，终觉不详大计。千古公家办事官吏，皆不出此例，殊为可叹。唯承先生毅然允为指导，我等自皆信任无虞矣。诸望代为主持决议为幸。倘若有不通之处，我意暂可延搁，亦无妨碍，待先生南来，有所决定时，则一条铁路，反成小事一件，届时当可迎刃而解，光景更有大于此矣。专此即颂

安康

1992年4月27日，许鸣真又回信给南老说明详情：

南老钧鉴：

先生倡议修筑金温铁路之事，我从衍梁处早有所闻，但从未问过详情。自4月初，李真吾总经理带来手书和有关材料，乃至与杨国章兄接谈后方知其大略。近日与有关主管部门初步联系，方知需要做的工作很多。其关键正如先生所料，若此事同大原则联系起来，确属一件并不复杂的事。既是主管部门批准合同，估计今后麻烦仍不会少。因受先生嘱托协办，自当尽力。我强调上述困难并非认为此事不可为，相反正是为了正视

困难，更好地办成此事。

当前，除一切照原计划协助杨国章兄继续办理外，我可能于5月10日前后去港，届时当面商议一个周详计划，进而从容料理，力争早日成功。

所想粗浅，不知妥否？敬祝

安好

这么一件大事，一件利国利民的好事，就是这么困难地在进行，全国上下，就是海内外，特别是浙江省的人民，哪能体会到这其中的困扰呢！

言出如山 金温铁路一定要建造起来

1992年5月18日深夜2点，南老提笔写信告诉正在上海出差的李真吾（素美）与李传洪，信上这么说的：

据闻明日金温铁路有会议，现在将我匆促的感想，及所决定的意见，赶快传递，以作会议参考。

一、金温铁路必定要建造起来，这是我承诺了的话，言出如山，必须做到。除非国内政府政策不须或不许建，那就作罢。其错就不在我们了。

二、这次与省方签约，以前大家都无成规可循，更无经验，实在太匆促，有缺点太多。但最大要点，当时为顾全省方来人，如柴省长、刘书记等在国内的前途与声誉，宁可麻麻胡胡签了，使他们回去好交差，我岂不知麻烦还在后头。

至于大家所说省府或市府方面，尽量给予方便，如贸易、土地建筑等，统属彼此之间自欺欺人的话，我只是微笑不说破而已。修建一条二七〇公里的地方铁路，需壹亿柒千万美金以上，如照常规的铁路经营，收回成本，卅年或者可能。省方有那种贸易能在四五年内令人赚回美金数千万美元？如有，早已归公家经营，或捷足先登了。倘真相信，那便是在天堂里做千秋大梦了！关于土地及房地产建筑，不论那里，谁能在三四年内，另行投资资金，翻两翻，赚得一两千万美元？如果真有可能，便会引起地方人民的眼红病。况且赚来的也归之于铁路公司，利益仍在地方上。但人们到那个时候，便会说种种恶毒中伤的话，甚之，另生枝节，决不会同情你修铁路是为了大家。

所以，千万不要听信大家现在的恭维话，那是不化本钱哄人的儿戏而已。矿产，更难，沿途并无特别宝藏。如有，另行投资，也许非数千万美元不可。

这些，我早已深思熟虑到了，只是不想泄气，自欺一番。但天下事也有意料不到的天命，如天心人事相合，那就不是现在可知了。

三、这次签约，向中央报备立案，略有阻碍，我是同意李真吾的看法，并不算是故意为难。希望大家，尤其是省方能认真考虑，做好周详计划，重心确定，再行签约。万一为难，暂时延缓无妨。我再重复一句，铁路还是要修的。怎样修，与哪方面合资来修，就须再定了。

四、我也常听到人们的疑问，联盈或南某有钱修铁路吗？甚之：包括公司同人内心的怀疑。我也常常告诉人，我无钱做呆事，但事实上，也常常做些无钱的呆事。这可问问王伟国的经验。王伟国，是我的内侄，他知道我无钱，三年前，由上海来香港谈投资，他心里也没有把握。结果呢？我所说的哪一样不兑现了？我常对青年人说：记住古人明训："问舍求田，原无大志。掀天揭地，方是奇才。"我不是奇才，但天下事在人为。

再说：没有把握，为什么发疯谈修铁路啊！人的无聊，实在可笑！例如杨国章兄的努力，为我构想修图书馆，他找到里西湖的地方。我也说过，如因铁路搞不好，我不但不要里西湖的地址，而且也根本不回国。如果铁路修得成，那又何处无地方建图书馆呢！所以我也是置之不闻不问似的，正如儿戏视之。

现在我把这些意见告诉大家，希望大家研究修订契约，应当详细思考。

另外，上次李真吾在温州，已与杨国章兄等议好即行成立金温铁路公司办事处，并且商定决定人事，这些事，办成了的，没有哪一样我不承认。况且都办得很对。

但我要求的，既然成立了合资公司的办事处或筹备处，对于公司的组织，及人事的安排，尤其各阶层的职务及各职责的待遇，应立即建立会计的规模，立订条规。现在我们刚开始，人数还不太多，如不开始建立，将来就难办了。

一、各职级的权限及薪资待遇要照中外合资办法规定好(经理级以下另议)。不要只顾目前，还要看发展。

二、不论官方派任或公司聘任，要做到“宫中府中”“俱为一体”。

三、由四月一日或三月十五日，讲好成立那一天算起。

四、由联盈已汇过去的账内，先行填发，将来再归金温铁路账户计算。

五、至于温州方面，如章、李，两位，由联盈聘为代表，参加工作。或者归联盈计算亦无不妥。均请共同研究确定。

六、在这方面，决不可小器，不可麻胡。譬如作战部队，正要临阵出发，不能克扣粮饷，是同一道理。

七、听说国内自有规定，但合资公司应照中外合资公司办法。这也是合理的事。

八、不管金温铁路公司批文结果如何，此事我已决定目前先由联盈负责。甚之，联盈可以另拨专款办理。

以上是我一直放在心中的结，希望有合理确定，不能再拖。除此以外，我还有告诉诸位的真心语，希望大家深切记住：

我们都是中国人，中国人的好处，不必自吹自擂。但中国人的劣根性，就是人与人之间相处，意见很难融洽，猜忌太深，自我太深。我一生在外做人做事，总勉励自己做到“疑人不用，用人不疑”。我尊重任何一个人，希望自己做到“严以责己，宽以待人”。至于目前诸位，虽与我是新交，但在我内心中，并无新旧之分，可说一见如故。如杨国章兄的爽直坦诚，马云博兄的缜密干练，以及李景山兄的涵蓄妥当，章华表兄的温文尔雅，各有所长，都很欣赏钦敬。

现在我们既为了一个目标，如何做好金温铁路，造福社会人群，要心心相印，忘小嫌而顾大局，团结力量，争取成功，便是第一要义。

任劳容易，任怨很难，望诸位争勉之。

若我个人，对学生们，跟我做事久了的，我都一一为之安排，他们没有功劳，也有苦劳。我怕我死了，他们没有出路，都对他们前途做安排，生活有着落。现在你们诸位，是我同共事业的好朋友，当然我会心里有数，希望将来不负诸君。言尽于此，望大家三思。

同时，我不怕诸位烦厌，再传上当年我复李景山、刘书记的长信，希望仔细一看，便知究竟。我相信李景山一直也未看懂其中道理，以后便会明白。因为他没有彻底看懂，所以他没有拿给大家看过。

最后，如果合约需要另签，最好要定在六月上旬或五月中旬以后。时间是另有妙用的。

还有：经理级的人才，我相信国内并不少，也不亚于国外，大家多留意物色。

胸怀谁了解

1992 年 5 月 18 日，南老又电上海王伟国及温州章华表、李景山：

一、联盈今聘许鸣真先生为总顾问，代表洽建金温铁路，并老古文化事业公司科技投资等业务。见附件聘书，聘书传稿阅后收藏，暂不外露。

二、许老如到上海住办事处，一切招待，应如我亲临，勿怠慢为要。到温州亦如此所说。

三、必要时，你三人也许分别到北京见许老，当面请示。此致祝好

1992年5月23日，在杭州的杨国章特致函南老，说他对南老的胸怀大志，有了一点了解。信中说道：

李素美并报南怀瑾先生：

本月7日，我在上海联盈办事处与李小姐、李传洪、王伟国会晤时，收到南老师的长信，我反复研读，深为南先生胸怀博大，深谋远虑的政治家风度与爱国爱乡的炙热情怀所打动，同时也深感南先生对我们工作的鞭策和鼓励。我务必会将南老的各项意图贯彻到今后的工作中。

合资修建金温铁路意义重大，浙江人民对这条铁路苦盼半个世纪，在南先生的关心、主持下，现在成功在望，哪个不珍惜？对南先生的志向与计划，省里的领导都是清楚的，中央也是积极支持的，我和我的同人也始终充满信心。

至于某些议论，我认为多属不明实情所致，情有可原。如有其他消极的议论，正如南老所说的自古以来在所难免。这几年我曾多次聆听南先生教诲，至今铭记在心，为成就这项事业，也就义无反顾在所不辞了。

这次香港所订合同，的确由于时间仓促等原因，存在一些问题。合同报送经贸部以后，从中央到各部门总是支持的，经贸部审查后提出的修改意见，其中有的属补办手续及附件问题；有的属提法与现行法规不够一致，需要在文字上作调整；

有的则属于文字的差错需更正，我们组织人员于 4 月 6 日赴京，本着内容上，尽量对项目有利，和文字上尽量少做改动，时间上尽量缩短的原则，针对性地开展工作。

关于经营范围，国家计委态度明朗，十分支持，在我们抵京的第二天，即着手对照合同拟写批文，后经经贸部、铁道部会签，上报国务院批复。新确认的经营范围，保留了合同所订的基本内容，将原订需“经报请批准后”方可经营的项目改为原则同意。具体项目（包括仓储、码头、港口项目）可由省、市自行审批。

关于经贸方面，我们从办事员到司长、部长分别做工作，请经办人员到宾馆与我们共同商讨，完成最后的修改。此后，我们将有关情况向许老汇报，许老充分肯定我们的工作，同时也认为根据国家目前的政策也只能如此。

总的看来，这次合同修改对项目是有利的，其中综合经营商业，在全国合资企业中还是首例。其他修改之处，我认为无损于合同原则和大局。对于转为股份有限公司和今后股票上市问题，我完全赞同并理解南老师的意图，也相信今后必定会实现。但考虑到近期要突破这条政策确有难度。我们在北京时，也曾请许老先生做工作，他认为国家现只批在两个市试点，无法突破。为不因此延搁整个项目的进展，可在项目批准候待国家政策有所松动，再申报这项内容。北京有关部门的领导也持这一意见。从合同修改后对该条款所明确的内容看，也确认合营公司一俟转为股份有限公司，股票可以上市。自北京回杭后，我们两次赴上海和李素美、李传洪、王伟国商讨合资公司下一步如何开展工作。大家认为，合营公司尽快注册是全面开展工作的必备条件和关键问题。

本月 15 日，我到温州召开了筹备处工作会议。在会议上，再次讨论认为，当前形势对项目有利，合资公司注册以后，如捷足先登，效益肯定很好。因此，我部署了两个工作重点，一是争取7月份合营公司注册完毕，二是主动出击，克服困难，先抓住综合开发中有关房地产、商业开发的可行性研究和合营公司的组织机构、铁道建设实施的准备，为合营公司全面开展工作打好基础。是否妥当？

现呈上合营公司筹备处工作会议三份文件，请审定指示。

南老为国为民的理想，无一不表示在他日常的书信中，1992年5月19日，南老曾给许鸣真先生一封信，是这么写的：

昨阅日本人桑原寿二建议书，联想到邓朴方先生的谈话，所见颇为雷同，唯立场不同，出发点有别，殊增感喟。我在此一生六七十年来，始终跳出党派政见之争以外，唯一心愿，只望民族国家固有文化不至隳坠。时至今日，如欲重振中华文化，决不后人，且硕果无多，舍我其谁之慨。吾兄北上，如言及文化，望将老古总公司得以成立，我将与兄尽此余年，网罗老中青之有心人士，置身事外，专为重建国家文化尽力。至于铁路一案，能达多方合作，是为上策。文化一路，则我从不作第二人想。

邓话一文，今有人送来，香港信报亦有记载，足见影响甚巨。今再传报载原文，以资参考。

昨发致聂府唁电，存稿附呈，盼晤丁衡高、聂力贤伉俪时，再代致慰。即颂

旅安

发行股票的初步设想

1992年6月10日，公司就发行股票筹集资金作了研究，结论如下：

近年来，在商讨金温铁路合资项目案中，南先生几次提议要发行股票，希望今后逐步将铁路股份转让到沿途社会公众手中，使其

最终成为一条人民的铁路。这是一项卓有远见的计划，与兴建金温铁路一样，同是利国利民的好事。这对于铁路的完善发展以及其他项目的综合开发，增强项目还款能力等，均具有重要意义。我方对此深表赞同并有决心积极促成这一目标的实现。

当前，国内股份制试点进展加快，新的政策相应出台，形势日趋有利，金温铁路项目实行股份制和发行股票亦势在必行。鉴于目前国家现行的政策规定，仍需努力争取和创造若干条件，如：需转为股份有限公司，形成一定的经营规模、经营收益和固有资产等。为抓住当前项目进展的有利时机，应在合营公司取得法人地位后，申请办理转为股份有限公司。合营公司注册登记后，合营公司的组织机构可以着手建立，铁路及综合开发多项工作可以全面开展，此时再向经贸部申请将合营公司转为股份有限公司已有基础。

基于以上考虑，现提出初步设想供商讨：

一、股票的名称和发行对象：股票名称为浙江金温铁道开发股份有限公司股票，记名普通股。

发行的种类为A种股，以人民币购买，购买对象为中华人民共和国境内的法人（含合营企业内部职工），和铁路沿线企事业单位及个人。

二、发行股票的时间：初步打算分三期发行，第一期为合营公司成立一年以后，铁路部分资产已经形成；第二期在金华至缙云或丽水段建成经营时；第三期放在全线基本竣工即将投入营运前发行。

三、发行股票数额：初步计划发行金额为3亿人民币，每股面值为10元，计3000万股，其中公开发行的股数以不影响合营公司控股地位为前提。按三期实施，设计每期发行1亿元人民币。

这个结论也与上海万国证券公司协调，他们说如需要，愿意协助我们起草编作方案。

垂暮之年 童心未泯

1992年6月19日，南老又致函许鸣真先生，再述修建金温铁路之宏远观念，虽也知困难重重，但自己义无反顾，决全力以赴。信中云：

许鸣真吾兄左右：

公等此行南来，彼此忙于大计，未及细谈衷曲，深以为憾！尤其有关金温铁路一案，实为此时此地我之心病，垂暮之年，童心未泯，颇深自责自悔。在一九八七年冬季，温州来人，商谈金温铁路，我曾提修建地方铁路浅见，惜因来人均因年少未深世故，未将我之意见呈报公议，致有以后一连串疑难。既往不咎，今不重复。

现在金温铁道公司一案，虽经国务院当局诸公批准，但有关合资确定契约，尚在与省方（浙江）沟通了解，我对国务院诸公特予批准的明智器度，公谊私情，均深感佩。

即此一举，我当特别声明，金温铁路的修建，言出如山，必定实行，此亦义无反顾的事。目前迟疑关键，唯在实行合资修建此一铁路的政策方针实在需要恺切商榷。

此举不但专为金温铁路着想，实亦为我国家社会进而修建各个地方铁路的先声模式，可以由一良好完善的规模，号召海内外及华侨回乡报效国家的先导。

国内政策，自开放以来，意愿回国投资修造铁路、水利、农业开发等根本国计民生的投资，直到目前为止，恐怕绝少其人其事。因所谓投资开发，必须具有商业利益，在私人或公司集团方面，谁肯在收回成本利益需要二三十年的时间，做此呆事。这是很明显的事实，但却居然有人要做此呆事，其故无他，因以我童心未泯的知见，认为历史事实，大多是呆人所倡导出来的，何妨一试。但在过去三年多屡次商谈中，我及公司同人，认为不能沟通的要点始终有二：

一、以合资修建铁路，除本投资公司应该自备的投资资金以外，其余需合资公司贷款的，应由国家银行担任贷款保证。此事直到现在，还未鲜明落实，所以望而却步是理所当然。

二、我在开始商谈铁路修建，提出民国初年经验，修建浙赣铁路时，是采用公债办法完成。这一地方铁路如不用公债方式，而可以准许合资公司发行铁路储蓄券，保本有息办法。等于铁路公司，发行股票，但非一般商业股票。而且早在三年前提出意见，认为国内一定会有股票上市一天。但在国内来人，因我年高，虽未嗤之以鼻，唯有报之以不可能的微笑而已。而今果然未出所料，事实具在，幸而未失远见之明。

但过往不论，我今特别全权委托老友吾兄者，务望在本月廿二日左右，李真吾（素美）晋京之间，恳请吾兄代表鄙人向当局晋言，希望真能办好金温铁道股份有限公司的事。一个目标，三个请求。

所谓一个目标，即我一贯主张：共产主义的理想，社会主义的福利，资本主义的经营方法，中国文化的精神。

三项请求：

一、由中央或铁道部、外贸、矿务等部门以及浙江省加入股份，重新签订合资股份有限公司契约。

二、准许发行金温铁路储蓄券。一则可以吸收温州等地，过分发展的个体户的游资，以安定社会经济。二则使铁路建成之日，即将该铁路归之于国家人民所公有。所谓我个人领导的投资的公司部分，亦可功成身退，不负初衷。

三、金温铁道公司如需向外国贷款，应由国家银行担任保证。此举必须肯定准备在案：

1. 因有几个外国银行已与我方接洽，极有兴趣与意愿。

2. 如铁道公司得到准许发行储蓄券办法，依我观察，极有可能不需向国外要太多贷款，但可与国外银行商洽以铁道公司贷款名义，转做其他有利于国家社会事业，岂非一举两得，三全其美。

总之：我为此事，确有坐立未安之感，故请吾兄鼎力为之周旋。倘有必要，我自必揣冒昧，望吾兄特此函晋见杨主席或江总书记，或邹副总理诸公，望赐从旁协助，惠予其成，则金温铁路沿途十六县地方，两千万人民，当额首庆德矣。肃此

即颂

德安

南怀瑾拜

壬申仲夏一九九二年六月十九日

苦尽甘来 有志竟成

由浙江省与香港联盈公司在 1992 年 1 月 26 日签订合同后，转眼又过了八个多月了，这中间南老又托了中央的许鸣真先生出马奔走，在北京城上下沟通、说明，虽然合同的各项条约并未被中央全部接纳，但中外合资修建金温铁路的大原则，总算通过了。这已是一件中国历史上的大事了。私人外资可以与政府共同兴建铁路的公共建设，已打开了一个大门，打开一个禁锢了。所以金温铁路的修建，与南老不屈不挠的精神，为国家民族未来生存与发展的远景而努力，是很有关联的。

许老于 1992 年 7 月 11 日给南老信上，并云与许永跃、董宏先生等讨论了一个工作计划，请南老审阅，是否妥当？请告知。其重点为：

一、探讨合资公司转变为股份有限公司的可能性。双方对企业模式的基本立场；是否同意转变为股份公司及如何转变；如现在还不能马上进行转变，何时进行转变。

二、在国家现行政策允许的范围内，如发行铁路建设股票，在国内最大限度可以筹集到的资金数额，大约占总投资的比例。

三、对铁路综合开发的设想。

四、对企业机构及组成人员的考虑。

五、企业机构建立后如何运转。

六、双方对铁路建设的其他意见。

并就如何工作也作了时间上的安排，即为：

一、7月15日前后，请杨国章先生进京，倾听对上述问题的意见。

二、找铁道部，听取他们对修建金温铁路以及请他们入股的意见。

三、7月20日前后赴上海，请王伟国先生谈他对上述问题的意见。

四、走访上海万国证券公司，咨询该公司对金温铁路发行股票的设想。

五、走访上海铁路局，听取他们意见和探索他们参加股份的可能性。

六、拜访汪道涵先生，请汪老对上述问题给予指教。

七、7月23日左右赴杭州，向主管部门了解情况，听取他们意见。

南老收到许老的信后，于7月13日立即回信：

许老鸣真先生：

前日传示有关金温铁路诸项，甚为妥当，一切谨遵尊命为准。当晚曾电尊寓，适驾出未归，得便与永跃交谈，谅已知悉。

金温铁路一案，希铁道部及中央有关部门参与股份，在国家统一的政治意义及影响海内同心发展经济作用，更为重要，并非专为修建铁路效益，此点希当局能有高处着眼胸襟，则于后来成果，必大可观也。望应再加说明清楚方好。

另在接到传真之时，同时即命王伟国邀请专业人员，配合辅助浙江方面，作出有关各项可行性报告，方能与海内外金融及相关部门洽谈。此中谅伟国已向　吾兄报告。

至于大公司交统一案，依我之见，此方小公司不敢为天下先，故尚存疑惧观望态势。但事不宜迟，机不可失，大公司方面，应作一纸答复，先示良好回应，必可指日成交。近日闻有人将来洽商事务，似皆为试探性之小动作，应示以大计定后，其余均可商量，理当以大辅小，照应不爽也（编者按：此节所述，另有所指，与铁路无关）。

南涝北旱，风物多厉，诸望珍摄。又浙江方面，负责铁路一案者，莽鲁不文，望吾兄以恢恢有容之德化之为佳。肃此敬上。即颂

时安

南老又于1992年7月27日给许老的信说道：

请转许老鸣真先生：

久未通候，系念为劳。每念清谈，神驰左右不已。上月本有绝句一首，未曾面呈，今特补述，可以想见此中情怀矣。

百年世事未能平　造化无端苦弄人

抵掌细谈天下事　相知唯子许鸣真

诗实不佳，但情怀真切，阅之当博一粲（编者按：此诗与上节所讲的大小公司譬喻有关）。

有关金温铁路事，此次经董宏、王伟国、杨国章在京就教，复经董宏起补充协议稿五条，我即同意签字。孰料浙江省府方面仍在咬文嚼字，尚在拖延阶段。前日传来修改第五项利率，阅后不禁令人慨叹。不料所谓方面重寄诸公，于政治、法律的文字修养，如此颟顸，实在可笑之至。

今将原稿改涂原样奉上，借公知其末。涂改及批字，皆我亲笔所写。如“严格”、“担保事宜”、“仍”等，皆属不必要的衍文赘字，从事政法者，应当精练字句，不可只叫口号。

至于指乙方（我们）为“原债务人”，简直可笑可气。我

们好心来为国家社会建设铁路，负责向外借款，是为公，不是为私，怎么可称为“原债务人”。如此舞文弄墨，如此不通，先认定为建设投资者为“债务人”，岂不令人寒心之至。

此事至今尚未落实，未落实之故，实对方处处不通时务。并望将我改之件交董宏老弟一阅，也博其一笑。匆此祝

好！

中外合资兴建金温铁路的修改合同于 1992 年 8 月 12 日，由杨国章寄到香港，南老师立即回信：

杨经理国章兄左右：

今交专递送达金温铁路合同书三份，章程三份，均已签字，联盈亦同数保存三份。补充协议签好两份，联盈保留同数。

英文签名者，即联盈公司总经理李素美。合同书及章程，尚未填写日期，因不知贵方作业应如何填写，故留空白，以便酌定。补充协议，因便已填上日期，如需改动，由你作决定，补盖证明章即可。专此即颂

诸缘顺遂

1992 年 8 月 14 日下午，南老给许老去函，告知铁路势必先行起步，并对他之远行也作了分析：

许老鸣真左右：

久未通晤，甚念，诸望保重。

金温铁路补充协议及修改契约等件，已由浙江省府签字寄来，我处再一审阅，约于一二日后签字寄去，到此阶段，再观后效，势必先行起步。凡有举动，必一一报告兄知，以便指导。

至于吾兄远行访友一事，依我之见，必待双方负责人有回复，方好成行。尤其小公司方面，书生主事，疑虑多端，更须以白纸黑字为凭方好。总之：处事方法，统因时间空间而因应，缓急轻重，各有妙用不同，但有时，须记水停百日则生蛆之古训也。专此即颂

时安

（编者按：此信所述大小公司事，如前函均另有所指，不关金温铁路事。）

1992年8月24日，南老看到报纸上的国有铁道之报导，特函告许老，也表达了对许老奔走多时的感激。

许老鸣真先生左右：

顷接台北传来8月22日工商时报消息：国有铁路公司化之传说，阅后深庆睡狮的中国，终于清醒了。可见诸公的晋言有力，当局的明智可嘉，只要国家先行富强起来，至于金温地方铁路等事，已属小事一件，况且成功不必在我，又何足道哉！情不能已，特此转致该报片段。并望便中代向当道诸公致敬。专此即颂

时安

一九九二年八月二十四日凌晨一点

尘埃落定　作各项安排

南老决定倡导修建金温铁路，皇天不负苦心人，于1992年9月18日，总算经政府批准了，香港联盈兴业有限公司总经理、金温铁道开发有限公司董事李素美，正大集团副总裁、合营公司董事陈定国，合营公司董事王伟国一行五人，和联盈公司国内事务总顾问许鸣真，及浙江省代表丁世祥、杨国章、马云博、俞邦飞、章华表、李景山等在杭州商议金温铁路项目。葛洪升省长、柴松岳副省

长会见了与会者。会谈开始时，播放了由李素美带来联盈公司董事长、合营公司董事长南怀瑾先生录音讲话，现摘录如下：

明天〔1992年9月11日〕李素美、蔡世亮（香港联盈公司董事、香港海裕、海辉、海嘉股票公司总经理，拥有香港80％的冷冻仓库业）、姚永棣〔台湾建筑规划师〕等到上海、杭州谈铁路的事。我想把我的意见告诉素美，也同时向浙江省府方面诸位，同许鸣真先生以及我们自己的一班人作个了解。金温铁路马上要开始了，过去种种的一切我都不讲了，讲起来很长，太麻烦，各方面都犯有错误，讲各方面包括我们自己。那么现在这条铁路，我始终讲是要修的。我答应了要修，不是我动机要修，答应了就做到。开始在浙江、温州，我们彼此之间都有些思想上不沟通的矛盾，现在都过去了。

第一担心的大概是钱，你问我钱在哪里？告诉你不要担心，既然我答应了就要做，世界上的钱是人找的，至于其他的钱贷款向哪里贷再讲。担心的是我还活几岁，假如我明天死了，什么都没了，你要问钱不如问我还活多久。答应修铁路的是我，公司是我，公司即我，我即公司。为什么这么讲呢？因为国内外情形不同，尤其我的情形也不同，所谓公司即我，我即公司，将来再告诉你们。现在公司方面，李素美是代表，我的老朋友许鸣真先生是我在国内金温铁路的全权代表，也是我的文化事业公司的全权代表。许老一辈子坦诚、忠厚、谦虚，他会关心负责的，相信会和李素美配合好的。在我没进国内前，他全权代表处理这个事。

现在我们担心的，也是许老前两天在北京打电话讲，包括李素美这方面担心的还是人的问题。根据契约，由我们找铁路公司的总经理、副总经理。还有下面几个部门，老实讲到现在心里一个人也没有，所以今天叫李素美来，我在电话里也和许老讲推荐人的事。我一辈子相信人、考察人，无所谓你我的人，也无所谓大陆人、台湾人、海外派来的人、资方的人，或者劳方的人，都没有这个观念，天下惟人才而用。刚才提到这条铁路到现在，省方乃至国内温州，我们有很多矛盾，这个矛盾永远会存在，但是也可以消除。我坦然地告诉你们，要动工了，不是担心钱，而是担心人，因为这条金温铁路，最近在台湾报上闹得一塌糊涂，我们就笑。陈定国博士讲，这条铁路既非政治案件，又非经济案件，是个社会福利事业。省方和我们各方面，要真有替社会作贡献的心情，不是来赚钱的。为什么口口声声要争取搞有价债券、股票上市，这不是为牟利而来，而是为了修好这条金温铁路，成为全国地方铁路的一个好榜样，为社会公益办件好事。当然不是不要钱，万一我死了，或者资金接不上来，也要共同完成这件事，要有贡献社会的心情，这是我们选用人才最重要的条件。

比如总经理方面人才，台湾、北京方面问我，我说现缺这方面统帅，修铁路是作战，要有个统帅。总经理人选，要考虑人品、道德、能力，原来人选是陈定国博士，蔡世亮先生是我的朋友，也是一位，我理想中的包卓立，浙江省陈同海也是人选之一，可是陈先生到宁波当市长去了，也都有困难。如陈博士来担任总经理，会影响到正大集团的问题，正大集团的大老板谢家兄弟，我很尊重，他们有为世界上做福利善事思想。陈博士帮他们，老板伙计，相待一家，陈博士帮了正大集团，正大集团发挥了陈博士的长处，我把他挖过来，陈博士虽表示老师（南怀瑾）要我做事，不谈什么待遇。这个我不赞成，请他来我一定安排好，但是我挖正大的墙脚，要考虑。我要的这个统帅是要全心全意到前面打仗，从修路到通车、营运为止，要好几年的辛苦。我跟蔡世亮也讲过，你也可以做总经理，以他的才能，他本身也是个大老板，能把他挖来吗？他也不是一个普通商人，有贡献社会的思想，福建籍人，在福建办学校，修房子给穷人家住，默默无闻做了许多好事，在国内捐款很多

(仅北京汇文中学每年就支付人民币450万)。现在是我们董事，让他放弃其他事业也是一个问题。上两个月我和许老讲，在北京找到什么人，我不问国内国外，就问真正要有挺身为社会谋福利的心情。比如浙江方面柴副省长和杨国章，我们都非常尊重他们，我不能讲请你副省长不干来当金温铁路总经理，这不是笑话了吗？修铁路的良才，我们一致看中杨国章这位老兄，所以我说推荐杨国章为副总经理，负责修这条铁路。我和杨国章一见如故，他的毛病是脾气大得很，好处也是脾气大，非常率直，有气派有能力。所以李素美也好，我们男女老幼，和许老也谈过，铁路非此人不能上马，所以我写信给他，除你以外，不作第二人选。我对杨国章另外有些意见，以后再贡献给他。

房地产这一部分，其实也没有什么了不起，蔡世亮、陈定国都在商量，各地方可以发包，能自己做，多抓几个钱更好。刚才我首先讲过，赚钱的目的是为了铁路合营公司。此外商业、矿产还谈不上，贸易也要研究。财务管理等四大部门都需要人才，我讲不一定要台湾人，希望国内，比如许老介绍的年轻人董宏先生，我没见过面，参加我们的事也好，搞铁路，做社会事业，要有贡献牺牲自己的思想。大禹治水在外九年，三过家门而不入，忙得这样，为国家为社会这样的心情。希望修铁路不是为我做，不是为公司做，是为社会做，希望国家方面、浙江方面和我们都拉开门来讲，要高明的办法。各位都在座，许老也在，大家仔细商量，他（许老）答应了也就差不多。首先这趟组织董事会人员，这个董事会可搞大顾问团，大智囊团，国内尽量推荐，千万不要说我们与你们外资合资，你是资方，或者外来的，这个观念千万拿掉，时代到现在，中国人不要分党派，中国人的毛病短处要改掉，要大公无私。董事集团先要成立，大家研究出来。铁路员工，铁路内部组织，杨国章写了东西，陈定国博士看了有所修改，我两方面看了一下，还可以简化、加强，合于国内情况，眼光要看三年五年以后。这个组织、制度，千万不要成政府组织，头绪越多，法令越严，毛病出得越大。关于员工的待遇，要看得远一点，看发展。王伟国跟我讲，待遇方面，以600至1000人民币为基数。他搞了个东西，我还没有看，这次王伟国的确很努力，研究得很好，我不奖励了，因为他是我的侄子。这个要研究一个制度，要应付未来，开放后还要上涨，待遇高，不是买人，要合情合理，未来的趋势怎样，不要照国内这个样子。

还有一个最重要的，金温铁路总部（合营公司）摆在温州还是在杭州，好像上次柴副省长、杨国章都在，我主张放在杭州。后来有人有意见，我这个人很独裁，很专制，也很民主，你们讲放在温州，我讲好好好，放在温州。希望不要有地方观念，私人观念，方便的观念，其实摆在杭州摆在温州各有利弊，真正要摆应摆在金华，不过我是建议，我是服从众议的。摆杭州摆温州各有利弊，要么摆上海，多买几部交通车，昼夜开几班，辛苦一点，加交通费。不要看我们讲股票不股票的，是次要的，将来合营公司像深圳、上海这样的股票，老实讲我是反对的，我讲的债券股票不是这个方式，社会有利，买者有利，政府社会都有利，研究一个新的办法，这个将来再说。至于铁路建设指挥总部在哪里，听你杨国章的，你认为摆在哪里就摆在哪里。还有我告诉杨国章注意的，铁路各段发包，我有个构思、理想，请你注意，对铁路发包的各县附带个条件，签个约，要在铁路两旁植树，铁路修成功了，两边的造林也成功了，这点钱另外加上去，能做到了，我给你叩头。第二理想，修这条路，沿路要迁许多住房，这个里头要尊重地方的信仰，各地你代表你，我代表我，都去叩几个头，都去想办法，不足部分也给他安顿好。王伟国发的两次传真给我，关于土地开发、人事安排的，他与温州的章华表、李景山都商谈过，意见都很好，希望好好讨论。杨国章你的确为了这条铁路做了很多，为这个公司也尽了很多力，我用不着奖励。想借这个录音带向许老、董宏诸位、柴副省长、杨国章说对不起，我没来，只好向你们抱歉。也借录音带传我的意思，有的我会坚持，有的你们说怎么好就怎么办。苦命人，反正我去弄钱，钱骗来你们去玩，怎么玩好就怎么玩，把这条路修好，没别的了。

彭会计师讲铁路码头衔接的问题要注意，陈博士、蔡老板牺牲了自己的事情到杭州去看一看，将来其他方面及房地产，蔡老板口袋里另有妙计，我就在这里听命了。温州方面房地产和火车站设计也有些问题，这次由姚先生一路去，他学都市设计的，规划问题，去观察一番，再提出他智慧的意见，我是动不出脑筋来的，猛闯猛打，答应了就去做，就这样一个信念。

第四章 金温铁路开工了

南老对金温铁道公司的献言
许鸣真先生的讲话
基础建设 提供借鉴
举世瞩目 敢为天下先
沟通 协调 再协调

一九九二年十二月十八日开工
第一次董事会
开工典礼许鸣真代表南老致辞
葛洪升省长的讲话
杨国章总指挥讲施工

金温铁路开工的准备，在南老指导，及杨国章的领军下一一完成。

金温铁路是中国第一条中外合资兴建的地方铁路，它为我国进一步引进外资修建地方上的公共建设提供了一个模式，同时也为中国号召海外华侨与外资，共同开发国家基础设施，起了重大而有益的尝试。

依照合资公司的规定，签定合同后三个月内，第一期资金到位，但是就在尚未签定前后，修正合约时，香港联盈兴业公司就电汇了 1000 万美元到温州办事处。而且立即依照合同规定之比例，即联盈为 80%，浙江省为 20%，首期注册资金 15%计算，前者为 688 万美元，后者为 172 万美元，均按时汇入铁路账户。这里要提的是，浙江省方亦于 1992 年 10 月 16 日准备了美金 287 万元。所以经费有了，一切准备的工作可以向前推动了，开工日子也由南老选定为 1992 年 12 月 18 日。柴副省长在看到资金均提早到位后，立即写信向南老道谢！

南怀瑾老先生钧鉴：

承蒙老先生鼎力，所汇合资公司注册资金已如数收悉，十分感激。我因参加第十四次全国代表大会，未能及时发函道谢，望海涵。

赴京前我已嘱国章和有关部门负责同志到金华、丽水、温州沿线与当地政府领导研究合资公司注册登记以及开工地点、日期等问题。现浙江方面的资金已准备就绪，注册登记手续正在办理之中。年内将在金、丽、温，三市开工。开工地点已初步确定，开工准备工作正在抓紧进行。合资公司的经营人员按

您老嘱托，正在抓紧物色。其他有关事宜已请国章随时与您老和李小姐联系。此颂

大安！

柴松岳

1992年10月29日

金温铁道开发有限公司成立大会，牌左为许鸣真先生，右为李素美小姐、柴副省长。

南老对金温铁道公司的献言

1992年11月18日，金温铁道公司正式成立，南老不克参加，特献贺词。

诸位首长、诸位来宾、诸位金温铁道公司同仁，以及乡亲父老、兄弟姊妹们：

首先我向诸位恳挚敬礼，我因事羁绊，不能亲自到场为今天的开幕盛会致贺，极为抱歉，敬请原谅！

我们的家乡温州，以及浙南等十多个县份的群众，大家所期望修造的金温铁路，到今天总算是美梦成真，即将开工建造了。能够有今天的开始，其中艰苦，得来不易。我只能用比较轻松的古诗来形容："云里烟村雾里山，看之容易作之难。"以及"洛阳三月花如锦，多少工夫织得成"。

在三四年以前，我由美国初到香港，逼我出来倡建这条铁路，首先发动的，是浙江省在温州的联络处长李景山，他奉了刘锡荣市长（书记）的意图到海外来向我做说客。后来，跟着有计委主任章华表、副主任陈敬之、温州市副市长马云博等人。甚之，刘锡荣书记，亲自带人出海外恳商。刘锡荣书记曾对我说：这条铁路修不成，我决不离开温州，而且死也不甘心。他的心愿，真鼓动了我，使我肃然起敬。

后来，又有孔书记祥有、陈市长文宪，以及省里的上级主管柴副省长松岳、陈同海先生、杨国章先生，都相继往返海外与我碰头，也都是尽心尽力，志行如一地为这条铁路奔走呼吁。人总不能忘本，饮水思源，所以我要特别提出这几位首长的苦心和辛劳。他们才是这条铁路的真正催生者。

到现在为止，联系促成这条铁路的修建，我所主持联盈兴业有限公司的董事同人们，也是最有助缘的功臣，将来再说。

在这段时期，其中辛苦备尝促进不懈的，要算王伟国、李素美，实在功不可没。至于为筹集资金而奉献的，还另有其人，将来再说。

还有我的老友许鸣真先生，一直默默无闻地为我在国内代劳，而且从今以后，更要劳烦他的事太多了，真有"情不能胜"之感。今天又蒙他不远千里而来亲自代表我参与其事，除了一声谢谢，其余都尽在不言之中了。

同时更要感谢的是国务院以次的有关诸部会的首长和同志们，能有豁达的胸襟，前瞻的眼光，首先批准为海外合资修建这条金温铁路的公司立案，实在是开放发展的第一件功绩。

以上所说的，是对修建金温铁路前行人事的实际报告，古人所谓："前人种树，后人乘凉。"这是先要告诉后来乘凉的人们，不要忘记先行种树的人苦心和功劳。然后我要对温州和金温铁路沿线诸乡亲们奉献几句话：当在80年代的时期，我身在海外，已知道温州同乡抢先自行开放，以个体户来做工商业，非常成功，因此带动了温州的繁荣，成为全国注目的地方。现在温州已成为珠光宝气、争富斗艳的社会。但是社会的富有，虽已小有可观，而在人文文化方面，却还不尽人意，固有文化中的"永嘉学派"与"金华学派"，甚之说"浙东学派"的实用经世之学，与勤劳、节俭、礼义相尚的风气几乎今不如昔了。古人说的："仓廪实而知荣辱，衣食足而礼义兴。"我极诚心祈求温州的乡人们，应有切实文化反思的勇气，贫穷可悲，富有更可怕，贫穷使人没有活下去的勇气，富有如失去理想，更容易使人堕落造孽。

金温铁路是开始修造了，须知修造一条铁路，是为了子孙后代造福的社会公益事业，能不能修得成功，是靠大家上下一心，众志团结来完成它的。我们同人，凡是为金温铁道公司所力争的利益，只有一个目标，都是为修成这条铁路而争取一切利益，并非为了投资赚钱。如果大家认为铁路要开始修了，我们要赶快把握机会炒地皮，抢利益，不顾公众，而只顾自利，那便是我们为修一条铁路，变成为人民造孽，不是公益的事了。

在我个人的理想与希望来说，修一条地方干道的铁路，不过只是一件人生义所当为的事而已，我们真要做的事是要为子孙后代修一条人走的道路，那是大家真要做的大事业。什么是人走的路呢？让我借用宋儒张横渠先生的四句话来说，便是："为天地立心，为生民立命，为先圣继绝学，为万世开太平。"这样的目标，是我所期望来会诸公，以及金温铁路的同仁，并与故乡父老，兄弟姊妹们共同勉励的人生大道。

南怀瑾　敬礼

许鸣真先生的讲话

许鸣真先生在浙江金温铁道开发有限公司成立大会上的讲话：

“同志们、女士们、各位来宾：

我受南怀瑾老师的委托，来参加今天的盛会，心情非常激动。兴建金温铁路，是浙江省铁路沿线的一千多万人民，几十年来梦寐以求的事。铁路的建设，将对浙江省的经济起到很大的推进作用，这是一件大事，我谨向浙江金温铁道开发有限公司的成立，表示热烈的祝贺！

南怀瑾先生是我的良师挚友，他很早就提出要修建金温铁路，并一直为这条铁路的兴建费尽心思，与多方人士协商、落实。据我所知，他为兴建金温铁路有这样一些想法：一为想从这条铁路的兴建，体现孙中山先生的建国大纲的设想。南先生对此事非常关心，决心要把这条铁路修出来，它有利于经济的开发，特别是将造福铁路沿线人民，造福于子孙后代。二是我们国家正处于改革开放的大潮之中，邓小平同志南巡讲话，更鼓舞了南先生要修这条铁路的决心，长时间以来，我国一直是国家铁道部门修建铁路，还没有合资办铁路的先例。南先生希望在这方面创出一个新的模式，为改革开放创出一条新的路子来。他再三强调，我们修这条铁路，并不是像有些人认为的那样，是为了做生意赚钱，完全没有这样的考虑，我们只是从促进浙江的繁荣和经济发展，从创出一条改革开放的新路子方面来考虑，而不同于任何一个投资者。

在南先生的倡导之下，从国务院到省市地方都很关心这件事，国务院曾专门开会研究，并批准这条铁路的兴建，国家经贸部以及有关部委都对此事非常关注和支持。省委，浙江省非常关心铁路的建设，近年来为此事多次奔走，做了大量工作。以及沿线市地方的党政领导同志做了许多实际工作。只要从国家到省市所有的同志都能够团结一致，我对金温铁路的建设是充满信心的，我相信我们这条铁路定会提前完成任务的。我相信这条铁路一修建，将会造福于浙江省以及铁路沿线广大的人民，以及子孙后代。最后，我预祝这条铁路顺利修建，早日完成！同时，向在场的同志祝福，祝大家身体健康，一切顺利！谢谢！”

基础建设 提供借鉴

浙江省副省长柴松岳也作了讲话：

“各位来宾、朋友们、同志们：

今天是浙江金温铁道开发有限公司正式开业的大喜日子，这是金温铁路从筹划阶段，转向开发建设阶段的重要标志，是一件振奋人心的大事。借此机会，我代表浙江省委、省政府对金温铁道开发公司的开业，表示热烈的祝贺！

大家知道，建设金温铁路的设想由来已久，在民主革命的先驱孙中山先生的《建国方略》就有这一构想。历史上也曾多次动议修建金温铁路，但由于历史的和经济的原因，都未能付诸实施。改革开放以来，我省的经济得到了迅猛发展，浙西南地区也同全省地区一样，经济发展很快，尤其是温州市作为全国的 14 个开放城市之一，商品经济十分活跃。但是，由于交通基础设施跟不上经济发展的要求，运量和运能之间的矛盾日益突出，在一定程度上影响了浙西南地区的发展，为了从根本上改善浙西南地区的运输条件，沟通浙西南与浙东北乃至全国的铁路网路，建设金温铁路就理所当然地提上了议事日程。经过四年的酝酿，在南怀瑾老先生的全力推动和香港联盈兴业有限公司的热忱合作下，我们终于迎来了金温铁道开发有限公司的诞生，尤其值得一提的是，南怀瑾先生怀着发展家乡经济，造福子孙的满腔热情，对公司的诞生起了重要的作用，在这里我们对南先生这种爱国爱乡的赤诚之心，表示深深的敬意，对香港联盈兴业有限公司，和在筹建金温铁道开发有限公司过程中，给予大力支持的国内外朋友，表示衷心的感谢！

计划兴建的金温铁路贯穿浙西南广大地区，吸引范围达 4 万多平方公里，人口约 1500 多万，沿线的森林、农副、水产资源、矿产资源、旅游资源十分丰富。金温铁路的修建，将使包括金华、丽水、温州在内的浙西南地区的交通格局发生根本的改观，这对浙西南地区的对外开放和经济发展必将产生深远的影响。同时金温铁路的修建，还有利于开辟华东地区内地通向沿海的铁路通道，不仅填补了浙赣线以东至沿海广大地区的路网空白，而且今后向西南沟通福州、厦门、广州，向北连接宁波，进一步完善浙江省的投资环境，配合浦东开发，为我国东南地区的经济腾飞，创造有利的条件。

金温铁路作为我国第一条中外合资兴建并营运的地方铁路，突破了铁路由国家建设、经营的现存模式，金温铁道开发公司作为一家综合性的产业开发公司，不仅将负责投资建设和经营金温铁路，而且将在金温铁路沿线开发，并经营与运输业配套的服务业、建材业、房地产业、商业零售、旅游业和国家政策允许的其他产业。它的出现必将为进一步引进外资、侨资、发展地方交通提供借鉴，同时也为进一步号召海外华侨回乡报效祖国、支援国家建设，寻求和探索联合开发重大基础设施项目，进行有益的尝试。我们相信，经过若干年的努力，金温铁道开发公司一定能成为实力雄厚的多功能的综合开发公司，为中华民族的振兴作出贡献！

各位来宾、同志们，金温铁道开发有限公司的成立，表明金温铁路建设有了一个良好的开端。在年内，金温铁路将分别在金华、丽水、温州同时开工。沿途各级党委、政府要把建设金温铁路作为一件大事来抓，组织各有关部门全力支援工程建设的需要。各建设、设计、施工单位，要本着对人民负责，对历史负责的精神，以科学的态度精心组织、精心设计、精心施工，严格管理，为把金温铁路建设成为质量优、投资省、工期短的陆上大通道而奋斗。

最后，祝浙江金温铁道开发有限公司开业顺利，事业兴旺！祝双方的合作圆满成功！祝各位来宾和同志们身体健康！谢谢大家！”

举世瞩目 敢为天下先

香港联盈兴业公司总经理李素美小姐也讲了话：

“各位领导、各位来宾、各位朋友：

南怀瑾老师在他的献词中，把修建这条铁路的来龙去脉以及南老师为造福后代子孙的理想，都讲得很清楚了，我个人没有更多的话好讲。我只是表达一下自己此时此刻的心情，能参加今天这个盛会，我是十分高兴，十分激动。因为公司的成立，意味着金温铁路的建设和沿线的开发，已经迈出了扎扎实实的第一步。

金温铁路全长虽然只有 251.5 公里，但是兴建这条铁路用‘举世瞩目’四个字来形容，我想是一点也不过分的。我身居海外，听到有关外面世界对大陆的改革开放事业的反应，可能比在座的朋友要多一点。金温铁路虽然还没有动工，就已经名扬天下了。香港、台湾以及西方的新闻媒介早已对它做了大量的报道，不管这些报道是正面的或者是负面的，但是有一点是共同的，就是认为中国政府第一次批准这条合资兴建、共同经营的地方铁路，意义重大。在大陆改革开放的十几年中，‘敢为天下先’的温州人做出了许多世人瞩目的事情，名声远播海外。现在，金温铁路又拿到了一项全国第一，为此，我们向你们表示祝贺。

这条铁路从开始策划到现在，已经经历了 4 年的时间。南老师在献词中提到了从国务院、浙江省到温州市的许多首长为筹备工作作了重要的贡献，功不可没。我自己参与筹备工作还不到1年，今年1月，承蒙南老师器重，要我参与并担任筹备小组组长的职务，我不是女强人，只是很平凡又爱生病的一个女子，与开铁路这么一个庞然大物打交道，深感力不从心。全赖南老师日夜操心操劳，事必躬亲，我只不过是给南老师当一个助手，做了一点自己力所能及的事情。

今年3月，我来到温州，同温州市政府的有关领导共同商计铁路事宜，双方合作十分融洽。今天公司已经顺利成立，我要特别感谢温州市的领导，他们的工作热情，敬业精神和讲究效率，使我增加了信心。

我们已经迈出了第一步，但是我们的前面不是一条平坦的路，甚至可以说根本还没有一条路，我们的任务就是克服各种各样的困难，修建一条平坦又繁荣的道路。我相信，只要我们双方同心协力，真诚合作，这条铁路一定能如期建成。我盼望着早日坐上温州到金华的特别快车。谢谢!”

沟通 协调 再协调

1992年11月12日南老特致函省府领导人致谢：

柴副省长松岳先生　刘书记锡荣先生：

这次金温铁路在温州先行挂牌开幕，承蒙先生偕同省府诸公及刘锡荣先生等，亲到温州主持盛典，于公于私，感激之至！以后来日方长，恕不再行言谢。

现在急需与先生沟通重点，约有数则，特嘱王伟国与先生直接联系。

一、过去我们双方沟通意见因交通不便，资讯阻碍，经过转告，或因了解水平不同；或因加入中间个人意见，因此而发生误解，妨碍进度，不胜枚举。

二、在贵方观念所急需的事，因立场不同，环境有异，贵方只要资金到位，铁路开工，便可万事大吉，其他不在确切考虑之例。其实资金不是问题，不需要怀疑，如果怀疑敝方资金有问题，贵方早应不该与敝方合作，另觅高明。与其先生等可知资金不是问题，那么，在开工所急需要的全线施工的计划书，及全线工程的明细价格估计书等，一直到了现在，我们没有看见一个字，岂不为一大笑话。

如果说在一两年前，开始签署意向书的时候，已经交与他人，为何在我们继签可行性报告以来，直到现在从来没有收到。假使他人遗失，但贵方必有存底，也可早行重印交来。

我们既然完全没有见到全线施工计划书及全线工程的明细价格估计书，如何可以拨款。必须看到确切以上的书面文件，经过金温铁道有限公司董事会，研究审核，签发承包合约，方可立即动工。

这是贵我双方，依据合作程序的要求，当然是应该做的事吧！

三、根据贵我双方的合作的约定，金温铁道有限公司的董事会还未正式成立。因贵方尚未提出适当的人选，例如主要的铁路开工，以及有关的各项事务，都在空泛讨论，无从下手的阶段。希望贵方即能遴选足以代表贵方的董事，以便迅速的成立董事会，是为重要。

四、在我们以前碰面签约的过程，我已经诚恳表明，为顾贵方立场，避免持相反意见者，受到贵方讥讽和耻笑，每每委曲求全，藉以符合贵方的要求。换言之，我能自制而求给人为善的，已经尽量做到。

现在又因贵方要求在年底开工的想法，但目前还未见全线施工计划书及全线工程明细价格估计书等，董事会又未成立，无从研究、审核，确定承包的情况。如何可以实现贵方所希望年内开工的要求。唯此并非绝无补救办法，以完成先生言而有信的风格，这些似可放心，所谓运用之妙，在乎一心吧！

五、先生与刘书记此行由温州沿途视察，返回省会，一路经过，是否另有促进金温铁路修建的上策，恳请不吝赐教。因先生等身居其位而谋其事，与我们不在职位者的见闻，当然大有不同，如能另有客观的指示，是为至幸。专此即颂

勋祺

在 1992 年 11 月 26 日，香港联盈兴业公司与福建省，签订了关于合资建设福州至温州地方铁路的意向书，当时由公司代表蔡世亮负责签订，同时蔡世亮当场同意并交付 100 万元人民币，作为福建省作此铁路可行性报告的经费。南老与他的学生们，就是这么热心地为中国复兴在作他们的贡献。

南老也交待在温州办事处的同仁，如何为公司展开有规律的工作，特函如下：

马云博先生、章华表先生、李景山先生暨诸位同仁：

金温铁道公司在温州方面，目前在草草匆匆情境中，试着先行成立。凡草创开始，一切皆在茫无头绪中，需要立即建立内务管理办法；尤其对会计出纳及预算审核等规章，更应迅速建立规模。

无论公司事业，对管理财务会计，仍然离不开历来经验的："量入为出，开源节流"，这是大原则。同时更要注意公司同仁，首先要树立风范，切记："从俭入奢易，从奢入俭难"，"审己功德，量彼来处"。

至于人事方面，我们必须要切实反省我们的民族习气，最大缺点，就是个人的自我主观甚强，绝对缺乏团结性的公众心理。因此中国人两个人在一起，便有三派意见，表面客气，内心绝不相让而求一致的。

尤其我们的国人，我们的社会，近在数十年来养成一种偏差的作风，把应酬吃喝当作公事把坐议立谈的空言当工作，以浪费公帑为当然，以推过饰非为能事。

我们大家应当立志，从本公司作起，慢慢影响，改正这些不良风气。人人能做到："严以责己，宽以待人。""对人要宽厚，对事要严谨。"所有按时上下班办公，现定临时外出办事及出差等手续，都应迅速建立自律风规。至于工作的勤惰惩奖办法，应视效率，不重表面。

凡此等等，看来都是老生常谈，近似教条，但却为一切公私事业成败的大关键所在。故我想到此处，实甚疑虑。因与诸位谊属好友，所以不避嫌疑，先行提出忠告，务望深思见谅是幸。专此即祝

平安

1992年11月29日，南老为了金温铁路将来施工经费的筹备，又再写信给刘书记与柴副省长：

敬请刘书记锡荣先生即转　柴副省长松岳先生：

日前自温州开幕后，松岳先生在沪时，曾由李素美、王伟国转交传真一函，谅已收阅。

今因李素美返港，陈述在上海与松岳先生及上海铁路局会谈一切，方知金温铁路一案，自签意向书及可行性报告后，诸多经过情形，以及贵我双方之间有互不谅解之误会，统由我方前行代表，处置不当，且犯有专横自便，擅自主张之过。

但贵方似亦对我了解不够，心存戒悔，或因过分客气始终未能与我彻底谈究竟，以至多生曲折。好在尚在开始阶段，贵我双方，当以勇于认过精神，亡羊补牢，改弦更张，并未为晚。

我今为配合贵方——浙江省府威信，及您柴松岳副省长，曾于温州开幕大会上宣传年底开工之言，必须促成其实现。经仔细审推时日，可在阳历12月18日上午辰时（八至九点）或下午申时（四至五点）破土动工。举行仪式及地点，统由贵方决定。

但破土开工仪式尽管举行，究竟如何正式开工等等，尚待贵我双方仔细会商。一、因到目前为止，我方始终未见施工计划书及全线施工的工程预算详细计划估价等资料，可以说一无所知，岂非有如无知孺子，完全由大人先生鞭策强行之嫌。二、金温铁路董事会尚未成立，贵方提出担任董事之适当人选始终未见提名，因此实有不便。施工计划及承包工程等事，未经董事会审议通过，实亦不合法规章程。故望在12月16日能先行成立董事会，紧急处理，藉图补救前失。

为此种种，我前曾为金温铁道公司前途着想，征得北京上方同意，特请其推荐中青干部，出任金温铁道公司职务。今已由北京示知三位得力助手，由我以金温铁道公司法定董事长名义，即已发出聘书，希望立即上报，亦能于12月16日到达上海或杭州参加董事会成立，始俾能将来行事，不致脱节。为此，今亦必须告知贵方及松岳先生、锡荣先生你们两位。至于三位姓名履历，均如附件四张奉上，敬请备阅。

此外我有对金温铁路工程意见，必须提出，同时亦代表我方董事们之共同意见。

一、金温铁路与金华车站衔接是理所当然的事，如说温州到金华，另以汽车接运，那是小儿呓语，或是疯人妄想，这是万万不可的事。因此如果原有施工计划，做了以上规划，那就非改不可。

至于说，金华方面，提出要地价，似乎合理亦不合理。不过，亦可商量解决，这当向省府或中央请示解决办法。不然金华提出合理的地价，亦可加入投资金温铁路的资本，作为金温铁路公司股东的一分子，那亦有何不可。

甚至沿线各县市亦照入股方式，各自成立地方铁路公司，出资加入金温铁道公司为股东，亦为一件大大的好事。因为我们本即要改为股份公司，如此合资，正合所望。而且最终目的，是造福于民，并非是图利于己。

二、上海铁路局或铁道部，愿意加入，更所欢迎。本来修建此路，将来验收营运，事事处处，都不能脱离铁道部与上海铁路局的关系，事后求神拜佛，何如事先盖庙烧香。此事亦请省方及松岳先生一肩挑道义，力促其成为是。

三、我另所关心者，看来是无事生非的事，那就是希望金温铁路沿线经过的平川地段，一边修路，一边植树造林。苟能如此，虽稍加预算，实亦造福后代的要著。此事如有省府权能，应该做到。可否列入工程计划之中，尚请高明决定。如果省方能够做到，我将先行在此叩首膜拜诸公，真是公侯万代，福泽百世。

此外，另有补充：如上海铁路局愿意加入为股东，初步经费倘无着落，不妨先以融资方法处理，必无问题。另如省方要改变股份亦所欢迎。总之：我之所以敢冒事先允造铁路之目的与用心，并非为名为利，希望诸公能相信此一真心，一切自当迎刃而解。

年老力衰，草草匆匆，写此传函，不觉已凌晨四点多了。语无伦次，请谅。敬祝

平安

浙江省副省长柴松岳先生回答了南老要求，于 1992 年 12 月 6 日回信给南老如下：

南老先生台鉴：

日前由李素美小姐、王伟国先生转交的传真件和 11 月 29 日赐函均悉。老先生为操持建设金温铁路夜不成眠，我等肃然起敬，亦深感不安。

承蒙老先生热心推动，有关各方支持，金温铁路不日即可动工建设，实属不易。至于因沟通不够而产生的某些误解，乃因种种客观因素所致，先生严于律己，言重了。本人认为，只要双方互相信任，坦诚相见，建立稳定的沟通渠道，即使出现意见相左之处，也是可以协商统一的。

金温铁路的全套资料，已于 12 月 4 日交王伟国先生带去。先生要的是预算情况及其他有关情况，资料中均已说明，先生阅后便知。需提请董事会议定的事项，我已嘱国章准备。我方

的副董事长和副总经理人选，均已确定，副总经理人选材料已电传上海盈亚办事处转交，副董事长材料尚未完备，容稍后传呈。是否堪用，请先生定夺。因我将于12月13日赴京参加全国计划会议，不能与各位董事一起研究，望见谅。顺颂

祺安

一九九二年十二月十八日开工

首先是温州市陈文宪市长来电向南老师报告，他说：

今天，金温铁路得以开工建设，乃首推老师之无量功德，温州市人民对老师十分崇敬和称颂。开工喜讯传拂瓯江南北，城乡人民无不奔走相告，纷纷表示自愿献上一份力量。市人民政府最近已多次召开专题会议，圆满做好开工建设的各项准备工作。并下定决心，铁路一旦开工，全力以赴，一抓到底，做到精心组织，精心发挥，精心建设，确保在48月中提前建成投入运行，使这项为振兴温州经济，为温州人民通向富裕大道，造福子孙后代的头等大事办好。专此秉报。请老师多多指教！

同时浙江省人民政府发的邀请电函也送到南老手中：

南怀瑾先生：

金温铁路开工典礼，经征得先生首肯，定于12月18日9时在缙云仙都隧道举行，有关准备工作已基本就绪。日前接上海盈办电传，李素美小姐、陈定国、蔡世亮、李传洪先生等，将出席开工典礼。李小姐一行已于12月15日到杭，即赴丽水召开董事会及参加开工典礼。

先生为建设金温铁路废寝忘餐，感人至甚。值此开工在即之际，特致电恭请。如先生能大驾光临，实乃金温铁路之大幸。专此电邀，静候佳音。

浙江省人民政府

1992 年 12 月 16 日

南老立即回电如下：

浙江省人民政府执事钧鉴：

顷接尊府发来邀请明电嘱于十二月十八日到缙云仙都参与金温铁路开工典礼，不胜荣宠之感。实因繁务羁身，未能如命为歉。此路今能开工上道，皆因尊府当局诸公决计之功，我当致敬致贺。余恕不赘。

复因来电未附出处，且未具名，故请陈市长文宪先生代转。请谅察。

南怀瑾叩上

一九九二年十二月十六日

南老也给在丽水的香港联盈兴业公司同仁致电如下：

李素美转交许老鸣真先生或陈定国博士：

致金温铁路开工典礼大会贺词：这次金温铁路的开工上道，足见各级政府首长和当局的同志们为国家建设，为人民谋福利的决心和勇气。尤其是各地人民自动自发的欢欣鼓舞，给予我们更大的信心和谢意。由于政府与人民力量的结合，修建这条铁路的工程，必定是指日可待。为此，至诚敬祝大家后福无穷，功德无量。

南怀瑾敬贺

一九九二年十二月十六日

1992年12月18日金温铁路开工典礼，蔡世亮（右一）李传洪（左一）陈定国（左六）前往参加。

第一次董事会

1992年12月18日，在丽水莲成饭店举行了第一次董事会，由马云博担任主席，出席人员计有李素美、蔡世亮、陈定国、马有慧、李传洪、王伟国、于强、马云博、赵毅通、李治华、董宏、张荫栋、李景山、章华表、及濮大威、曹秦民、庄澄等董事与列席来宾。主要提案如下：

提案一：浙江省地方铁路公司要求，金温铁路即于1992年12月18日，在金华麻出塘站、武义、清塘隧道、永康车站、仙都隧道、温州洞桥山隧道等五个开工点，同时先行开工。

决议：同意先行开工。通过。

提案二：浙江省地方铁路公司，首期要求拨付承包工程费 500 万美元，作为开工费用。

决议：通过。

马云博董事提议：明确公司总经理室，经讨论有 200 万美元以下资金使用的决策权，副总经理有 100 万美元以下资金使用的决策权。

蔡世亮董事发言：同意，应无问题。

陈定国董事发言：总经理及副总经理等，当然有权使用资金的决策权。而且不只限于 200 万美元或 100 万美元之数。或多或少，应视实际业务的需要性质，照公司董事会财务管理办法规定办理。现在董事会尚未正式成立，管理办法尚未公布，骤然提出此案，又未明确指定总经理及副总经理对资金应用的范围及性质，并不合理。

讨论议决：此案保留。提交董事会为财务管理办法决定时的参考。

马云博董事提出浙江金温铁道有限公司综合经营工作报告：

决议：肯定温州方面近期的成绩。

所提今后工作：

1. 以外汇押抵贷款。

2. 发行债券。

3. 申办中外合资银行和人民币进入金融市场拆借等方式筹集资金，要求抓紧向有关部门申报。

4. 同意成立贸易公司，积极开发内外业务。

5. 集资开发土地，以温州站前 850 亩为基础的房地产开发方案，要求尽快作出经济效益测算，并向有关部门办理申报手续，及时实施。

讨论决议：对于一、二、三项提议，一致通过赞成即行实施。对于四、五两项提议，没有赞成，并未通过。

理由：对第四项意见。金温公司本身已有贸易部，不需节外生枝，叠床架屋，另外成立贸易公司。只需切实加强申请金温铁道公司贸易部的业务而做贸易。如另行成立贸易公司，便有许多不妥之处。

对第五项意见。温州车站前850亩房地产开发与规划，应该立即办理圈定、收购、规划等工作。不能先期开设房地产简易市场，变成以后的重新拆除、重行规划、重新建设的双重麻烦。

应该尽快作出经济效益测算，并向有关部门办申报手续，及时实施，但同意此案保留参考。

讨论提案：有关金温铁路建设承包合同，须进一步明确甲乙双方的职责、权利和义务，应承担的责任，待进行修订完善后，即予签订。

决议：同意修订完善后签订。

原先以铁道公司筹建处名义、贷款购买座落温州市人民路的西湖锦园大厦10～18层楼办公用房。今正式用金温铁道公司名义购入，是否可行？

决议：同意用金温铁道公司名义购入。赞成通过。

王伟国董事提议：在下次正式成立第一次董事会时，应确定公司组织，董事会到公司各部的人事、业务目标等，急切建立制度规章，便遵循正式开始工作。

讨论议决：统在下次正式成立董事会确定。今天这次的董事会，并非正式的第一次董事会。应该定名为董事碰头会。特行记录清楚。

决议：一致赞成通过。散会。

开工典礼许鸣真代表南老致辞

1992年12月18日，金温铁路开工典礼在缙云、丽水、金华、温州等地同时举行，全部有十万多人民前来参加开工典礼。在缙云所举办的开工典礼，由浙江省柴副省长主持，首先介绍了各级领导和来宾，并请南怀瑾老先生的代表许鸣真先生讲了话，及浙江省葛洪升省长讲了话，同时也由杨国章总指挥，介绍了工程概况，盛况空前，最后由柴副省长宣布开工并奠基。

许鸣真先生讲话如下：

"我作为南怀瑾先生的老朋友，受南怀瑾先生的委托，从北京专程赶来参加开工典礼。这几天，南怀瑾先生连续打了好多次电话，对金温铁路开工感到欢欣鼓舞，同时对我们的破土动工表示祝贺。现在我宣读南先生的贺词。"

> 金温铁路开工典礼大会贺词：这次金温铁路的开工上道，足见各级政府首长和当局的同志们为国家建设，为人民谋福利的决心和勇气。尤其是各地人民自动自发的欢欣鼓舞，给予我们更大的信心和谢意。由于政府与人民力量的结合，修建造条铁路的工程，必定是指日可待。为此，至诚敬祝大家后福无穷，功德无量。

"南怀瑾先生昨天晚上又专门打电话说：'我现在心情很激动，我知道明天就要开工了，我和浙江省的各级领导，和浙江省特别是浙西南铁路沿线的人民一起共同庆祝铁路的破土动工。我和家乡父老兄弟一样感到欢欣鼓舞。我和大家的心是完全站在一起的，我和大家的心是完全相通的，我们为了把这条幸福的铁路早日建成，促进浙江特别是浙西南经济的繁荣和发展，为人们的幸福作贡献。'谢谢!"

葛洪升省长的讲话

"各位来宾、各位领导、同志们：

浙江人民盼望已久的金温铁路，经过三年多的筹备，今天正式开工了，这是全省经济和社会发展中的一件大事。金温铁路的建设，从一开始就得到了党中央、国务院和国家计委、经贸部、铁道部等部门的关心和支持，得到了全省人民特别是温州、丽水、金华，三市（地）人民的关心和支持。今天，国务院有关部门的领导和香港南怀瑾先生的代表还专程前来参加开工典礼。借此机会，我谨代表中共浙江省委、浙江省人民政府以及全省人民，向前来参加开工典礼的各位来宾、各位同志表示热烈的欢迎！向多年关心、支持金温铁路，以及为金温铁路辛勤工作的同志们、朋友，表示衷心的感谢!

众所周知，金温铁路的建设经历了曲折复杂的过程，早在本世纪初，孙中山先生在他的《建国方略》中，就提出修建这条铁路的构想。新中国建立后，国家曾几次计划修建金华到温州铁路，均因种种原因，一直未能建成。在加快改革开放和经济发展的今天，金温铁路作为我国第一条中外合资的铁路终于开工了！几代人梦寐以求的宿愿终于实现了！这标志着我省经济发展和对外开放，又取得了新的发展。

同志们、朋友们，现在我省正面临着十分难得的历史性机遇，在邓小平同志南巡谈话和党的十四大精神鼓舞下，全省广大干部群众精神更加振奋，各地区经济发展的势头很好。刚刚结束的省委八届八次全会扩大会议，以邓小平同志有中国特色社会主义理论为指导，根据十四大精神和我省实际，进一步明确了 90 年代改革和发展的目标。

加快我省经济和社会发展，需要全省人民进行多方面的努力，其中关键性的一条，就是要加强基础设施和基础产业的建设，特别交通必须先行。金温铁路作为我省的重要基础设施项目，它的建设，对尽快形成浙西南运输动脉，开辟华东部分地区通向沿海的通道；对于呼应浦东和沿长江地区的开发，形成我省多层次、全方位的对外开放格局；对于发挥浙西南优势，促进地区经济的协调发展；增强全省经济发展的后劲和人民生活的共同富裕，都具有十分重要的意义。省委、省政府决心把建设金温铁路作为经济建设的一个重点来抓，义无反顾，一抓到底，确保 1996 年底前建成通车。

金温铁路建设任务非常艰巨，沿线大部分地段的地形复杂，施工条件艰苦，全线控制工程较多，平均每 2 公里一座桥梁，每 4 公里一隧道，施工战线长，技术要求高。为了保质保量按时建成金温铁路，省委、省政府要求全省特别是金温铁路沿线各级政府必须加强领导，党政一把手要亲自过问，并委派得力干部到建设第一线，为工程建设提供服务，排忧解难；设计、施工单位要发扬艰苦创业精神，本着对人民负责，对历史负责的态度，精心设计，精心施工，优质、高效地完成建设任务；各新闻单位，要大力宣传金温铁路的重大意义，及对报道建设成就和建设者们的奋斗业绩；全省各部门、各单位都要继续关心和支持金温铁路建设，身体力行，做出贡献。

同志们、朋友们，金温铁路这条帮助浙西南人民致富的钢铁大道，从今天起，就将从我们脚下延伸。我们相信，有国务院和国务院各部门的大力支持，有广大设计、施工人员的艰苦努力，有浙江西南广大群众的奉献精神，有南怀瑾先生和各位港方董事的通力合作，金温铁路一定能按计划胜利建成。

最后祝各位来宾、各位领导和同志们身体健康！谢谢大家！”

杨国章总指挥讲施工

“各位来宾、各位领导、同志们：

下面我向各位报告金温铁路工程情况：金温铁路工程是由浙江省地方铁路公司与香港联盈兴业有限公司合资建设的项目。是我国第一条中外合资建设、经营的地方铁路。

这个项目得到了国务院、国家计委、经贸部、铁道部、及有关各方的大力支持。

金温铁路整个正线总长为 251.5 公里，项目总投资 1.72 亿美元，其中建设工程总投资 1.696 亿美元，折合每公里造价 68 万美元。合同规定，这条铁路由浙江省地方铁路公司负责承建，整个建设周期 48 个月。如果不发生特殊意外情况，我们有信心在 1996 年内建成通车。

在金温铁路的建设中，我们采取的方针是：边建设、边通车、边受益。计划从金华到缙云近 80 公里的铁路于 1994 年率先建成通车。

经合资双方确定金温铁路于今天正式开工。这次开工共有五个点：金华麻车塘、武义清塘隧道、永康车站、缙云仙都隧道和温州洞桥山隧道。这五个点的施工设计、施工队伍以及施工的外部条件均已落实。

明年将相继在沿线各地全面铺开。目前施工组织方案已经确定，方案中也体现了上述方针。明后两年我们的主要工作是抓好两个集中，一个是集中力量抓好金华到缙云的全线施工；一个是集中力量抓好丽水到温州沿线的控制工程，主要是桥梁、隧道、软土基础的施工，为后两年线路、站场的施工打下基础。如果头两年的计划能如期实现，完全有把握按期建成，金温铁路的主要工作量：

铺轨：288 公里；

路基土石方：2400 万立方米；

隧道：63 座，全长 27078 米，其中 2000 米以上 2 座、1000～2000 米 6 座、1000 米以下 54 座；

桥梁：（大、中、小）115 座，14.88 公里。其中特大桥梁 4 座、大桥 32 座、小桥 23 座；

涵洞：835 处，计 14.87 公里；

房屋建筑：9.1 万平方米（其中车站 17 个）。

金温铁路工程十分艰巨，施工难度大，这中间仅桥梁、隧道就占全线总长的 18%，最大的隧道长度达 3.5 公里，最大的桥梁跨度为 800 米。

为了确保工程建设的顺利进行，第一、在组织指挥上分省、市（地）、县三级分级指挥；第二、在任务落实上，采取各市（地）、县定承包责任制的方法进行，由各市、地、县包质量，包工期，包造价；第三、在施工队伍组织上，采取地方施工队伍和铁路专业队互相结合的方式。土石方、涵洞、中小桥、房建以地方队伍为主。铺轨、大桥梁、通讯、信号以专业队伍为主；第四、加强管理、统一政策、严格控制投资。这条铁路是地方铁路，要发挥地方优势，贯彻人民铁路人民建的方针。

省委、省政府十分重视金温铁路的建设，把它作为开发浙西南经济的一项战略目标来实施。为了加强对这项目的领导，省政府专门成立了金温铁路建设领导小组，由柴松岳副省长任领导小组组长。在丽水设立了金温铁路工程建设总指挥部，同时在铁路沿线的各市（地）、县都建立了工程建设指挥部。

我深信有省委、省政府的领导，有中央有关部门的关怀，有省有关部门的支持，有沿途市（地）县领导和群众的积极参与，金温铁路建设一定会如期建成通车。”

第五章 艰辛工程 全力以赴

给金温铁道开发公司同仁第一号函

金温铁道公司于一九九二年十一月十八日先在温州市举行开幕成立（注册日期十一月十二日）。复于同年十二月十八日在丽水、缙云、温州、金华等五地区举行开工典礼。

以上两次举动，皆为配合浙江省政府方面的需要而先行动作。至于金温铁道公司本身的宗旨、业务、组织、管理与目前的工作认知及其指标、即如参与公司内部人员，大多都甚模糊，何况外界关心者，更有不知究竟之感。因此必须速列诸项，逐条说明，俾知遵循起步。

一、宗旨：

由香港联盈兴业有限公司出面投资，与浙江省地方铁路公司合资筹组金温铁道开发公司，其基本宗旨与目的，是为完成浙南金温等地人民及国家计划，企盼将近百年，造福社会的一条铁道。

这条地方铁道干线，关系重要，非比寻常，几十年来，屡举屡止，过去的已过去，不必细论。现在趁国家开放政策的开明措施，我们以外商投资合作来建造完成，正是时机成熟，因缘凑合。这是造福社会的一件事业，并不合于商业利益的一项生产投资。但是我们采取以投资公司的方式，力争配套铁路的营运、车站范围的房地产建筑及相关贸易、矿产等权利，也是为了开发铁路沿线的繁荣，并期能在可能范围内，早一点回收相当成本，可以做其他社会福利事业。

这就是我当年所提出“共产主义的理想，社会主义的福利，资本主义的经营，中国文化的精神”的一贯主张。希望大家深切的了解清楚。在此再附带说明三点如下：

1. 我们为什么在还未完全与浙江方面沟通议定之先，便立即决定先行汇拨一千万元美金到温州？这是为了坚定浙江方面的信心，不要互相猜忌的问题，永远停留在谈谈停停，停停谈谈，犹如小儿博弈，互相对猜，岂非天下笑话。故必须不按现代商业成规，是以传统文化的信义为先，胆敢先行投资进去，才打破僵局，促使金温铁道公司的提前成立。

2. 为了维护浙江省的威信，希望不要存有不必要的分歧意见。所以在香港匆匆签署可行性报告，及在上海又匆匆签署合约，乃至在本年十一月十八日的开幕，十二月十八日的开工等等，完全由于善意维护省府尊严，但也不希望有什么特别的谅解，这也就是中国文化的精神。

3. 不管如何，金温铁路总算在仪式上已经开工了。大家亲自看见数万人民自动自发的庆祝大会上，已经得到应有的鼓舞与安慰。

据我所知，目前在承包铁路工程的浙江省地方铁路公司的负责人杨国章先生的精诚奋发的领导下，进度非常可观。他在这方面的才能、毅力、勇气，是我素所敬重的。

其实，到我写此信的时候，承包契约尚未依法签署完成。如照一般投资商业行为，岂非笑话。然而双方都是从信义为先出发，彼此并无疑忌，将来或当作为美谈。

二、业务：

金温铁道开发公司的主要业务，其中心要点，是要修造一条铁路。因此目前的业务，主要的便是造铁路的工程，这是毫无疑问的前提。但是我们在修造铁路工程的作业，正如前面说过，自合资的意向开始，到可行性报告以及合资契约，都已规定由浙江地方铁路公司承包。所以在工程业务方面，我们可以完全信任放心。

因此我们真正要开始的业务便是：

1. 沿线车站的规划建设，及车站范围房地产的收购配套规划建设，圈定范围，才是目前当务之急的重要工作。

2. 相关的贸易（也包括采购）及财务开发，也是急需同时进行设计的预算工作。

3. 至于沿线矿产的开发，也应逐步收集资料，研究开发。有关这些业务，需要立即纸上谈兵，更要赶紧逐步实施计划，同时还要即写即行，写得好，说得出，做得到，这才是当务之急。若是搞错目标，急其所不急，是为大错特错。

4. 同时对于财务开发，如所拟发行债券，申办中外合资银行，和人民币进入金融市场拆借等业务，研究合法申批手续。及以金温铁道开发公司贸易部名义，研究合法申请，展开内贸和外贸工作。需要与上海联办随时取得协商，从速进行，具体建立。

为什么要与上海联办协商进行？因金温铁道公司所在地的温州，毕竟是一省市的地方单位。有关金融资讯，市场范围，所知所见，在空间、时间与经济条件上，都有所局限，并非有何特定成见存在。凡做事业只求大我的成功，力戒受小我意见的滞晦。上海联办，只是咨询作用，并非属于铁道公司机构。

三、组织：

依据原先联盈兴业有限公司与浙江地方铁路的合约，金温铁道公司的董事会人数及总经理、副总经理的产生，都有规定。目前因事实的趋使，并对浙江方面的现势情形，较为熟悉，也许另有变动，但未确定。因十二月十八日的董事碰头会，并未成为正式董事会。

但到现在为止，董事长与总经理，始终尚由我本人兼任，实为不得已之举。因本公司的组成，是由海外商业投资与国内省政府的合作，同时更有台湾同仁方面的乡土感情存在。我们这一代，在四五十年来的夹缝时代中，所产生的智识经验，生活习惯，法令规章，甚至言语表达意识形态的沟通，随时随处，都可能发生无可避免的异同，所以始终在求贤若渴中，慎审人选的推荐，藉以避免不必要的误会产生，以免因小失大。

具体说来，金温铁道公司，是一个九十年代首创的铁道公司，至少在国内从来没有一个这样公司的模式。即使在国外，也没有如此模式。

假如我们聘请一位在海外创业投资经营的专才担任，第一：人家既有现成事业，在商言商，谁肯来干半属社会福利的事业。第二：如无白手成家，凭空创业的经验，纵使工商业学识渊博，管理学位高，我们亦不敢贸然把铁道公司拿来做他试验的课题。况且我默默观察海外人才，既有学识，又富经验的人，往往自视甚高，对与国人相处，每常缺乏谦谦君子风度。这是我所最不放心，最所顾忌的要命之处。并且认为我们的铁道公司，只是一个省份以内的地方铁道公司，地位分量，也不过如此而已，未必愿意俯就。

总言之：我确切相信国内并非没有人才，但首先考虑的，是为国际经营贸易的智识与经验问题。其次，便是我们国人的通病，谁也不肯信服谁，两个中国人在一起，就会产生三派意见。况且还有无形的阶级意识、声望、才德等问题。

因此，到目前为止，看来内部人事组织，还是茫然一片，并未正式上轨道，事实确亦如此。但不要忘记，金温铁道公司虽然已说开幕了，也已开工了，初步的工作都在运作中。事实上，我们早已声明，这些都是为了配合浙江省府的需要而做。金温铁道开发公司的真正具体组织，并未宣告正式成立，这也是事实，大家必须了解，也不可忘记程序。依我在今年秋天的预计，曾经在电话中与柴松岳副省长说过：金温铁道开发公司正式成立的日期，可能在一九九三年一月左右。现在看来我又偶尔言中了！

如果要说金温铁道公司的整体组织，也曾经由专门擅长公司组织的高手，设计过庞大的、精简的两种规模。今由温州方面同仁等所提知的两个原则，所谓："因事设岗，因岗设人"，甚为恰当。

今因总经理暂时未能确定人选，我本人又未能及时到位，拟在董事会之下，先成立一管理委员会，选定副总经理级二三人为委员，集体领导，指定其中一人为召集人，以暂代执行总经理职责。

但此管理委员会的办公室，我认为宁可多花些交通费，最好设在上海，其次是杭州。如果再以温州为主，将来同样缚手缚足，同样不能联系金华、缙云、武义、丽水各地。这是属于战略的地缘环境所限。不能只习惯性的坐守一隅，妄想号令各地啊！因此拟初步组织构想，借以请教诸公，以期集思广益。

四、管理：

有关公司的整体组织规章，待公司组织就绪，另行建立制度，今不赘言。举例来说，有如现在温州方面，已经到位的同仁，除已司有专责者外，如有一人或多人，各自认定对沿线各地区，如丽水、缙云、武义、青田，无论车站的大小，能自告奋勇单独作战，克期到达该地区，交涉圈定车站及车站范围的房地产建筑地亩，订定契约，以及收购地价等等工作，并可兼带观察发展铁道公司的贸易业务。可由温州斟酌订定办法，以规定交涉时日多少，地亩多少等等标准，定出一套奖惩办法，岂不是管理上最好创作。比起坐镇温州一隅，盯住八五零亩地的范围，至今还未有确实着落，徒然望洋兴叹，缺人指导为更高明吗?

也许又有人说，青田等地多山区，没有开发价值。此话也不尽然。事在人为，开发成功与否，全凭智慧的作为。

五、认知：

我写此信致敬诸位同仁的目的，是在既已就位的岗位上，应认清本公司的宗旨、精神与工作方向。然后能在同一认知的目标，互相沟通，各就各位努力，单独奋斗，通力合作。

我们的一切，都在摸索中创立规模，在经验中学习，在学习中集结经验，等于自己从新进入一个社会大学修一门实习学科。

如果认知不清，尚有群龙无首，茫无适从的感觉，那么应该反思，是否因有末将听令的习性所致。倘使果真如此，期望我们大家共同成为创业的伙伴，就有背道而驰的苦恼了！我极希望大家不要有这种失落之感。

举一个譬喻来说，凡做一番事业，譬如一头狮子，要猎取食物，它都要以高瞻远瞩的眼光，细心谨慎的动作，所谓“大处着眼，小处着手”，当其决心动作时，无论对象是人，或是一头小老鼠，它都要施尽全力来搏取。

我们如懂了这个道理，与其分散力量，各自想求表现，拼命咬抓一只小老鼠，那所花费的精神能力，可以说：所得者少，所失者更多。如能集中群力，团结起来，抓好一个大目标，那就大功告成，大家可以分享成功的果实了。

南老师为公司同仁所作的规划明确仔细，用心良苦。

世间最怕是流言

温州市在国内是个体户发展最多的一个城市，而且人民勤奋努力，也是国内改革开放最快的一个地方。

金温铁路开工了，温州市领导办了一个金温铁路配套工程，包括城市内连接火车站的一切工程与设备，发动大家海内海外捐款。不少人都捐了钱，打电话告诉南老，说他们也帮南老捐修了铁路。南老为此特于 1993 年 1 月 5 日致函给温州陈文宪市长。

陈市长文宪先生勋右：

顷接一九九三年一月一日传真函，宠蒙拜贺新年，愧不敢当。我因习惯旧年春节，故于西元节日，往往疏忽。又加年老力衰，诸事喜简畏繁。先生谦抑加礼之处，殊觉不安，谨此致歉，并望见谅。

所示温州市为金温铁路建设配套募捐事，本来原为一大好事，经先生鼎力提倡，殊属可喜，故于九二年十二月十八日晚电话与先生联络，只是贡献意见，请小心谨慎，务须一一登记清楚，以免后患。

但过了旬日之后，忽接温州及台北各方来电，都说：某某也为你们金温铁路捐款了啊！其意主要报功，其次讨谢。听了真有啼笑皆非，左右为难之感。

如说金温铁道并未发动募捐，将何以对温州方面的事实？如说谢谢你们，在我及金温铁道公司立场，却不愿意作违心之答。因此联想此举本是好事，但人言可畏，一般社会与一般人民，素来不会深入事理，讲明究竟。正如古人所说："万事谁能知究竟，世间最怕是流言。"为了顾虑事态发展的后果，正欲筹思如何处理此一问题，好与先生仔细商量善后。

今得先生来函说明，此举乃温州政府为配合通水、排水、道路、通讯、绿化等各项市政配套铁路的建设义举云云。由此使我想到温州如此，那么沿线各地如丽水、缙云、武义、青田、仙都，当然亦可按例而作。则其后果的募捐恶声，都由金温铁道背此十字架，未免太不公平。实在需要研究，如何才能两全其美，不可草草匆匆，随便造次从事。

总之，此事并非坏事，此举亦属善举，而且先生的创作，确有明快可喜之处，但由此经验，必须要考虑前因后果，妥做安排。

同时也可说我方与浙江省府双方，在洽谈合建铁路之先，缺乏经验，并未考虑及此。我意必须向浙江省府方面，提出建议，应做全面安排。而且如何说明与金温铁道公司并不相干，以免淆惑视听，徒滋困扰而发生不必要的误会，是为上策。

为此特请先生勿以此事介意，是为万幸。敬祝

新年安康！

一九九三年一月五日

浙江金温铁道有限公司　南怀瑾　敬启

南老又于1993年1月13日再致函温州市陈文宪市长，引用历史谈如何做人处事，一定要脚踏实地，其函如下：

陈市长文宪先生左右：

一九九三年一月八日传真函敬收，温州发起为金温铁路温州段市政府配套设施集资建设事，再次说明，至谢。

唯此事与金温铁道公司无关，乃温州市政设施，贵我双方都甚明白。不知究竟者是社会群众，必然易起混淆误解，将来会形成是非口舌无疑。凡事动起前因，料知后果，预先处好结局，方为善策。

当今我所急，务望能在报章及公开场合，说明其故，便皆大欢喜，当无后顾之忧了！

至于谁人传言误说，并无大碍，皆可置之不问，我今为先生举出历史上的两个经验榜样，当有助益。

昔日，宋代吕蒙正发表为宰相时，上朝向皇帝报到，有些同僚素来看不起吕蒙正，认为他是贫寒出身，怎么一旦登居相位，便当朝在背后笑他讽刺他。吕蒙正头也不回，看也不看就走。

旁边有些靠近吕的人，颇为不平，对吕说：要查查看谁在不服气。

吕蒙正听了立即说：切切不可！须知我辈度量并不太大，修养也不太高，万一知道是谁在批评我，心中必有芥蒂，以后大家同朝同事，就不好了。因此，当政数年，公私太平，成为千古名臣贤相。

另一件事，也是宋朝的开国名臣赵普的事。赵普辅助赵匡胤建立宋朝政权为帝，赵普当宰相。他对以前有些看不起他，对不起他的人，都会趁机报复。赵匡胤知道了，便劝告赵普说：如果在你我没有成功以前，别人都能事先知道我会当皇帝，你会做宰相，那么，天下的人与事，都可以早早认定了！过去已过去，你应放开胸襟度量啊！

先生现身在温州市长之职，在官言官，不大不小，亦为方面太守，但秉公办事，处置妥当即可。我素来很欣赏你的干练，且前途未可限量。今特不厌其烦为你进言，有点倚老卖老之嫌。其实，是真心为你好。余不赘言。祝

公绥

南怀瑾　启

未登的广告

南老师为了整个金温铁路工程的兴建，他于 1993 年 3 月 9 日，特致函刘锡荣副省长：

因为无法直接与万省长学远先生及柴副省长松岳先生联系报告，情急不已。今拟就一声明启事，准备向海外及国内各大报刊登，以正视听，特此先行报告，敬请见谅！

浙江金温铁道开发有限公司香港联盈兴业有限公司联合声明启事：

本公司及本人，从一九八八年动机投资修建金温铁路以来，准备最大忍辱负重心情，经多年酝酿，终与浙江省方面，互相同意，于九二年十一月十八日在温州开幕；十二月十八日于缙云等处开工，已是众所周知。但到目前为止，本公司绝无向外界募捐或发行彩券等行为。如有利用职权、假借名义募捐等事，借以制造事端，破坏本公司投资名誉，实为借故破坏原先合资契约，别有用心。本公司除依法提起公诉之外，并愿退出，统由握有权能者自行负责修建，何须借用开发外资名义，而又制造打击外资事故。特此登报声明，敬请各界鉴察。

香港联盈兴业有限公司　浙江金温铁道开发有限公司

南怀瑾

一九九三年三月九日

浙江省人民政府，柴副省长松岳先生于1993年3月25日特回函给南老师说明，已即令温州市停止其节外生枝之事。

南先生台鉴：

日前与锡荣书已转我阅知。有关温州筹措配套设施资金一事，我已责成办公厅前往温州查核。据查，此事源于配套设施投资甚巨，资金尚未落实，本欲通过募捐和发行奖券筹集，使之与金温铁路同步建成，发挥效益。然因实施中在宣传、组织等方面均有不周之处，以致部分人士将配套设施与金温铁路本身之建设混为一谈，造成对先生之种种误解。为正视听，温州日报已于3月20日发表云博答记者问，声明筹措资金之动因、名义及用途。目前奖券销售点正在清理，我已告温州市政府即停止以金温铁路配套设施名义筹措资金之活动。

先生鼎力于公益事业，造福于桑梓，为筹划金温铁路工程废寝忘食，多方推动拳拳之心昭示天日，温州同乡及全省民众感激之情无以言表。此事及节外生枝，实非我等所愿，先生学识渊博，宽宏大度坦诚以待，精诚合作，金温铁路定能早日建成，功告于浙江人民。即颂

大安

浙江人民政府

柴松岳

春节赠礼　慰劳员工

南老对建路员工的辛劳，时时在挂念中，于1993年1月21日夜，特致函给金温铁路施工总指挥杨国章：

杨董事长国章先生勋席：

有关铁路工地情形，及参与开路者的热情诚意，大家忍寒耐苦，不顾家族团年，不畏天寒地冻，众志如一，使我闻知，

常有热泪盈眶之感。可惜关山阻隔，我未能亲到工地前线向所有劳心劳力者，泥地叩首，更为遗憾。为此，特电嘱王伟国代我设法聊送一分诚意表示感激之情，敬乞　见谅。

至于你所作所为的一切，我就不必再说了。对你我只有一句话相告：可见我老眼未花，还能在稠人中赏识英雄吧！你我来日方长，恕不道劳言谢了！祝

春禧　健康　功名日盛

南怀瑾

浙江省柴副省长松岳先生在春节前夕，特向南老师问候，并报告了铁路施工的情形。

南怀瑾先生钧鉴：

新春佳节将至，值此辞旧迎新之际，谨向您老致以节日的问候！

金温铁路经您老鼎力相助，于去年12月18日开工以来，国章及省金温铁路建设指挥部的各位同仁会同各市（地）县指挥部，提出了“大干一百天，大战一百公里”的口号，组织各施工单位开展劳动竞赛，建设工地一片热气腾腾，并已取得了初步成绩。他们还放弃与亲人团聚的机会，将在工地度过新春嘉节，以争取时间，保证实现两年内首先建成金华到缙云段的目标，不辜负您老和浙西南人民的厚望。这种为人民无私奉献的精神，令人动情，令人钦佩，我已另有专电，以致慰问。

南老先生关心垂询的几个问题，我已嘱温州陈文宪市长和有关部门妥善处理，请老先生放心。

日前，本省举行了省八届人民代表大会第一次会议，选出了新一届省政府成员，老先生谅已获知。承蒙人民代表的信任，我仍当选为副省长，虽然分工略有调整，但我仍将一如既往地过问和支持金温铁路的建设。这一点，也请老先生放心。

祝老先生

新春愉快，身体健康，福如东海，寿比南山。

柴松岳谨启

1993 年 1 月 21 日

南老看到柴副省长的电函后，就立即给柴副省长回了信，而且南老也要上海的王伟国先生代表南老致上春节礼金，以表他对施工同仁们的心意，南老给柴副省长的信如下：

柴副省长松岳先生勋席：

正欲明日旧历除夕致意贺岁，不意先生谦礼有加，先赐传真存问，感歉殊甚。浙江省八届人代会，公选先生及刘锡荣先生诸公贤者在职，能者在位，不但早在意料之中，且亦早日承上方见告，深为欣慰。

金温铁路之建造，有先生大力支持，成功指日可待。蒙告知杨国章先生所领导工地情形，感人实深，路远心长，无法表达感激之情，特电告上海王伟国转商刘锡荣先生，谨致微薄表示，传达寸心敬意，想必锡荣先生当会面告不赘。耑此即颂

新禧并祝政德日隆

南怀瑾

一九九三年一月二十一夜

在工地的杨国章，也于 1993 年 1 月 23 日，回了南老师的信并致以谢意。

南老师：

大年初一，收到你老慰问信和厚礼，我与我的同仁，十分感动，很受鼓舞。借此机会，我代表金温铁路的全体建设者向你老拜个年。

金温铁路是一项造福于子孙后代的大好事，对于浙江经济的发展关系很大。我想，有你老的全力支持与关怀，有我们全体建设者的艰苦拼搏，这条铁路一定会如期建成通车。顺祝新年春禧，身体健康！

杨国章

1993年1月23日

南老的心声

1993年浙江省政府省长由万学远先生上任，他特致函向南老问好，并说会尽全力为金温铁路的工程往前推动，南老特别于1993年2月11日深夜回函万省长。

万省长学远先生勋右：

二月四日遥颁传真，存问至殷，殊感荣宠。近因京中友好莅港，会商要事。加以俗务繁集，年老力衰，疲困不堪，稽答罪甚，敬请见谅。

有关先生之品德才能，早已闻之汪道涵先生等诸公言及，素所钦仰。今得来书，谦虚平实，尤加敬佩。可见我浙有福，能得先生治理，必当远胜前贤。

金温铁路有先生垂注，必可指日成功。顷已就便面告许老鸣真先生，后日返京，必将先生关心之意，及我之心声，面告江总书记、李鹏总理知之。或由鸣真先生亲到杭州，向先生禀知，以便详商，俾此路早日建成，亦先生在浙江之大功德也。

来书谦下，并及贱辰赐以祝辞，愧不敢当，我自少醉心出世法，早已忘年，至今童心未泯，故常做出超于常情外事，岂得言寿。先生高谊，唯有一声谢谢而已。

浙江民风，聪慧有余，宽厚不足，古称难治之邦。望先生有容有忍，必可胜任愉快。古人也有言：“志心于道义者，功名不足以累其心。志心于功名者，富贵不足以累其心。”以此献上先生作为报赠之礼品，幸祈垂察为祷！

南怀瑾　拜

癸酉初春正月一九九三、二、十一深夜

温州办事处的章华表主任，是浙江省最早参与建金温铁路的人员，南老于 1993 年 4 月 15 日给他的信中，提示了做人处世的道理。

温州联办转章华表主任：

昨日傍晚收到你回答的传真函，阅悉。但在财务会计运作上，尚有几个根本问题，始终不合公司作业原则。不要说其他的人，即如你章华表，尚未自己搞清楚，故所回答的理由，都是文过饰非。与大家认识以来，大约已有三四年，我始终告诉你们事情要努力去做，小心谨慎，不怕做错，错了勇于改过，所以有人归结我的话：不做没有出息，做错没有关系。须知千里良驹，也有马失前蹄的时候。武功绝顶的名将，也难免有失算的过错。何况一般人。

我对你们诸位的信任，并无改变，只是错了必须提醒，有功当奖，有过当斥。那是天经地义的事。我们在金温铁道公司的美金存款，最主要的，一切为了修建金温铁路。温州方面的银行，也应有此认识。如说按照规定，到时候不能再照美元数字存款了，合不合道理，大有问题。如果银行说决不可以，那么，你们应该立即通知总公司。我们可向上面交涉，或者立即汇进浙江铁路公司预付承包款项。不应在任何理由下擅自作主，不向上级公司报告，听候指示办事。

如果说作贸易，也要提出意见，听候指示办理。我始终主张，不在温州打什么贸易赚钱主意。我也常常告诉你们，不要认为大家表面上恭维叫功德无量，那是人骗人的话。就是天下人都叫万岁也是假的，一旦你不行了，骂你、打击你，就是当时叫万岁的人。我十几岁出来，到廿一二岁开始，一直受人恭维、打击中成长的。但我深知此中痛苦。我是温州人，更深知温州事，不要以为建了一条铁路，人人表面恭维，那是靠不住的，一旦碰到利害关头，便不是恭维的面孔了。如要为了做生意赚钱，我们在海外，每年贸易额至少在达一两千万美金，是轻而易举的事，何苦在温州与人争利。

况且随便动用美元存款，兑换人民币做生意，在当时明知是得不偿失的事，结果却擅自作主，一意孤行地去做了，就是此动作，真使我们震惊。那将来有更大更重要的事，如此做法怎么办？问题就在这里，希望谅解，也希望大家警惕，闻一知十，得一次惨痛教训，便知其余。

再说：希望财务会计制度，应照通例，每月有月报表，年有年报表，及种种合法手续办理。而在此数月试办中，并未按规定，以后切勿再如此。同时应将我历次传真函件，仔细看清楚，我从来一秉初衷，并无改变过。只是大家看了当空话，玩忽所致。温州方面，人少意见多，一切是是非非的空话，我都知道，但不说穿。希望公司快要正式上轨道了，有所改善。我们正在为铁路修建，作种种努力，希望大家也一样不负初心才好。至于明细账目方面，再说。此复　祝

好

南怀瑾

一九九三年四月十五日

新桃园三结义——杨、董、王

1993 年 2 月 1 日，许鸣真老先生来到了香港，特别代表上级领导向南老拜年，而且停留了 18 天，商谈孔门弟子们遗著的很多问题，包括海峡两岸的事，金温铁路的事，以及国内外情势的演变，许老就像一位学生在上课一样，是那么认真地在研讨。

在 1993 年 2 月 17 日，南老为金温铁路的事再打电话同董宏、

杨国章、王伟国讲了话，勉励他们要像桃园三结义，刘关张三兄弟一样，有话要打开心胸来谈，为铁路的事，一定要开诚布公。董宏是由许老介绍来参加铁路工作的，原任薄一波先生的秘书，北京方面，人脉较熟。南老是这么说的：

> 现在讲我的意见：我们金温铁路公司做铁路的事业，重担杨国章已经挑起来了。现在我们先不说感谢的话，将来历史会有结论，我们自然会有办法表扬他。
>
> 那么金温铁路一直拖到现在，过去有许多艰难困苦，有很多的误会，当然误会也是人为的。过去的沈省长以及葛省长，对我们的误会较深，杨国章不好讲，我讲老实话，现在正好他们高升了。新上任的万省长、柴副省长、刘锡荣等副省长，他们对这个事情是很支持的。董宏来了，我们上次说过，董宏实际上只跟我说了一二个钟头的话，他绝顶聪明，整个都了解了。我们铁路公司原来想的就是 2 月间、3 月间开始。
>
> 现在你们三位在一起商量，董宏我还是称呼他为副总经理，你们三位都是副总经理，董宏交际方便，他有头脑、有才能，要他出面做。我明天死、后天死，这个年龄是说不定的。杨国章总管、负责浙江地方铁路公司，实际上，这个事业的生命线是一体的。过去我任何话都没有说，没有叫他当董事长，其实他本来就是董事长嘛！地方铁路他是董事长，我们这一边，金温铁路名义上没有叫他当什么，是给他一个方便，他不晓得。
>
> 我们现在讲一句真话，今天董宏到了，他出来领班，你们三个配合决定一切。杨国章肚子里有很多主意，我知道，他都没有讲出来，他不晓得哪一个来当家作主，怎么讲？跟我，路又远不好沟通。他一肚子的委屈，一肚子的主意，没有办法讲啊！杨国章，你承认我的话吗？（答：承认。）是不是这样？（答：是的。）现在你们三个人一起，桃园三结义，刘关张三兄

弟拉开来讲，怎么样？

我老实讲，我公司投的钱五六千万（美金）不是问题的，付款的事各方面正在研究，你们不晓得我的做法，外国的贷款我都在拒绝啊！我不是借不到钱，我跟董宏讲过，他懂了一部分的意思。这个钱我们宁可用别的办法，或者是债券，或者股份，或者是向中国国内的银行去贷款。我们为什么要用外国钱呢？假使决定用外国钱，我可以立刻与外国银行签约了，别人等在那里啊！我故意在拖住啊！至于为什么不想办法立刻签约借钱，这里有许多问题，我跟你们三位现在不大好讲。

我跟许老讲过，董宏你注意，向中资银行贷款，到省里去讲，到中央去讲，大家商量，讲得通的。甚至我可以拿出1000万、2000万美金存起来，作为贷款的利息，好不好？

我不是要你们出钱，这条铁路是给国家造，为社会，为浙江。路造好了，不是背回我姓南的家里去啊！杨国章领头，铁路做到这个样子，很好。你要关照银行，怎样给我们方便。

公司怎么办就看你董宏你们三个人怎么做，关于财务方面，你们三个人不要操心，由我来操心。我跟杨国章讲了，目前财务方面不够，我们会照契约付钱的，一定都遵照契约规定办。杨国章的要求我大部分都已做到了，现在杨国章说马上要钱，我还跟杨国章像兄弟吵架似的吵了，讲你怎么那么笨，你干嘛不去借啊？借来钱，我这条命和你杨国章两条命五百万美金还值啊。

董宏，你们商量人事怎么安排，你们商量好传真告诉我。开办费用多少，我们马上汇过去，这事你们一点也不要客气，没有钱就不好做事。关于财务开发，你做得到更好，做不到也没关系，我不是在香港跟你讲了吗？

董宏，你大胆地做，铁路做不好，到上海盈亚集团公司来做，这事是一样的。

在人事方面，我跟伟国也讲了，要抽人尽管抽。铁路凭杨国章一个人就能挡住。其他呢？如矿务，温州这两天正在讲矿务，据说矿石不能用金温铁路投资，那么我们在温州还有联盈公司啊！一切去运用，同他们两个人商量。譬如说，杨国章现在以什么名义最方便，你们也研究一下。关于他心里想怎样变成股份公司、怎样筹款，这很容易。杨国章，你记得吗？我讲过，契约定得不好，“境外”两字不那么好，我们肯定契约，把“境外”两个字拿掉，贷款就是了，我本来就不赞成“境外”这两个字，毕竟将来是讲不通的。

譬如我们与浙江做生意，向安徽贷款，就是向境外贷款了，你没有讲国境外面贷款，这个文字本来就不通嘛！所以契约本来都是可以改的。还有杨国章注意，承包契约也要订活一点，不要订死了，订死了对你不利，那是官样文章，不要被官样文章妨碍我们修铁路的事情。我个人的意见，今天请你们三人在一起讲好，董宏可以放手做，全部你们三人做，这样好不好？一句话，不是开玩笑。都听见了吗？（三人答：听见了。）

筹款方案

1993 年 4 月 9 日，南老说铁路已开工了，就是境外贷款 1.2 亿美元可以借到，但拿什么来还钱呢？所以一定要立即提出方案，或成立股份公司，或发行债券，采用国际上的投资方法，使达到人民铁路人民建，人民铁路人民营，人民铁路人民用，人民铁路归人民的理想，为我国铁路开创一个新的例子。这个方案是联盈公司办事处草拟的。

一、投资项目：

1. 铁路建设：1992 年 12 月 18 日开工，1996 年 12 月 31 日全线建成，其中金华至缙云段 88 公里，温州龙湾港至温州火车站 18 公里，首先 1994 年底建成通车。

2. 房地产：征购沿线各主要车站附近 1500 亩土地，（其中温州 1000 多亩、青田 50 亩、丽水 150 亩、缙云 50 亩、金华 200 亩、武义50亩）将于1993年下半年起，至1997年下半年，分批建造商业房、住宅房、办公楼、工业房等建筑、建筑总面积约150万平方米。

3. 仓储：配合水、陆、空联运，拟在各车站、码头与当地各有关方面和海外有影响的企业合作，兴建仓库、保税仓库、砂石堆料场、液体化学品罐区，如有必要，亦参与码头建设，使铁路与港口密切配合，发挥最大功效。

4. 设立商业网点，包括沿线商场、旅馆、餐厅、旅游及娱乐场所，发挥综合经营优势。

5. 建立加工区，利用沿线资源，加工生产国内外市场需要的产品，如花岗石片等建筑材料。

二、投资预算：

1. 铁路建设：1.72亿美元（折合14亿人民币）

2. 房地产开发：10亿人民币

3. 仓储：1.2亿人民币

4. 商业网点：1.5亿人民币

5. 加工业：0.4亿人民币

合计27亿人民币（包括1亿美金的进口设备和材料）。

三、资金来源：

1. 合资双方投资款：5733万美金

2. 国外贷款：1.1467亿美金

3. 发行储蓄券：15亿人民币

合计资金为29亿人民币（略高于预算资金2亿人民币，用于补偿物价上升损失）。

四、投资受益估算：

1. 铁路：建设期4年，回收期约7年。

2. 房地产：回收期3.5～4年。

3. 仓储：回收期约4年。

4. 加工业：回收期约4年。

5. 商业：回收期约 3.5～4 年。

五、铁路建设和综合经营储蓄券：

1. 发行目的：筹集社会资金，发展经济；实现人民铁路人民建，人民铁路人民用，铁路利益属人民的宗旨。

2. 方法：先发行储蓄券，一旦铁道公司转化为股份制公司，发行股票，储蓄券持有者，可按有关规定，转换为股票。

3. 发行量：15 亿人民币，每年 5 亿人民币。

4. 储蓄期：5 年。

5. 利率：铁路通车前，年利 11%，至少高于银行一年期存款利率 2 个百分点。

6. 收益和还本付息：储蓄券收益和还本付息在 15%以上。

7. 结论：3 年发行储蓄券 15 亿人民币，存期 5 年。期间共支付利息合计 8.25 亿元人民币，但公司收益 8.5399 亿人民币，经济上切实可行。

六、问题的解决及方法：

1. 本方案发行量大，又涉及储蓄券可转换为股票，在国内，可能尚无先例，必须经浙江省政府和中央政府的批准。

2. 铁道公司成立时间较短，尚无知名度，对铁道公司前景不尽了解，要吸引企事业单位及个人，有兴趣购买储蓄券，必须开展大量的宣传工作。同时在工作上特别是综合经营方面，必须有几个大举动，投资双方必须提前投入适量铁路资金，使大家认为铁路公司是一个经济实力雄厚、前途宽广的公司，乐意投资。

3. 为鼓励企事业单位及个人踊跃购买投资券，并且确实能够得到实惠，在购买一定数额投资券时，可发行一些股票认购券，凭此可优先购买浙江省发行的其他新股股票。另外，也可考虑发给购房优惠券，凡今后若干年内，购买铁路公司建造的住房，可给与九折或九五折优惠。总之，要考虑一些方法，提高人们购买投资券的热情。第一年关键，必须做好！

4. 近几年来，由于种种原因，百姓手中的外汇迅速增加，但由于银行利率很低，人民币经常贬值，所以百姓手中的外汇，实际上尚有相当数量没有进入流通领域。本投资券方案中，发行的投资券，可否包括一定数额外汇人民币，将百姓手中的外汇利用起来，铁路建设要向国外借外汇，可否变向外借债，为向内借债，变向外支付利息为向内支付利息，利国又利民。

5. 组织发行投资券，是一项工作量大、复杂、专业性很强的工作，应尽快成立储蓄券发行组，开展工作，包括可行性方案、编写报批文件、准备宣传资料、落实发行等各有关事宜。

第六章

志心于道义者
功名不足以累其心

给同仁的第二道函
许鸣真先生的信
推己及人 创业维艰
股票及贷款的研究

南老提出修建金温铁路，到今天已有 5 年了，而且已于 1992 年 12 月 18 日动工，但南老提出如何保证建好并经营好这条铁路的办法，并没有被大家所接受，也没有去正式完成各项申请登记的手续。

主要的原因，是外资的问题，因为外资占了 80%，也就是如果政府核批了土地开发、贸易经营、矿业开采，虽然所有收益是为了金温铁路的修筑，但总怕利益外流啊！铁路要 9 年后才能回本，试问哪有钱来维持这条铁路的经营开支呢！如何支付修路借来融资的利息、本金呢！这一切只有南老在想，在着急。向外贷款的公文、协商，以及股份公司的成立，或债券的发行等，只有南老一人说了再说。

给同仁的第二道函

1993 年 4 月 16 日，南老首先任命了许老推举的董宏为金温铁道公司的副总经理，负责在国内处理金温铁道公司的事务，并发出对公司同仁的第二道函。他是这么说的：

> 现在这番讲话，主要是为了金温铁路公司全体同仁，了解根本原则上的一些思想问题。这里所谓的思想问题，不是政治性的，而是一般性的。凡是人，生来就有思想。我们做任何事，首先要把思想、目的弄清楚，认识清楚。现在董宏先生马上要到位了，金温铁路各方面的工作应该更积极、更全面地开展起来，所以现在讲这些话，希望大家——包括浙江方面负责的杨国章副董事长，包括温州铁路公司的同仁，甚至于扩大到和金温铁路有关的所有工作同仁，能了解我对修建金温铁路的

最初宗旨和作法。否则，我看大家都是盲目的。所谓盲目，还是好听的话，实际上，就是头脑不清楚，像瞎子一样，乱闯。

为什么要修金温铁路？一九八八年我从美国到了香港。后来温州方面来人，和我谈及铁路的事。这是有关金温铁路的第一次会谈。我写了封很重要的信给他们，作为答复。在这封信里，我提出了四个原则，这是早在一九八七年，我在美国就讲过的，对中国大陆投资所要注意的四点：(1) 共产主义的理想，(2) 社会主义的福利，(3) 资本主义的管理，(4) 中国文化的精神。这几句话，看来好象是口号、标语似的。实际上，简单浓缩来说，为了自己的国家、民族能走上太平盛世，在目前这个历史阶段，只有朝这个方向走。

当时我在那封信上还提过，一个国家要建铁路，有很多方法，即使是最穷的社会也可以修得成。换句话说，为什么这条铁路修不成呢？照普通的一般概念，都认为国家太穷，所以修不成。这个观念是错误的，是人为的不肯做、推托的话。不论一个国家，或者社会，乃至个人，即使再穷，只要肯用心、肯努力，不出几年，都会建设成新的面貌。所以说，不管什么事，做不好，就往“穷”上面推，是不对的。

不要把观念搞错了，认为我们国家没有钱，所以建设、经济各方面都没有弄好。真正的改革开放，经济开发，不是钱的问题。过去国家在政治的措施上，思想的领导上，以及其他很多方面，都弄了很多框框，把自己捆起来，捆得死死的。现在所谓改革开放、开发，就是把那些捆死自己的框解放开来，使自己活起来，这是主要的精神。可是现在我所看到的海内外的人，一提到改革开放，就归结到钱。这种思想是不通的，这是错误的。钱是人找的。国家制度用活了，钱自然会来。钱不是天上掉下来的。实际上，世界上的财富都是有限度的。一个社会、国家富有了，不过是把财富的力量发动起来、集中起来，并且可以合理、有效地加以支配、运用。如果财富的力量没有发动起来，不能由你有效地支配运用，就只能是贫穷。

我在第一封有关修建铁路的信上，曾经提到过，为什么要修建铁路。真的是想帮助自己的国家、社会。讲好听一点，用学佛的话来说，就是救众生、救世界，让人们离苦得乐，尽量为社会解除一些痛苦，尽量让大家得到一些满足。不过，这些话说得太大了，没什么人相信的。

我常说，修铁路，是傻瓜才做的。以国内现在的种种条件，一条铁路修成，要好几年的时间。至于收回成本，快则十来年，慢则二十年。说到赚钱，那就是三十年的事了。除了命长，谁肯等那么久。尤其像我们七八十岁的人了，投资铁路，要想赚钱的话，除非神经病，疯子，才会干。

开始谈铁路的时候，大家叫我领个头。用国内现在的话，叫“牵头”。实际上，“牵头”真是很有趣的说法。所谓牵，就是拉，牵牛才用牵。用绳子把牛鼻子拴住，拉着走，这叫牵，或许这就是时代文化。这个不管了，反正牵头就是领头的意思。我当时也就答应了。我同时作了声明，我没有钱，但是，我既然答应了，这条路一定把它做出来。为什么我这么说？钱有什么了不起！钱是靠“人”想办法去找的。大家必须要认清楚这一点。

今天我们这个铁路公司，公司里的同仁还要争取做其他生意，真正的目的，是赚了钱，回馈社会。所谓取之于社会，还要用之于社会。这个话，我平常懒得讲。但是，要和我共事，先要认清楚我的思想，这也是公司的目标。否则，你们会痛苦的。我要奉劝大家，慎重考虑，不要轻易加入。不然，会使你失望的。

我经常引用“志心于道义者，功名不足以累其心”，这里的“道义”，是个代名词，涵义很广。凡是不为己利，不为私欲，真为天下利益的，对于将来个人的有名无名，有功无功，毫不考虑。境界再低一点的，“志心于功名者，富贵不足以累其心”。一心一意，想要成功，或者建立相当的名望的，对于物质生活上的财富，也就毫不考虑。至于说，其他那些“志心于富贵者，其余不足观也已”。如果一开始的目的，就是升官、发财，那就被列为最下等的层次，没什么好说的了。实际上这些人都是普通人，当然会如此想。对于一般人来说，求名求利，没有错，不过，我们今天不是为名为利，是为了贡献。希望公司同仁，认清楚我这个思想、目标，也认清楚公司这个发展路线。不论大陆方面，或者香港、台湾的工作同仁，如果对这个思想路线没有这个体会的话，是没有办法和我共事的。现在，铁路已经动工了，铁路公司的许多工作也都比较全面地开展了，所以我不得不讲这些话。

金温铁路从温州方面来人，开始商谈，后来经由浙江省，好几年才谈成。为什么拖了这么久？有两点原因：

一、海峡两岸经过几十年的隔离，思想、习惯上有距离，所以拖了许多时间，双方才达成协议。

二、不论跟着我工作的学生，或者大陆方面官方的、民间的，对我真正的思想没有认识。经过了相当的时间与接触，现在大家对我比较了解一点点。我这是非常实在的说法，只能说：对我比较了解一点点。

照我那封第一次谈铁路的信上所说的政府，实际上是个省。像现在，温州有那么多的个体户，所积累的财富，修三条金温铁路都修得起来。更何况加上一个浙江省，这么大一个省的力量，会修不起这么一条铁路？

这条铁路从一九八八年开始谈，到去年底一九九二年十一月十八日，浙江金温铁道公司在温州开幕。接着十二月十八日，在金温铁路沿线五个要点同时动工。同一天，到各现场观礼的，据说总共有十几万人左右。打个折扣吧，也有五六万人。这是老百姓自发参与的热诚，可见一件事只要对国家社会有意义，自然有人响应，由此也可以看出人心的力量与趋向。

再说，到场的十万人假定是穷人，每人出五块钱，总也出得起，那么就有五十万。如果像讨钱一样，再找多些人，每人讨十块、三十块的，一条路怎么修不成？所以我始终说，铁路不是修不成，引用孟子的老话："非不能也，是不为也。"不肯做嘛，为什么我一牵头就行了呢？不是表功，我前面引用过，所谓"志心于道义者，功名不足以累其心"。我所以提出这些事，是希望大家能体会到，天下事只要真正为老百姓，真正为社会、国家设想的，一定做得起来。何况这条铁路，还有钱支持。希望所有参与金温铁路的同仁们，好好珍惜这个机会，好好努力去做。

过去为了铁路的事代表我到国内开会的，有时候观念并没有弄清楚，也有时候讲话表达不好，譬如他们对房地产开发权及铁路沿线采矿权的争执等，引起大家的误解，这是大错特错，简直是错得一塌糊涂的想法。

请问铁路沿线究竟有多少值得开发的房地产用地？况且大陆毕竟不是香港、台湾，不是资本主义的社会。再说，即使美国，房地产也不好搞。台湾、香港都是特殊个案。一方面地少人多，一方面市场的幅度小，加上人为的操作，因此，隔几年就暴涨一次。在国内，由于种种条件的不同，房地产方面，不会像港台那么好搞的。我常对台湾去国内投资的人说，你们拿台湾思想搬到大陆去，是行不通的。再说，即使现在开始搞房地产开发，也要三四年后才能收回、赚钱。赚来的钱，即使半条铁路的一半也修不成。

这些都不管了，既定的方案，还是要尽力去做。浙江方面来香港开会时，曾经满口答应，尽快把沿线车站建设区的土地规划做好。你们要弄清楚，这不是为了金温铁道公司的利益做的，这是为了省政府、市政府、地方政府的建设，为了建设富强康乐的社会，为地方人民谋福利的规划工作。我无法想象负责规划的人们是什么心态，直到现在，始终还没有与修建铁路配合运作，及早作出统筹的规划。如果不是别有用心，那便是不负责任、无能为力的官僚习气。

再看矿产方面，很多人都说，这条铁路沿线，资源丰富。这根本是笑话。这是书本上的话。我早在民国初年，就在书本上看到什么资源丰富这类的说法。所谓资源丰富，只不过是空洞的四个字。譬如说，铁路沿线的矿石，三月间，我们曾派人亲自去温州、青田等地，照所提供的资料实地去作了考察。铁路沿线一路跑下来，发现我们拿到的资料和事实距离太远。不要说矿产的藏量、质地有虚报不实的地方，连矿藏在哪里都没有弄清楚。那些数据报告，都是文字游戏，骗政府、骗老百姓的。

矿石方面，除了调查不确实外，技术也是问题；更严重的，还有运输问题。即使金温铁路建好了，还需要各个产业道路的配合，否则还是运不出来。所以矿产方面还有什么希望？但是我们还是尽量争取，尽量去做。做给自己吗？不是，还是给公司，还是为了这条铁路。这点一定要认清楚，要不，以为我们在做生意，那全错了。当然，铁道公司是在做生意，但不是为做生意而做生意。赚钱或做生意，都只是我们的手段，为的是要推动社会福利的事业。所以，如果没有社会福利的精神，到我们公司工作，是格格不入的，日后会产生很多矛盾和痛苦的。

再说到贸易，一九九一上半年，浙江省和温州市一些朋友到香港来，为了铁路的事，在与联盈公司商谈中，曾提出贸易权的问题，希望借着贸易的收益，补充一些铁路的经费，这点没有错。浙江方面也马上答应，全力支持，当时我就说：少吹了，我是浙江人，浙江有什么好贸易的！除了丝绸和茶叶两大项外，不知还有什么？产品品质、船期，统统是问题。要靠我们搞贸易赚钱造铁路，不要说几年，就是一百年，看来也不够造一条铁路。当然，做得好，可以给铁道公司一些补贴。

虽然有上面这一样样的难处，但是这条铁路，还是要修。

其实以浙江省的经济基础，配合政治的运作，是可以把这条铁路修成功的。只要你们真有这个心，真肯为国家、为老百姓尽心尽力，我愿意拿出两三千万美金，由你们去自由发挥。什么名，什么利，我都不要。所有的功劳归你们，所有的好处也归你们。我真正愿意做的是：为文化事业作出贡献。那比起这条铁路的价值，不知高出多少倍。这是无形的，但却是我真正的目标。

因此，这两天王伟国在香港，我让他草拟一份提案，想办法让铁路公司发行债券，或者股票，或者储蓄券之类，把铁路交给社会老百姓。

铁路公司所以要发行债券，或者股票，除了还路于民的理想与偿还贷款修路外，还有另外一个作用，为国内游资找出路。我们看国内的新闻报导，常常看到像某地区今年投资多少亿；某地区投资多少亿等等。其实这些都是数字游戏。国内官方的财政是空虚的，但是，一般老百姓，尤其是个体户们，却富了起来。这些民间的游资多了，如果不引导到正当的投资途径上，就可能影响到政治及经济方面的稳定。希望省级和中央政府方面，能注意这个问题，想办法把民间游资引到国家建设方面来。

今天你们看，铁道公司成立到现在，四个月了，除了修路，什么成果都没做出来。与其坐而怨天尤人，不如改弦更张。现在我可以告诉诸位七个字的结论“合则留，不合则去”。你觉得合适，做下去；不合适，请自便。很简单，为了个人的前途，应有安排。你出去，做出事业来，只要对社会有益，我也替你高兴。我希望参加铁道公司的同仁，对此有所认识，丑话讲在前面，不要见怪。

从一九九一年到目前为止，曾经亲自与我接触商谈金温铁路，在浙江方面，最诚恳、负责的人，只有柴松岳、刘锡荣副省长和杨国章先生三位；但可惜他们都不是独当一面，可以绝对当家作主，说了就算的权位中人。杨国章个性坦率爽朗，虽然形似粗犷，其实胆大心细，我自始至终，最信赖他。到目前为止，他果然没有辜负我的期望，在铁路工程的修建上，不避艰苦，勇猛精进，非常值得佩服。他是浙江地方铁路公司的负责人，也是我金温铁道公司董事兼副董事长。董宏到位后，是我希望他能尽心尽力地辅助董宏。更迅速地完成金温铁路所有有关的工作。

还有，到目前为止，我因在海外，有些经营的事羁绊，未能回国亲自参加工作。但我曾正式委托许鸣真先生代我在国内，为金温铁道公司的全权代表。希望大家了解，许老是老成持重，品德高超的长者，不是一般风头人物。他是我所尊敬的良友。以他几十年的为人处事，以及从事工作的经验上，都值得人们学习。我一生对人处事，看来马虎，其实自有严肃的一面。我并不轻许一人，所以特别提出声明，希望大家不可轻忽。

同时希望大家不要像台湾方面那样，猜测我承诺修建铁路的资金是由台湾方面出钱。事实上我毅然走出台湾的圈子，当然有我自己的观点，更不会依赖任何力量自重。台湾方面，在我答应浙江修建金温铁路时，也曾恳切表态，肯全力支持。但我也只当耳边风，哂然一笑而已。须知世上的人，在某种利害关键之中，最不能相信，不能为准。古人有谓：“一行作吏便俗。”换言之，一个读书人、知识分子，一旦做了官，进入政治舞台，纵使平时有很高的情操，也很容易变成极俗气的人员。

如果进入政治圈子，染世日深，但依然保持读书时代的质朴，那便是一个大英雄、大人物。这也就是古人说的“唯大英雄能本色，是真名士自风流”。

这次的话，是我诚恳的呼号，希望真能理解，实为至幸。祝

安康

南怀瑾

一九九三年四月十六日

许鸣真先生的信

上面提到过，因为金温铁路的修建，南老这边占了80%的股份，所以国内就比较怕国家资产流失到外国人手里，外资，就认为是外国人的势力。过去百年来的列强由铁路的修筑到经济、军事之侵略，使大家忘不掉这个阴影。所以铁路一开工，南老早已电汇1000万美金到国内，而且浙江省也立即拨入了款项，但是外边已谣言满天飞，特别在浙江省，说什么资金不到位呀，说什么7次都没建成，他们算什么呢，你们等着看，过不了几天就又同以往一样要停工了，反正没有一句好话。南老也听到了，但他并不介意，因为声誉与毁谤是同时来的。

但是在国内的许鸣真老先生，身负中央与南老联系的任务，又为南老在国内的代表，所以他在1993年5月8日，经过深思，并与董宏、杨国章等商量后，给南老师提出了建言：

南老师大鉴：

我于昨日到杭，昨晚及今天上午同杨国章、董宏就金温铁路目前诸项重大问题进行了讨论。现将有关情况及我们的看法通报如后。

金温铁路开工后，举国为之震动。舆论称：金温铁路乃浙西南人民百年夙愿，在南先生鼎力推动下，梦想成真，不啻为东南半壁一件壮举。数月来，海内外舆论继续关注金温铁路进展情况，在褒扬声中亦有不少不利金温铁路建设之议论，主要是：金温铁路资金不落实，甚至有人预言金温铁路建设可能半途夭折。此种议论在浙江省范围内有之，在北京国家机关有关部门甚至铁道部亦有之。传言不胫而走，在社会各界产生了负影响。我们一致认为此种说法纯为无稽之谈，并在各种场合予以反驳，但以上情况亦不能不引起我们的重视。有感于此，不揣冒昧向您略陈一二，可一笑置之。

我们认为，为确保铁路建设顺利进行，有几件事应当明确。

一、今年3月17日杨国章、王伟国、董宏与浙江省柴副省长商定的几条原则应予坚持。

二、立办境外借款，具体运作可由联盈公司或合营公司分头进行。此举宜早不宜迟，力争主动。鉴于国内目前经济形势，发行铁路债券现在只能作为筹措资金的补助手段，积极努力。

今天上午，省政府召开常务会议，在讨论到金温铁路有关事项时，诸位省长，再次肯定南老师多年来为兴办金温铁路，倾注了巨大心血，作出了巨大贡献，对南老师的博大胸怀和高尚境界，均表钦佩。会议确定：

一、同意把金温铁路中外合资比例调整为外方占51%，中方占49%。

二、铁路综合开发经营1500亩土地，按合同执行，尽快划拨。

三、3月17日中外双方在杭州确定的今年铁路建设资金注入比例，中方2000万美元已经落实，在年内分批到位。

另外，关于您在电话中讲的向美国银行借款一事，我们拟按您的意见与省里商洽。待伟国到后，我们共同对诸项问题进行研究并尽快与省府领导接触。

有何情况，再向您报告。匆此顺颂

大安

许鸣真

1993年5月7日

推己及人　创业维艰

1993年5月9日，许鸣真先生到杭州，与浙江省地方铁路公司经理兼金温铁道有限公司副董事长杨国章，金温铁道有限公司常务副董事长董宏，共同就金温铁路建设有关问题，进行了讨论，并将形成的初步意见，向南怀瑾老师作了书面通报。

同时南老也打了电话及传真给刘副省长，他均同意，并特回传真如下：

> 5月9日凌晨0点10分南怀瑾先生从香港打来电话及传真已收到，对所提诸项意见表示完全同意。

1993年5月9日中午，许鸣真等会见了浙江省刘副省长，向他通报了几天来的工作情况及讨论结果，同时提出，希望省政府对合营公司1500亩综合开发用地尽快划拨，中外双方通力合作，保证铁路建设顺利进行。刘副省长表示将尽快把上述情况向省委、省政府主要领导汇报。

其讨论之工作详情记录如下：

1993年5月9日下午，许鸣真、董宏、杨国章、王伟国就金温铁道公司近期工作安排进行了讨论，拟定如下工作要点。

一、建立健全组织机构，理顺内外部关系，拟定公司各项规章制度，按合同规定完成各项法定手续。

1. 根据新的投资比例，确定公司董事会人数及董事会中外比例49%及51%，由出资双方分别提出董事人选。在做好各项准备工作后，争取于6月份召开董事会议。从现在起着手准备董事会会议文件。

2. 在现有基础上，根据业务需要抓紧完成内部机构设置，建立起有效的决策、指挥和经营机制，使公司运转早日走上正常轨道。

3. 草拟公司各项规章制度，确定各部门职责范围，报董事会批准后实施。

二、成立资金筹措及向股份制转换工作小组，该小组的任务：

1. 多渠道接触国外有投资金温铁路意向的银行，经过评估、比较，提出建议，报南老师定夺，争取尽快完成境外借款事宜。

2. 会同省及国务院有关主管机关，就发行铁路建设债券及公司向股份制转换提出可行性报告，做好前期准备工作，待时机成熟时，着手实施。

三、制订公司年度工作计划。

四、筹备建立金温铁道公司杭州公司，为公司总部从温州转移到杭州创造条件，打好基础。

五、本着宁缺勿滥、严格把关的原则，多方位、多渠道聘选业务人才，建立一支有较高境界，务实精干的业务骨干队伍。

六、按南老师审定的首批进口物资清单，组织专门力量办好进口许可证，打好第一个大战役，扭转公司局面。

七、把公司驻杭办事处办好，迅速开展业务。

1993 年 6 月 2 日下午 4 点，在香港的联盈公司的会议室，南老又开了一个会，参加人员有：南怀瑾（主持）、李素美、饶清政、王伟国、杨国章、董宏。

议题及决议：

一、催省里赶快办好杨国章、董宏大陆、香港多次往返。

二、贷款需要的资料，必须集中全力尽快办好（7 天内），杨国章可以向银行借人、挖人。

三、资金方面，最重要的是发行股票，股票非拿下不可，为此要花 100 万，很值得，500 万也可以。

四、财务会计很重要，章华表不宜调用，杨国章、董宏相互配合，可以考虑另找别人（预支的 10 万元人民币，用于开办，账未结，抓紧结算）。

五、董宏赶快把公司组织好，要放开胆子把工作抓起来。

六、浙江 6 月底 7 月初可将 1000 万美金汇入金温铁道公司账户，联盈公司因资金调度问题，可能要晚 10 天。

七、铁道公司进口器材，在香港办事处未设立之前，可以通过联盈、盈亚进行。尽快提供详细资料，对外询价。

南老尽了一切的力量来推动铁道开发公司的事情，可惜的是大家只看到前面两个字“铁道”，而后面用以支持铁道修建的“开发”两个重要的字，反而看不见了，或认为不关我的事了。

股票及贷款的研究

1993年6月中旬，我同内人到香港拜见南老师时，南老师要我回美国后，特别去调查一下，金温铁路股票在美国上市的可行性。

三个星期后，我送上了金温铁路在美国上市的可行性报告，初步设想是把铁路、土地开发，矿业开发，贸易等项目的所需的费用加在一起，如此整个资本额就大了，再拿出一小块来在美国上市。经过请美国丹佛市及西雅图两家投资公司的律师与会计师分析评估，应可在美国上市，并认为可吸收约7000万美元的资金。

南老师看过报告后，又要我为公司同仁解说及回答有关问题，并将可行性报告，给了各位领导同仁，及许鸣真老先生。并要我特别再向许老报告，请他能建言中央，这是一个方法，不仅是金温铁路，其他国家的公司均可用此法来募集资金。

但是大家的回应并没有南老师同样的热心，所以也就放在那儿了。

南老师为打开这个困境，决定成立贷款小组，向境外贷款展开了工作。

在香港的联盈兴业公司，在南老师指示下，由李素美小姐负责联系国外的银行代表，在公司的会议室展开会商，在1993年5月、6月、7月三个月中间，先后由法国银行，瑞士银行，美国数家银行来协商，双方提出自己的主张与计划，就贷款1.2亿美元的利息与还款时间展开协调，在这中间，南老师美国学生包卓立出了很大的力量，所有中文资料，都由他翻译成英文，而且他自己也提出了很多方案，经过多方比较，大家认为美国摩根士丹利银行条件最优惠。他们在香港与美国的负责人及高级人员，道哈主任（Naser Doha），司柏尔曼总裁（Michael Spellman），沙马副总经理（Alok

Sama）等七位人员，与联盈公司相互会谈，达成了下列的协议，决定要作金温铁路的工程现场调查，及财务方面及法律方面的现场调查，再编制初步报告，自然要确认中国银行的担保。并作成项目所需文件与数据实情如下：

一、一般资料

·股东组织结构图

·最新工程可行性研究报告

·建筑公司的企业情况

·铁路营运公司的企业情况

二、财务资料

·建筑公司的财务报表

·详细的建筑与铁路营运成本预算

·铁道客货运输量与营运收入之测算

·工程进度与资金投入时间表

·浙江与金温地区的社会经济统计资料，工农业生产总值，人口分布，人均收入等

三、法律文件

·国家计委对该项目的批件

·关于铁路基础设施的建筑批文

·关于其他铁路线使用权的协议文件

·金温铁道的合资协议文件

四、中国银行方面的详细资料

·中银的最新财务报表

·中银有关外汇风险的管理措施

·中银的最新业务动态

·中银信用担保条款

这项工作，除立即要求浙江铁道公司及金温铁道开发公司提供外，并积极与摩根士丹利银行协调，请多给点时间。三个月下来，仍未收到报表，尤其施工单位之财务报表，虽香港联盈公司

的会计师等去查询，但均未取得所需资料。这使南老着急，因为利息可能会在1993年底降下来，如不能如期准备好融资所需资料，那就失去最大的机会了。

所以他决定请一位专家，对铁路工程、公司经营、融资手续、合同签约、做人处事均有一点经验的人，来专门负责去实地考察、收集、指导并于短时间内完成此项前述要一年始能完成的工作报告。

第七章 宏观方法 釜底抽薪

为中国建设开创先例
对金温铁路的构想
工程进行
杭州第一次会议
第二次会议（银行财务问题）
第三次会议（工程资料收集）
金温铁路融资所需资料
第四次联合会议
侯博士深入施工所
还路于民开始了
金温铁路造价降低的原因
温州新火车站土地开发利润分析
变更为股份有限公司增资之利益分析
摩根士丹利投资银行同意贷款
南老交出了大部分股权
金温铁道公司改为股份有限公司的意义

为中国建设开创先例

南怀瑾先生以敢为天下先的气魄，毅然决定由个人出资与政府共同兴建浙江省的金温铁路。为的是什么？其实只不过是为中国的建设开创一个先例，即政府可以与海外人士，利用外来资金兴建国家的公共建设。他只是做一个抛砖引玉的工作而已。现在这一目的已经达到了。目前全国有无数的电厂、公路、铁路机场、捷运系统、地铁已与外国资金合作，大大加速了国家的建设，迅速地提高了人民的生活水平。他个人得到了什么呢？什么也没有，他只是为中华民族的发展，提供了一点他个人的力量而已。

金温铁路这么大的一个工程开始了，南老希望能有一位对铁路工程、财务、管理、向外贷款有经验的人来代表他作沿线的视察和慰问，并提出各项施工、管理、财务、经营业务报告书以利向外贷款。所以在 1993 年 6 月，当我过港拜见南老时，他就提出来，希望我能放下手边的自动化工作，来香港协助一下，因为这个工作的价值远超过自动化，并希望我能在 7 月 1 日报到。我向老师说，给我一个月的时间，让我完成未完成的工作，8 月 1 日来港。同时表示，不要什么职务名称，只做顾问就可以。老师说，那你就做总顾问好了。就这样，我担任了金温铁路的总顾问。

对金温铁路的构想

南老师对事情有独特的看法及先见之明。他第一句话是问我：现在美国铁路上货柜车已是上下两层了，我们的设计，隧道那么低怎么能通过呢？我报告说：是，我们的铁路将来只能用一层，如要改花费过大，施工要延期，更大的困难是费用又得增加。第二句话是说：山洞那么长，施工的安全要注意一下，并希望我能亲自到每一个山洞去观察，并致慰问。第三句话是：工程如此困难，工程质量一定要符合国家标准，不能因为地方政府及人民自己包工而忽略了品质，应请一个独立单位来作督导和检测工作。第四句话是：人民铁路人民建，铁路利益人民享，他个人愿意交出所有股权，只作配合性外资，也就是由原来的主导性大股东变为一般性小股东，一切可由浙江省政府作主。

按照金温铁路合资经营的合同规定，铁路各重要车站共保留1500亩，供合资公司进行房地产开发，其中温州是1000亩，金华地区280亩，丽水地区220亩。保留土地的征收价格与铁路用地的征收价格相同，每亩1500美元。随着铁路的逐步建造，各车站保留用地的地价亦将随之升值，温州市南端的地段，每亩已增值十倍以上。再加上合资公司对铁路沿线的海港、矿业资源均有优先投资的规定，如莹石、明矾石、沸石、花岗石等，其中明矾石居全国第一，沸石为全国三大沸矿之一。所以金温铁路并不是只靠铁道的运输来回收成本，而是利用各车站的保留地兴建商场、办公大楼、住宅区，作各种经营，兼及利用运输的便利，开发矿区，直接经营来回收投资的。公司前途光明，再加上人民出力、地方政府全力配合，如能在1997年前，将公司股份分散给沿线居民，并推向市场，那么铁路的利益就由沿线的人民来享用了。这是南老师的理念、远见，他不要等到股票上市后，自己获得利益，而是提早将股份还给政府，由政府和人民来共享。

工程进行

金温铁路由浙赣铁路在浙江金华接轨引入，并设金华站；跨东阳江，月岩岭进入武义县境，并设武义站；出站后，沿金温公路左侧进入丽水地区，线路越钱塘江与瓯江水系的分水岭进入缙云县，并设缙云站；出站后跨好溪，沿好溪左岸而下，在丽水城东设站，出站后又跨大溪河，沿大溪河右岸经石门洞、船寮，在青田县城对岸设站。本段河面稍宽阔，但河流弯曲，两岸陡峭，基岩大部裸露，桥梁、隧道、路基挡土墙工程均集中于此，是全线公程最艰巨的一段。线路进入温州地区，跨藤桥江，穿大毛山，在屿头设站；再折向东南，出温州西站跨瞿河，在温州市内设站；自温州东延，至海岸边龙湾站后为终点。

金温铁路主要工程是从 1992 年 12 月 18 日开始的。首期准备工作施工总指挥部于 1993 年 4 月底完成，各县市之施工指挥部于 1993 年 6 月分别设立。工程土地的征收及拆迁工作，进行顺利，铁路沿线居民全力配合，已照计划完成。隧道工程、桥梁工程均以最长先开始，如此进度可以控制。隧道每个洞口的每天进度（以两班计）可达 3～3.5 米，符合国际标准。在此值得一提的是，因为隧道一边是河流，而且两岸陡峭，修建的临时便桥无法搬运大型机器，所以隧道的开挖全为人工，因此要达到最新机械的进度，实为不易。桥梁及涵洞在每年 6、7、8 月进度略慢，因为是雨季，但其他工程均能按进度进行，预计 1994 年底，可完成金华至缙云站的工程，约长 100 公里。另外，温州市至海港龙湾站亦可在 1995 年底完成，预计全线可在 1997 年初如期完成通车。

杭州第一次会议

1993 年 7 月 30 日，我提早了两天到香港报到，第二日就陪同李素美总经理等启程去杭州，参与各项协调会议。到杭州的次日，就开了第一次会议，记录如下：

时间：1993 年 7 月 31 日下午 4 时 45 分

地点：杭州西湖宾馆

主席：李素美　　　记录：侯承业

出席与列席人员（签名）：李素美　李伟杰　郭姮妟　王伟国　包卓立　侯承业　董宏　杨国章

报告事项及结论

一、联盈李素美总经理：

（一）此行主要目的为投资银行贷款所作计划书之资料收集，及要准备之工作作一协调，并希望大家全力配合。

（二）贷款数 1.2～1.4 亿美元，手续费 1％贷款数，律师等 70 万美元，其他 75 万美元，约为 150 万美元，约为贷款数之 3％。

（三）对方（贷给我们的各方）会派律师来查核我们的报告，我们的律师也会派人及委托我国之律师来查核，故不能有一点错误或不实之资讯，以免影响整个贷款计划。

二、李先生再报告一下此行之目的。

三、杨总指挥报告全力配合。

四、研商一下如何配合共同准备各项资料：

（一）中国银行保证书。

（二）铁路工程及资金使用及工程进度之资讯。

五、说明资料来源、书写要正确，并做未来分工之配合。

第二次会议（银行财务问题）

日期：1993 年 8 月 1 日上午 9 时～下午 6 时

地点：刘庄

主席：李素美　　　　记录：杨明

出席与列席人员（签名）：侯承业、钱沈平、李素美、王伟国、包卓立、林中清、杨国章、李伟杰、季正环

一、李小姐报告汇入钱之事。

二、银行代表对贷款之表示。

三、李先生作各项财务工作之解说（外国方面的例子）。

四、中国银行保证之问题研讨。

五、双方如何配合之问题讨论。

六、全盘了解财务作业及保证之施行方法。

七、浙江省府保证如经费超过时，由其负责完成铁路工作。

八、中国银行作保证，主要为：政府下令全力配合；浙江省政府反担保。

九、但是在签字保证前，要确定合约内容及利息数目及还款年数。

十、详见录音。

附：报告与结论：银行（中国银行）保证事项：

1. 原则为有了合约就可保证，但可以书面来往证明有意保证。

2. 利息 7%及 15 年及其他原定合约可以修正。

第三次会议（工程资料收集）

日期：1993 年 8 月 1 日下午

主持人：侯承业

一、先报告其收集重点及原因（见下面数页，融资申请所需资料）。

二、分工配合由哪一位负责（见下表）。

三、分工前先作研讨再分配工作。

四、主要决定为由分工同仁在 8 月 15 日左右完成一切资料。侯承业于 8 月 15 日再作检查，要补哪些资料再作说明，并对全线作一实地考察及对各项设计、施工进度、财务使用与施工配合作检测。

五、资料如不全，报告就准备不好，如此借钱就不一定能如愿，所以各位同仁应真正按开会决议去做。

金温铁路融资所需资料

一、有关公司资料（金温合资公司）。

（一）公司名称、地址、注册所在行政区划与注册时间。

（二）公司董事及成员与主要行政人员简历与联络地址。

（三）主要股东资料与持股比例。

（四）公司概况与目前主要业务活动。

（五）公司成立背景与简历。

（六）公司目前资本额（或资产状况表）。

（七）所需融资的数额与还款期。

（八）所筹资金的用途（分项列举）。

（九）公司的组织结构与员工数目。

（十）与中央政府以及地方政府的关系。

（十一）建筑承包公司的名称、地址。

（十二）建筑承包公司的简历、业务概况与过去的经验（包括其他铁路建设，其长度及建筑费用）。

（十三）建筑承包公司的注册资本与雇员数目。

二、有关法律文件。

（一）国家计委关于该项目的批件。

（二）省政府关于该项目的批件。

（三）地方政府关于土地、劳力使用权的批件。

（四）与其他铁道线的联营协议。

（五）建筑材料与设备供应商的供销合同。

（六）关于雇用其他国营铁道公司技术员工的批件。

（七）环境保护组织或机构的批准文件。

（八）省政府与地方政府对沿线地产业务、开矿业务、旅游业务和贸易业务开发与有关盖章的批准文件，并且解释其文件的权利与独特性。

（九）有关政府部门，对地方铁路收费标准的批准文件，和解释批定收费标准的过程。

（十）浙江铁路与营业的合资协议书。

（十一）进口外国设备许可证。

（十二）外汇兑换许可证（用于偿付债务的）。

（十三）保险合同。

三、有关项目的资料。

（一）项目地点与对项目的具体描述（包括各种估计的理由）。

1. 长度、容量。

2. 桥梁、隧道及火车站的数目。

3. 工程进度。

4. 沿线地理特点。

（二）铁路施工设计人员的背景介绍。

（三）主要技术标准。

四、分项支出费用的列举（包括全国平均成本基准数字，以及每项成本预测的依据）。

（一）土地征收费用。

（二）路基准备费用。

（三）桥梁与涵洞的建造费用。

（四）隧道的建筑费用。

（五）铁轨铺设费用。

（六）车站建筑费用。

（七）设备购置费用。

（八）能源费用。

1. 电费。

2. 燃油费。

（九）营运费用（日常支出、维修费）。

（十）折旧费用。

（十一）机车购置费用。

五、资金使用进度表。

六、收入预测。

（一）客运量。

1. 客运密度。

2. 客运周转量。

3. 年增长率。

4. 测算精确程度与依据。

5. 最大客运容量。

（二）货运量（同上）。

（三）行李运载量。

（四）邮件货运量。

（五）运费表：

1. 客运票价（地方与全国平均）。

2. 货运价（同上）。

3. 行李运费（同上）。

4. 邮政运价（同上）。

（六）土地增值带来的收入：

1. 原始购买价格。

2. 目前市场价格。

3. 预计市场价格。

4. 土地总面积（亩）。

（七）其他收入。

七、社会经济统计资料与来源（包括全国、浙江省铁路及沿线主要县市）。

（一）目前政治局势。

（二）总人口。

（三）国民生产总值。

（四）国民平均收入。

（五）人口、生产总值及人均收入的年增长率。

（六）通货膨胀率。

（七）外汇兑换率（官价与调剂价）。

（八）法律系统。外国投资总额。

（九）铁路覆盖率。

八、温州的商业环境。

（一）主要工业产品。

（二）工农业生产总值。

（三）居民储蓄总额与储蓄率。

（四）私营企业的总产值，占当地工业总产值的百分比。

（五）温州在全国个体经济中的地位和作用。

（六）当地的商业历史与特点。

金温铁路融资申请报告所需资料行动计划

所需文件资料	负责人	资料来源	预计完成日期
1. 有关公司资料（金温合资公司）	董　宏 杨国章	附各项文件支持	8月15～20日 8月15～20日
2. 有关法律文件	杨国章	有批示附上，没有的再去申请	8月15～20日
3. 有关项目的资料	杨国章	已有	8月15～20日
4. 分项支出列举的费用（包括全国平均成本基准数字及每项成本预计的依据）	杨国章	已有，但侯博士要作实地检测及李伟杰先生要作检查	8月15～20日
5. 收入预测	李伟杰	目前已有之资料	8月15日左右
6. 资金使用（包括收入及支出）进度表	杨国章 李伟杰	已有重新预测	8月15～20日左右
7. 社会经济统计资料来源（包括全国，浙江省铁路及沿线主要县市）	董　宏 杨国章	已有浙江省政府资料	8月15日
8. 温州及其他沿线重要县市的商业环境	杨国章	已有浙江省政府资料	8月15～20日

我进入社会工作已30年，又在德国受教育，所以做事太方正，要求亦极严格。用了半天的时间协调各位当事人，并完成分配工作（见上表），大家分工合作。

我这个突如其来的人物，又这么加速地在工作，要求我自己如此，而且也要求别人。虽然说会谈中，大家都同意立即去做，不过心中未必服气。加之，大家都有份内的工作，一看摩根士丹利银行要求的资料、数据如此之多，头已经大了，不想我还分配了每个人的工作，又定了时间表。我看到当时杨国章心里并不服气，曾在指定工作及征求他意见时，他说："设计资料有一房子那么高，我怎么拿给您?”我就立即回答说:“您如果把全部纵横断面图,及土方计算表,及测量记录拿来是有那么多,但那是草稿,是铁四院在设计时用的,我用不着,我要的是每段的施工表、合约书、财务报表,您拿得来的,有一个箱子就够了。可不要以为我不懂,我做过的路超过一千多公里呢!请按时交卷吧。”当时大家就完全同意了。

我们一行回香港后,又与摩根士丹利银行会商,看还需要什么资料,同时把他们银行及律师的资料也收集了一下。当时他们表示,他们会派 15 个人的财团代表,及国内 15 人的律师团,同我在 8 月 15 日左右,一起去工地察看。我认为这么大的考察团,在工地会不便招待,他们说一定要去。我只好回答说:“如果一定要去,自然欢迎,但先申明三点:一是乡下工地,住宿、食物均是当地的水准,请勿见怪;二是工地施工,危险万分,各人要自负安全保险;三是这么大的团体,本公司——香港联盈公司,及浙江金温铁道公司,均不负担任何费用,包括顾问费、旅费。但食宿招待。”

我这么一说,他们就改口说,那还是等我带回资料后,他们再决定是否要派人去工地。就这么决定了。

第四次联合会议

时间:1993 年 8 月 2 日上午 9 点 40 分

地点:杭州西湖宾馆会议室

主席:李素美　　　记录:侯承业

出席与列席人员(签名):侯承业、杨国章、包卓立、王伟国、郭姮妟、鲍津、李素美、李伟杰、瞿晓岚、董宏

一、李素美小姐作此次内部工作检讨说明,有哪些困难及如何克服,均提出报告。

二、李伟杰先生说明金温铁路公司,及浙江省地方铁路公司,

对整个工程的进度等问题一一作报告，先请董宏报告。

三、董宏先生作报告：

主要说明缺资金、缺人，刚上任40天，所以一切待整理，资金60万元维持至今，希望能有200万美元作资本向前经营。公司无制度，双方不信任，公司人力不足，故多项功能无法发挥，急需征地之款230万美金，最为急需。当前之人员在温州24人左右，杭州为5人，做一点小贸易，正式贸易批示尚未下来，正在办理，目前仍要杨国章先生协助推动一切。温州新办公室8月8日迁入。

四、杨国章先生报告：

1. 征地已完成110公里。

2. 3.5公里、2.2公里之长山洞（隧道）已开工，所以主要延期之可能（拉长工期）已减少，应可按时完工。

3. 设计由北京铁道部设计，因赶另一条铁路之设计，曾延误一个月工作，而影响了此项之工程。现已协调好，正在赶工中（设计中）。

4. 8座桥已开工。

5. 今年预定100公里土石方，加60公里土石方。

6. 明年6月，100公里装设轨道。

7. 4个县、市车站设计完成。

8. 宿舍10月开工。

9. 征地超前，故整个进度超前。

五、李素美小姐说：知道工程进度超前，及董先生、杨先生的全力配合，在此谢谢二位！现在要做的是：

1. 如果在国内无法借到钱，就只有向国外借款。

2. 根据五家贷款投资银行之分析，“摩根”为最好之条件，故应争取。所以要整理好计划书，各位也同意全力配合，但一定要按时完成，以争取低利息之通过及更快日期。

3. 为了贷款之事，一定要董事会通过，授权去做，所以要在董事会开会前准备。也希望浙江省更改比例后，早日推出董事，并期望在8月底能召开董事会，并烦请李先生全力协助做准备工作。

4. 公司为了要贷款，故要作各项准备工作，等借钱借到后，要准备未来之还钱及实际之施工。如何确保工程之完成及品质之保证，铁道公司应作全力之准备，以作检查及未来还款之准备，及营运之准备，所以应该善用此项贷款。

5. 办公室可以立即去找（杭州），温州之办公室人员亦应加强，香港人手亦应加强，未来在董事会时，会作报告、建议及决定。

6. 谢谢大家的费心、费力，南老师也一再对各位的奋斗、努力，表示敬佩，但更希望大家为一个目标，完成金温铁路，同心同力去努力。谢谢大家。

侯博士深入施工所

1993年8月15日，我就由香港起程，去丽水收集资料，以完成向国外贷款的报告书。起程前，我准备了水壶与背包。南老师说："要不要找个人陪你去。"我说："不必了，我一个人就够了，因为人多了，我还要分心照应他们呢！况且在工地，一切都是很简单的，而且很辛苦，我是过来人，可以应付的。"我临走时，南老师又交代说："你知道'将在外，君命有所不受'，你看着办就可以了。"我回答说："谢谢老师的信任。我就只有四个问题向老师请示，其他的我会负责的，老师可以放心。第一是铁路要不要建?"老师说："自然要建。""第二钱要不要借?"老师说："自然要借。""第三点还有多少现金可以投入?"老师说："现金还有5000万美金，不过不能都用到铁路上，总要留一点给文化事业上才对。”我说：“我知道了。第四点要不要成立股份有限公司?”老师说：“那自然要，我已经提过好久了，但是省政府一直没有回音。”我说：“我知道了，只是如果成立了股份公司，我们的股份就要分给大家了，也就是由大股东变成小股东了，董事长与总经理的位子都要交出去了，老师认为可以如此做吗?”老师说：“我早就这么说过，自然如此。”我就向老师辞行说：“大原则我都知道了，我会尽力地去办的，老师请不要挂心”。

如此我就踏上了行程，先到杭州，到杭州后由当地办公室主任小鲍来接。小鲍说：“铁道公司已派人来接您了，只是今晚才能到。”我听了笑着说：“是我接他呢？还是他来接我呢?”当晚，这位同仁到达时，我就对他说：“做事一定要有先后，如果是您来接我，就应该比我先到杭州，不能本末倒置。”我问他：“您来接我做什么？明天去丽水的车子在哪里呢?”他说：“我们坐火车到金华，再改乘汽车去丽水。”我又问：“那么火车票买了吗?”他说：“还没有。”当时已是夜深了，我也只好作罢。

我想：铁路尚未开工，南老师就电汇了 1000 万美元。就我所知，铁道公司马上买了几十部汽车，如今要我去整理一切的资料来向国外筹借 1.2 亿美元，居然派不出一部车来，原来他们是有计划地要给我这位总顾问一点考验的。

第二天一早，因小鲍曾在杭州担任过警卫营的营长，有点关系，所以我们两个人算是上了火车，坐上了霸王车。原来铁路局在每次客车中，都保留几个空位，以应不时之需，今日给我们的位子，就是这种座位。可惜的是，因为别的单位也有关系，这个座位已分给别人了。等我们找到位子时，人家比我们早上车，我只好说我们补票吧！这样，人家也就只好让我们一同挤一下这个相同的座位了。

4个人的位子就变成了6个人坐了，别人心中不是很高兴，看着我又背着背包、水壶，像个工程人员，听说是去金华的，就脱口说道：你们去金华吗？那里在盖一条金温铁路，我知道他们那些人用的都是老弱残兵，乱七八糟，哪里像是在盖铁路。一路上我就听他们在批评，我心想，正好坐火车，也意外听到了一下外面人的看法，自己倒要好好地求证一下了。如果此人所说属实，那这个贷款计划也就不用写了，因为如此施工，哪有银行会贷款给我们呢？

到了金华，小鲍已通知金华办事处，他们派人车来接，一定要送我到旅馆，并要请吃饭。当时已是下午两点多了，我们还没有吃中饭，我为了了解一下车上那位先生的说辞，让他们在路旁停一下，在一家小馆前，吃了一碗清水面，然后要他们开车去施工所。他们说："怕您老人家累坏了怎么办？"我谢了他们的好意说："您们同我这个老人家一样工作就好了。"我急着要求证今天在火车上听来的话，就请大家坐在办公室里。看一下，办公室旁放着经纬仪、水准仪，知道他们有测量队，就请他们把工作记录拿出来。但因刚成立，什么也没有，我说：我知道各位是由不同的单位借调来的，还没有作适当的配合，但是施工单位一定要有工作记录、土方表、施工进度表、经费支出表，而且要做一个大表，每天把进度填上去，另外也把计划的进度画上去，如此才知道工作是超前或落后。同时每个工地都要与施工者签定合约，如果没有就要补上，现在刚开工，一切再从头补起，大家用点心，就算我们都是老弱残兵，我们也是可以做一点事情出来的。

我笑着对他们说：南老师七十几岁了，晚上不睡觉，提笔写作、读书，我57岁了，还背着背包来工地同各位一起工作。请求大家一定要照规则、计划来工作。当时施工所主任也一再地补充说：因为施工所刚成立，制度没有做好，明天起一定一样一样补上来。跟着我要他们开车到两个工地去察看一下，一个是桥梁的工地，一个是车站，因为雨季的关系，都没有动工。我心中想，土方的进度一定落后很多了，这可要好好同杨总指挥研究一下才行。本来他们是要考验一下我这个总顾问是一个什么样的材料，看你有多大的能耐，不想由于他们不太合适的安排，反而给我一个全新的机会，由外面先了解一切，也给我制造一个学习的机会。天下事就是如此，有失就有得。在大陆的那段日子，每晚都要安静地坐在那里，问自己戴的是谁的帽子？如果是侯承业自己个人的，就用不着这么辛苦，那就马上可以打道回府，如果是戴的南老师的帽子，那就得高高兴兴地做下去，什么样的礼遇都要接受。

第二天一早，他们告诉我，丽水已派专车来接我去总部。我说：不必，我暂时不去丽水，我要一个一个施工所，一个一个工地，一步一步去察看。接着我就到金华、武义等指挥部，及其他所属工地察看，知道土方及桥梁部分，都比预定的计划要落后不少。但值得一提的是，所有的土地征收工作均提早完成，所以其他的工作只要天气适合，是可以一下子补上来。同时也知道，每一个施工所成员，都来自不同的单位，有的原来在铁路局工作，对业务很熟习，所以他的施工所内什么报表都齐全。有的从地方行政单位调过来，没有经验，所以什么都落后一点，但大家学习之心甚强。我每到一地，先实地察看，跟着就开会，提出哪是值得赞扬的，哪些是要马上改进的，同时转达南老师对修建这条铁路的想法，对大家的辛劳工作，表示感谢。但对工程的质量，一定要大家全力去努力，不能因为是本地的人员包工，而影响了施工的质量。

一路上看过十几个工地，也知道了哪些地方要做改进，同时各施工所同仁看到我这个总顾问不外行，无形中，彼此间的距离就缩短了。

一到了设在丽水的金温铁路施工总指挥部，各单位的人员全都到齐了，都等在会议室。大家也知道了我做事的快速与要求的严格，因此立即进入主题。席间由董宏副总经理先介绍一下我此行的目的，接着杨国章总指挥也报告会全力配合，并为我整理出一个大办公室，将各项资料放在办公室内，并有财务及工程处的两位处长作支援。自然也谢谢我在大热天，不辞劳苦地在各个施工地的指点与批评，并已通知各施工所，立即更改一切该修正的地方。对没有能直接安排专车来接我，也表示了歉意，同时也表示，从现在起，有一部专车属我使用，再次表示对我的热烈欢迎，并保证全力来协助我完成此次任务。

我也谢了大家的热心奉献，并报告南老师对这条铁路的关心与指示。不仅是要整理、收集各项资料，更重要的是要知道大家的困难在哪里，并协助解决一切的问题，也代表南老师谢谢大家为建好这条铁路所下的决心与毅力。顺便也把火车上所听来的话重复了一次，但我又说：我们不怕老弱，但绝不是残兵，而是强兵，让我们共同用行动证明给大家看。

会后，我就给香港的李素美总经理与南老师写了传真报告，同时立即展开工作分配，由财务处钱处长整理出开工后的一切支出资料，另由工程处朱处长将全线的各项施工报告、合约书，及有关的一切资料整理出来，立即放在我办公室的桌上。当天夜里我查看财务报表，由钱处长在一旁作补充。我问他，为什么香港方面，一直无法看到此间的施工财务报表，使境外贷款工作无法展开，而且香港方面也派人来察看，但也是没有结果。我要求他把第一次由香港汇入的1000万美金的账给我，由那一天起的支出，我都要知道。他有点为难，我看得出他有话不太好说，所以我补充说：您不必说，我来看就可以，但您得解答账上为什么这样记就好了。

首先我发现账上记的 1992 年 12 月 19 日拨款进来是 688 万美金，不是 1000 万美金，我问他：其他的钱呢？他说：他知道好像拨到温州办事处，他这儿只收到此数。跟着我又看到 1992 年 12 月 31 日，由浙江省铁道公司拨入 172.05 万美元，我算一下比例，正好是香港南老师处占 80%，浙江省占 20%。

接着又看到 1993 年 4 月 17 日又由香港转入 200 万美元，1993 年 8 月由浙江省拨入 1000 万美元，但未入铁道公司，直接拨入施工总指挥部。这使我体会到是什么原因造成了彼此的误会。所以办一件事，绝对不能只站在自己的方面来说话，应该找出它可能误会的原因。我们一定要他交出汇入 1000 万美元的账目支出，他自然回报一声说：对不起！做不出来。知道了原因就好办了，我说就由这 888 万元算起吧！您可知道这三个八字是什么意思吗？广东话是发！发！发！

我又看到支出部分，都是借银行的钱来用的，问他这又为什么呢？他说：上面收入的合计 1005 万美元，还放在那儿没有动，只借钱来花。我说：这方法不对，今天就把它兑换为人民币，该还的就还。另外浙江省转入的钱，也应该先转入铁道公司，再拨施工总指挥部，程序不能不遵守，都是自己的人在办事，还不能信任，那么将来借来的 1.2 亿美金，由谁来负责呢？而且立即都转换为人民币，不可以再以美金放在银行，大家用它作抵押来借钱。我当时还说：可惜没有在 1 美元兑 12 元人民币时兑换，真是损失不小，现在只能兑 1 比 8 元了。钱处长说：我们有合约，只能以 1 比 5.8 来兑换。我笑着说：反正是固定的汇率，那为什么我们等这么久呢？

所有的账，就照借的钱支出总账，再以国外通用的资产负债表及损益表一一列出，工作了三天三夜才弄好。我每天一早 7 点到晚

11点，不是在办公室就是到工地察看，驾驶同志也变成好朋友了。出门时，我还是全套装备，安全帽、水壶、背包，一切自己来，每到一工地，立即帮助他们解决问题。这时我才体会到，这么多年来的学习、工作、经验都派上用场了，如果不是在美国丹佛市花了两年的时间，为公司股票上市，学习了会计报表与股票上市的说明与报告书，我哪能记得这么多东西呢！忙了三星期，贷款报告书也完成了，大家辛苦，打字人员日夜的工作，有时听到杨总指挥在大门外乘凉说：快11点了，侯博士还在楼上工作哩！我知道，他在提醒我要驾驶同志快送我回旅社，好让驾驶同志回家休息，于是我才离开办公室。

工程方面，先是增加了测量人员，又增加了工务人员，又增加了独立检测验收人员（是由铁道部退休人员担任），所有的包工都要有合约，所有的土地征收，搬迁都要有公文。所以我在完成一切工作的同时，收集的合约、政府批文、报告、表格达四个大皮箱，也因此，回香港数天后，摩根士丹利银行就同意了我们1.2亿多美元的贷款申请。但这个代价也不小，我在短短两个多月里，体重下降了十多公斤。当时能对着那么烦杂的工作，一一加以解决，同时也找出了每个毛病的原因，实在是大家共同的努力，自己如果有一点功劳的话，那就是自己全身心投入，心中无私。记得有好多次，有人提出要我去看一下某个地方，他们愿意和我合建，也不要我出力，但是每次我都回答他们：就是把整个上海市送给我，我都不会去看一下，下次不要再提这些，好好地办我们份内的事。

这个辛劳烦杂的工作也磨炼了我的毅力，增加了我对事情的容忍度，由激动的情绪到发作出来的时间延长了，有时还可大而化小，小而化无了。自己的修养也因此提升了不少。

在当时，每两天我都会给南老师一份传真，汇报工作的进展，并对未来可能发生的事也作了预测。在今天看来，都变成了事实。今顺便抄写几段过去给老师的传真如下：

就工程上看，依照我走访各施工所及工地，作如下的报告（因系奉老师之命来查看，故以大局为重，不加私人意见，主要为如何建好此条铁路并保证它的质量）：

一、各施工指挥部已建立，但因县、市、区，地方干部担任及负责，与省工程总指挥无直接系统的连接，是各个独立的单位，人员均为当地县、市、区政府临时或永久调来的人员，与省指挥部（杨总指挥部）是承包关系，所以在施工、监察方面还无法统一指挥或有相同的观念。另外由各县、市、区指挥部再定合同，分别将工地分包给不同民间或公家单位去施工，所以未来进度的控制、质量的保证均是要考量的。上述各项并已分别报告于总指挥，及李副总指挥等主要负责人，并在县、市、区指挥部指出应加以考量。目前李林访副总指挥也体认到它的严重性，已同意立即加以重视更改及建立。

二、最早的构想，动用民众，承包给民工或地方人民，主意不错，但群众运动虽可集聚人力，但无法保证质量。我在港时已向老师及李总经理报告，今日指挥部也发现了它的缺失，已作修正，所有包工要有历史证明其可施工，同时要有机具，否则也不可让其施工。此项问题我在各县、市、区指挥部均提出应该注意，否则质量问题一定会发生，不是民众不好，而是他们没有经验。李副总指挥已保证全力修正。

目前的施工，虽说是去年 12 月 18 日开工，但真正全面动工还是在今年 6 月以后，所以土石方（路基的开挖）照原定进度落后甚多（初步预计应在 30％以上），加以近日天气不佳，时常下雨，故成绩不佳。但在9、10、11、12月可能天气会好，故可赶上进度（如果用机具施工），此点也作了现场分析，各施工所均保证可在12月底完成各土石方之工作（由金华到缙云县约为100公里）。我也向杨总指挥及李副总指挥表达了关心及看法，二位均完全同意并全力以赴，赶上进度（路基土石方为2351万立方米）。

三、在征地及拆迁方面，进度超前，此为各地人民县、市、区指挥部的人际关系，此点应予肯定并加以嘉勉，我已代老师及李总经理向各施工指挥部负责人致以谢意（全部征用土地为14369亩）。

四、隧道工程，开工已有多处，最长者3公里，我亲自去看了三个隧道，两个并进洞实地观察。炸后的外貌很平整，破坏面（设计外的地方）不大，进度可达一天3米（只工作两班），洞孔为6米左右，成效不错，如此应可在1995年底全部完工。同时因路基就是岩石，开挖很平整，故对未来铺轨作业会顺利，所以沿线最大的困难山洞过多，已可解除。杨总指挥对此项工作的决策与实行，应给予肯定赞扬。同时杨总指挥每次在山洞巡视后，都会对工作同仁加以慰问，并亲自派人送食物，深受施工同仁的感激，工作气氛高，效率也就加大了。同时此项工程队伍，可在一个工地完工后，调至另一个山洞，所以山洞虽多，如期开挖完成，应无疑问（共66个隧道，共长31公里）。

五、桥梁及涵洞（用水泥及钢筋做的，下面有孔），已施工多处，但因是落雨，深水期，故桥梁全部完工者，尚无。涵洞970个（共长2公里）有的已完工，并在全面进行，未来应可照进度进行。

桥梁共有123座（全长14公里），已分别发包，并完成部分桥基座，但河中央之桥基，因为雨季水位高，尚未施工，此项亦为重点工程，杨总指挥已注意到它的重要性，正在作全面布局，此项之进度得随年进度追踪（因施工时间为不下雨之11、12月或年初，施工时间受影响）。

六、员工士气与沿线政府及人民的感觉：杨总指挥受老师的重托及其个人工作的热诚，领导有方，员工及沿线政府及人民均甚敬佩，故士气甚高。施工单位因系合同关系，视不同施工单位而异，故全力保持各施工单位的士气及质量是首要工作，各县、市、区施工指挥部已注意到它的重要性与严重性。另外各施工指挥部包括省、县、市、区均同，施工工程人员及监察人员、数量均低，如何以此人力去监督全线的施工单位，为一严重问题，不是不信任别人，而是别人不懂。所以全面加强建立工程指导及监察任务，一关一关、一步一步、一桥一桥、一涵一涵、一洞一洞、一段一段的施工规范，及监测、验收规定就一定要建立起来。有关每一步，每一日的施工日记、人员调动、完成测量，均要有书面记录，并有工程人员及检核人员签字，每月报表以此为据，而不是随意书写数字，再由验收单位（县指挥部）去核对。此点之严重性，已分别向杨总指挥及李副总指挥及各县、市、区（我去过的地方）指挥提出，并要求立即实施，他们也一致同意（全部铁道为251.5公里）。

另外老师于8月20日的传真已收到，因要去工地故未函复，望原谅。

蒙老师的赐函，我感冒已好，精神很好，虽然整天往来舟车忙乱，工作又长，但休息后，精神体力均佳，所想到及工作之事均能如愿达到，此间同仁全力配合，因时地之不同，有时会略费时间，但全力完成工作的热诚是一样的。

这是1993年8月给老师写的传真的一部分。

我在金温全线工作时，南老师曾写了一封传真，对我的工作给予嘉勉。

请即转　侯承业博士暨董宏、杨国章两位：

您一路行踪，随时有传真回报，均已一一收到，且感善于受命，详于处事，慎密周到，殊足为今时散漫之表率，且谢且感，并免我悬念不安之情，至以为慰。

前路有您如此精心，我可无忧矣！因电话难通，特此先告。

李素美明日可从桂林返港。请代向杨国章、董宏及沿途诸位上下领导，并勤奋劳工者致敬、致谢。耑此即祝

旅安

南怀瑾

一九九三年八月二十日

还路于民开始了

我在工地，除了忙于收集资料，书写报告书，查看施工情形，并就金温全线之人情、观念也向南老师作了报告。

南老师大鉴：

昨日去老师的老家拜访了一下，并照了些照片，回去时会带回去，并看到政府代理为搬迁户新盖好的房子，非常好，望老师勿念。

另外也遇到乐清县县长，并去乐清湾察看，并向县长再次作了报告。金温铁路通车前，他县里的物产运出去或输进来，均无法利用到其所想建的铁道，重要的是先将县内公路修好，连成一气，如此才能真正开始地区工商农业等之开发。但可以做的一点是未来想盖铁路的路线先定下来，并作中心线测量定线，如此就不会在预定地盖起房屋来。最后他完全同意这个看法，特向老师报告（因为这样只花 100 万元，他县里就有能力）。

另外有关资料之收集已完成，并装订成册，回去时再详细向老师作报告，但有些事情怕有其时间性，故还是先向老师及李小姐报告。这封传真副本会送给董副总经理，及施工指挥部杨总指挥，以利未来工作推行方向之共识。

一、公司改为股份制，大家均同意，均愿尽快工作变更及近期内可以办理增资，我认为这是中外双方达成共识的一个新里程，公司变更股份公司后，其经济效益已写在新的资料中，现影印附上。另外几点双方均应考量到的，在此特别提出来，供老师及杨总指挥参阅。

（一）公司增资后（用不着股票上市），新股东可能是浙江省县市单位或个人或侨界或财团之介入。自然公司可以选择适当的新股东，但是不论谁的加入，双方原有持股就相对减少。例如现金增资 1.2 亿美元之资本（以利还债及其他开发之用），则原来中之股份就变小了，中外原来股东只有 33%，如果只中方或外方一方而言，只有 16%左右而已。所以中外双方均要有心理准备。

1. 公司的经营团队可能会随之改变，也就是董事长及总经理可能得改选及新的指派。公司内部组织及经营人员可能会变更，自然铁道一定要修建完成，故铁道施工指挥部，不论新的股东为谁，都不会对指挥部有任何变更。

2. 外方主导性之情势会变为旁观性，因为只要增资1000万或更少之美元，外方已变为少数，主导性之法理已不存在。

3. 土地开发、矿业及其他业之开发，将由中方为主导，除非外方有人长期驻在金温沿线，并有其他资金介入，否则只站在顾问立场，会感觉到使不上力，但这应该是正常的。

（二）公司增资后，如均由国内吸收股东，那么中方将变成主控单位，财务之控制，工程之量、质，还债之责任将会由中方全部负担起来，外方将变成少数。原董事会之影响力也随之减弱。但老师还路于民之理想可提早达成。

（三）融资达到并完成变更股份制并吸收部分资金后，省铁道公司将主控金温铁路公司之工作，因为省指挥部杨总指挥之负责，及其优越之表现，以及实际与地方政府及省府之协调工作，省铁道公司将主控金温铁路公司之工作。省铁道公司会加重杨总指挥之工作量及责任，以利金温铁路全线其他工作之同时开发，这是可以预期的，杨总指挥之压力会加重，故其身体更应加以注意，以期顺利完成各项使命。

（四）金温铁道开发公司之工作方向，可能已变为贸易等工作，铁道之建筑及营运、规划、维修会由省铁道公司或省铁道局，及其未来完工后，部分指挥部人员参与，营运人员也可能由县市指挥部所调派，金温铁道开发公司不会有太大的支配力。

（五）这些变化，可能均在老师与李小姐，及杨总指挥及董副总经理之预料之中，只是在此以书面写出，加强共识。

二、如果借到钱，还钱不能靠温州的房地产，因为年底才可能征到土地，开发不是一两天的工作，又要看市场，在资料中也作了分析，特附上作参考。

三、在开董事会时，主要议题应该为下列数项：

（一）公司中外投资比例的变更（正式）及通过（中49%、外51%）。

（二）公司是否要借外债（融资）？借多少？向外方什么地方去借？是否委托香港联盈公司去办，还是金温铁道公司来办？什么人去办？什么时候可能完成？所需费用若干？均得经董事会通过。

（三）用什么方法还钱？中国银行得无条件向外方担保，所以董事会前应将保证条件与中国银行协调。但这份工作应由省铁道公司来协商，香港联盈公司为副，因为浙江省将为中国银行做两个反担保，所以这项工作，中方又得麻烦杨总指挥来作协调，所以应先向杨总指挥作协调安排。

（四）公司变更为股份公司，什么人办？什么时间办好？以此作为还债之能力，并作成通过记录，自然上市更好，也应先作通过。并且什么时候开始吸收资本？多少？谁来做？一一先作准备。

（五）公司土地开发的方向、时间表、工作表、资金表均应作全盘规划，在这次董事会通过后，分期、分段施行。

（六）未来一年要做的工作、人员的增加、房地的建筑、营业项目的落实，也应在会议中提出，分别分工作成决议，以利未来一年工作之依据。

（七）铁道修建工程规范及检验规范之建立及考核，及组织什么样的单位来独立查核（如果借钱的话，就一定要做），也应作考量及通过，以为依据。

（八）中外双方之工作项目、人才决定、资金时间、财务报表、工作报告，均应将未来一年中可能发生的事情，一一列出，并且通过，以作为以后执行或工作之依据。

四、这次董事会，新董事甚多，除外方7人外，其他中方6人均为铁道工程指挥部人员。所以主要协调人员，除省政府首长外，就是杨总指挥了。因为除了温州市税务局何开镕副局长外，其他四人均为杨总指挥之主要行政或工务人员。

前述之董事会会议中，可能要讨论的事项，在丽水小住两周中，已时时向杨总指挥报告过，所以初步之共识应是相同的。

以上为有关金温铁道发展，及可能的变化及开会之准备工作，及个人的看法，提供给老师及李小姐参考。

另外我之行程已作下列安排：明天上午去温州工地查看，及施工指挥部查看；下午3点去杭州。星期一上午去文化厅拜会，当天下午或晚上或星期二拜见柴省长。如按照原计划，那么周二或周三可回香港，届时订了机票后，会再向老师及李小姐报告。

另外也会见了温州市长陈文宪先生、温州市委书记张友余先生、温州市副市长连正德先生，及温州指挥部副指挥吴振环先生。会谈中也一再说到做人做事的原则及方法，他们均对上次的报导，致以歉意。并对温州市可能发生的停车问题、市内交通问题、环保问题、未来的开发均交换了意见，对老师的热心及爱乡之心均表达谢意。另外昨日上午也为金温铁道开发公司同仁（20位左右）作了两个小时的演讲，题目为“新时代的做人与做事，及对金温铁道开发公司未来的展望”，大家反应不错，已作了录音。另外施工进度，及拨款及预定进度及费用，亦已分析完成。

对铁道公司人员讲话中，重申老师第二号函，也就是不要在温州做小贸易，应该放眼去争取已决定批准的1000亩土地，现在市价已上涨10倍，再不去争取办好各项所有权，将来就损失大了。而且不做小生意不会赔钱，因为20多个人，在整个铁路施工员工数千人中，算不了什么，所以要真正的为铁道公司做重要的事，希望大家能真正了解老师的主张与目的。

还有一点重要的资讯，应向老师及李小姐说明，这点在国内杨总指挥及董副总经理已有了解，就是金温铁道之施工经费是在1986年作的预估，经过这几年的发展，物价指数已上涨不少，所以经费较国铁为低，也因此发包给县市施工部门时，工价也低。县市政府为完成此项工程，得主动贴补费用，所以当地民众及政府领导均认为他们出钱出力，已超过中外双方持股之比例（且不管其想法应该不应该，但就亲自观测，其超出之补贴是有的，而且不少劳动服务都是义务）。沿线政府领导及人民，经过初步的询问，大家有意愿投资，使铁道公司变成真正人民所建及所有的铁路，自然对老师与李小姐之“抛砖引玉”及无私投入，心存感激。

另外一点就是，省铁道公司所出之资金（49%），除省政府外，均来自沿线各地之县市政府，所以各地之县市政府除了要贴补施工之工程费外，还要上交股份资本，因而更坚定了这条铁道为本地人民与政府所建的观念。

所以老师“还路于民”之观念是绝对正确的，同时也是大家已开始体会到的事情，在此特别补充说明。

一般民众及政府领导，均认为地方出钱出力，说不定超过中外双方之资本，如看一下所收集之资料分析中，可能所言应属实。这是一个观念及理念问题，所以由中方主导金温铁道之工作，只是时间而已，如今之分析，证明就在眼前，特此报告。

不多写了，其他事项等回香港再作报告。专此恭祝

道安

侯承业 叩上

1993年8月27日夜12点于温州市

副本送：施工指挥部杨总指挥；金温铁道开发公司董副总经理。

我在工地两个月当中，先后向老师作传真报告12次，每次均在10页左右，而且都将副本送给杨总指挥及董副总经理，每句话都是公开说的，这也是促成大家坦诚真心相处，全力配合的原因之一。

金温铁路造价降低的原因

我在书写融资申请报告中，特别提到此项工程造价低的原因：

金温铁路为利用外资建设的一条地方铁路，年来，各级人民政府十分重视此线建设，在人力、物力、财力上采取了一系列积极有效的措施，千方百计降低工程造价，提高经济效益。

一、各级地方政府把金温铁路建设作为一项地方基础设施工程，采取修公路、兴水利的办法，积极支持铁路建设。

二、充分发挥当地人民的积极性，动员人民群众投工投劳参与建设，发挥沿线人民能工巧匠和聪明智慧，以地方施工队伍为主与专业队伍相结合的施工办法，具体降低工程造价措施如下：

1. 充分利用当地砂石料丰富资源，可因地制宜，就地取材，

全线需用砂石 325.384 万立方米，可节约 67.3 万美元。

2. 征用土地国家建设项目每亩 2884.6 美元，金温铁路取用低限补偿标准每亩 1540 美元，全线 11621.4 亩，可节省 1789.4 万美元。

3. 国家建设项目拆迁建筑物每平方米 23 美元，金温铁路每平方米 15.4 美元，全线 140573.7 平方公尺，可节省 106.8 万美元。

4. 道路改移、电力、通信、广播线等改移，由当地各有关部门以保本为原则配合改移。这项可节省 38.5 万美元。

5. 路基土石方工程施工管理费由 48%降为 20%，劳动者以低收入作贡献为原则，国家建设项目为每立方米 2.8 美元，金温铁路项目每立方米 0.6 美元，全线 2400 万立方米（断面方），可节省 3450 万美元。

6. 隧道工程，国家铁路每延米 1346 美元，金温铁路每延米 461.5 美元，全线 27787 米，可节省 2457.8 万美元。

7. 涵洞，国铁每延米 673 美元，金温铁路每延米 404 美元，全线 14866.9 米，可节省 403 万美元。

8. 由于多数工程由当地施工队伍施工，可减少施工队伍调遣费、住房、工棚、仓库等临时设施，全线可节省 98.5 万美元。

9. 省政府根据金温铁路为地方交通设施建设，和地方队伍施工的特点，在税费上予以减免 350 万美元。

10. 地方队伍施工不计划利润，可节省 404 万美元，此外，本铁路前期准备工作已多年，从 1984 年起，省政府陆续拨出 96.2 万美元用于前期工程费，未列入工程概算。

共计减少工程费 9261.5 万美元。

温州新火车站土地开发利润分析

这份分析，是在我的《金温铁路融资申请书》中摘出：

一、地价计值部分：

按照合资经营合同书规定，铁路各重要车站保留土地 1500 亩（合 100 公顷），供合资公司进行房地产开发。其中温州市 1000 亩，金华 280 亩，丽水 220 亩。保留土地之征收价格与铁路用地之征收价格相同，每亩 1538.5 美元。

随着铁路的逐步建造，各车站保留用地的地价将随之升值。温州客站南端，比 850 亩地段差的地块地价每亩已达 50 万元（人民币）。合营公司在温州客站前的 850 亩土地，征用和房屋拆迁等项费用每亩最高成本为 113640 元，地价值以每亩 50 万元计算，850 亩地价增值收益 3.28 亿元。加上其他地区 650 亩，地价收益预算计逾 5 亿人民币（注：这是 1993 年的报告，今日 1997 年 9 月，温州火车站前的地价已升至每亩 200 万元）。

二、开发效益部分：

铁路沿线各重要车站的房地产开发潜力很大，其中以温州市的房地产市场最为活跃。温州的市场经济开发早、发展快，在温州人的心目中，有了营业网点，等于有了经济效益，因此争购营业场地成为经营者角逐热点。目前在全国房地产市场，价格大幅度回落的情况下，温州市的房地产价格仍处于稳定状态，其中各类营业用房仍然十分畅销。目前市区一般地段，底层营业网点销售价格每平方米为 1 万元，住宅销售价格每平方米为 2500 元。

变更为股份有限公司增资之利益分析

这里的说明，也是摘自《融资申请书》之部分内容：

一、说明

金温铁道合资公司，目前有中、外双方以 49 比 51 比例组成，预定先集资 5700 万美元，再融资 1.2 亿美元。中、外双方均同意将公司变更为股份有限公司，则公司可立即增资，如此不仅可保证融资之另一还款有利条件，更可全力发展车站前之 1500 亩土地之开发及其他沿线企业及建筑材料及商场、办公大楼、旅馆、海港及旅游事业之发展，更可为公司创造更高利润。

目前在修建铁道的施工过程中，全线政府单位及人员全力参与，这是一条人民的铁路，所以他们对未来发展均抱有希望，都有变成股东的期望。另一方面，由于金温铁路不仅有良好的社会效益，而且综合经济效益也较好，许多爱国华侨、港台同胞，及国内企事业单位和个人有投资意向，却因合资公司已经设立而无法投入。因此，通过公司的股份制改造，扩大各种渠道的资金来源，包括外资、政府、法人及个人投资，真正做到人民铁路人民建，调动社会力量，把企业的所有者和经营者有机地结合起来，实现企业的自主经营、自负盈亏、自我发展和自我约束，最大限度地提高企业的经济效益和社会效益，体现外方南怀瑾先生把铁路建成后交给沿线群众，使群众收益的主张。

公司遵循“高起点、全方位、国际化”的战略思想，以创一流队伍，建一流工程，出一流效益，办一流企业为宗旨，把投资建设金温铁路作为龙头，带动沿线的综合开发，以改善我省交通运输基础设施为己任，把公司办成集铁路建设、经营及综合开发于一体的集团公司。为国家社会作贡献，为全体股东谋取最大的利益。

二、公司的变更方法及股金的募集

1. 公司以中外合资浙江金温铁道开发有限公司为基础，由若干发起人共同发起，采用定向募集股本金为方式设立。

2. 股本金的募集由发起人认股，定向社会法人认股，及内部职工认股组成。

三、变更股份公司的理由

1. 国家支持中外合资企业，通过股份制改造来明晰产权，实现效益共享，风险共担。本公司的投资导向主要是铁路运输基础设施，是国家产业政策积极倡导和大力支持的对象。一旦本公司获得成功发展，将对浙江省地方铁路建设产生深远影响。

2. 金温铁道开发有限公司董事长兼总经理南怀瑾先生，曾多次表示希望把公司改造成为股份有限公司，以吸引所有关心金温铁路建设的投资者。各股东的投资比例可以协商而定，他本人愿按原定的金额出资，并不计较在公司中所占的股份比例。

3. 通过股份制改造，有利于公司自身的建设，促使公司尽快成为铁路建设、经营、开发一体化的集团公司。同时，更有效地动员全社会的力量支持和参与金温铁路建设，加快浙江省的铁路建设步伐。

4. 通过发行股票，广泛吸收社会闲散资金及社会法人资金，降低原定向境外借贷的数额，减低金温铁路建设的外汇风险。

摩根士丹利投资银行同意贷款

我在丽水及各地收集资料的同时，就把重要的资料先传真到香港联盈公司，请包卓立立即拿去给摩根的人员审核，要增加资料的就立即电告我。就在我准备金温铁路融资申请报告书的同时，在港的包卓立已有了一份正本，他立即打字成英文，所以我抵香港后，我们二人只用了三天时间就整理好英文本，附件有中文及各项批文、合约、施工报表、财务报表，合起来有三尺多厚。也因在交给摩根所有申请之后，由李素美、侯承业、包卓立三人，参加与摩根六人小组，共同开会，并解答疑问。就在三天以后，摩根同意了金温铁道公司融资的初步申请，下一步就是他们要得到中国银行的保证，就可以进行贷款募集的手续了。

申请中特别重要的法律文件有下列 11 件：

一、国家计划委员会文件：《关于金华至温州地铁路项目建议书的复函》。

二、浙江省计划经济委员会文件：《关于合资经营金温铁路项目建议书的报告》。

三、浙江省人民政府文件：《关于报送合资建设金华至温州铁路设计任务书的请示》。

四、国家计划委员会文件：《印发〔关于浙江省合资建设金华至温州铁路的请示〕的通知》。

五、《关于合资经营金温铁路协议书》。

六、《金温铁路设计审议会议纪要》。

七、国家计划委员会文件：《关于合资建设金华至温州铁路可行性研究报告的批复》。

八、《中外合资浙江金温铁道开发有限公司合资经营合同书》。

九、《浙江金温铁道开发有限公司章程》。

十、国家对外经济贸易部文件：《关于中外合资浙江金温铁道开发有限公司合资经营合同、章程的批复》。

十一、中国银行文件：《关于授权中国银行浙江省分行为金温铁路项目境外筹资出具担保函的批复》。

我先后四次至杭州并在金温铁路沿线各施工处，依照老师的指示，一一完成各项工程管理、财务报表、施工合约、工程进度控制表，并请杨总指挥、请铁道部退休的工程人员，独立成立督导部，负责工程的检核工作。杨总指挥及各施工处同仁均能全力配合，董副总沿线照应，我亦能在大家协助下，如期完成浙江金温铁道开发有限公司融资申请报告书。并蒙美国摩根士丹利投资银行同意，以年6%之利息，融资1.2亿美元，分10年还清，条件是由中国银行担保，浙江省作反担保，这也完成了原来合资协议书中，由外资以6%之利息完成贷款申请及核准的工作。南老师看得很远，这次果真如此。美国的利息在1993年10月份达到最低点，以前多少人担心如何找到6%的利息（1993年初，最低也是年8%的利息）。所以老师常说时机要对，要能抓住时机，因为时机稍纵即逝。

在完成各项任务后，最后亦蒙省政府柴副省长、刘副省长及许副省长，同意南老师的提议，成立股份有限公司，如期完成各项章程、申请及招股报告等，又将核准的贷款工作交给金温铁道公司去办理。同时温州市陈市长及张市委书记也全力配合省领导的决定，各县市区均直接投入资金，真正做到：人民铁路人民建，铁路利益人民享。

南老交出了大部分股权

依照合资公司最早协议，全部费用为1.7亿美元，其中1.2亿美元以6%的年利贷款，其他5000万美元以现金注入，南老占股权之80%，浙江省政府占20%。同时合资公司又取得1500亩车站附近之土地。目前地价已涨10倍以上，很多人认为南老师是在做生意，好像占了很大的便宜。但南老师没有说什么，只是注入资金，等到工程已开始，他的目标达到了，就立即提出成立股份有限公司，他交出他的大部分股权，作为合资的一方，只占股权之25%，浙江省政府及地方、团体、群众占75%。他这么做，只是要政府领导者知道如何利用外资，来加速国内的公共建设，尤其是交通工程。国家的经济发展，交通运输是首要开发的工作。以金温公路的目前情况而言，由金华至温州，每日的车流量为7000多辆，由于路况差，标准低，堵塞严重，有时车程超过28小时，金温铁路的建成，将大大改善沿线的交通情况。

很多人问，花了那么多钱，费了那么大的力气，交涉了那么多年，争取到了那么多土地，而且占了80％的股权，为什么这么简单地就交回去了呢？其实，我在担任总顾问之前，就听南老师说，他只为抛砖引玉而已。当时我实在不能理解，等到参加了全程的工作，才后知后觉地体会到了他的理念，原来他不是为个人，也不是做生意，他只是为中华民族的未来，为人民的生活和教育文化的提升，贡献他的力量。现在我才知道这抛砖引玉的结果，因为这块砖引来了几千万倍的玉，而且一直在增加，它的价值是无法计算的。

金温铁道公司改为股份有限公司的意义

我在前面向摩根申请融资时，就特别说明了为什么改为股份有限公司，南老师在前面一而再地提出成立为股份公司，目的就是要集合小股东的资金来偿还贷款，并发展土地开发等项目，变成一个人民共有、共享而有利润的公司。

我在香港以一周时间，先完成金温铁道股份有限公司的章程、招股书及认股书，并打印成册，再约好浙江省府的刘副省长、许副省长及柴省长，经过多次的报告协商，大家同意了这是唯一能使铁道公司早日脱离债务，而在铁路几年回收期前，能向前推展其他土地开发、港口开发等唯一的方法，所以同意了这项申请。

记得在去杭州，办理金温铁路组织股份有限公司的事，当时快过中秋节了，我走时，老师拿了一件风衣，是他自己的，他说："穿穿看，可不可以穿？"我试穿了一下，正好。他就说："那就带着它，写上你的名字，你会用得着的。"当时我说："我带了毛衣及夹克，可能用不上。”因为那时天气还是很热的。老师说：“你带着，一定会用上的。”我也就只好带上它。

在杭州，同刘副省长及许副省长谈好了变更铁路公司为股份公司的同时，正好是中秋节，好多人约好在西湖船上赏月。当天白天天气很热，我晚上出门时，穿了夹克，又带了风衣，同仁们都笑我太小心了，我说：南老师交待过，到西湖一定要把风衣带去。船开了不久，大家发现风好大也很凉，我脱了夹克给一位同仁穿，风衣就自己穿上。这时大家才体会到南老师对每一件小事都是那么仔细，可惜大家对他的想法、看法，不到时间，总是无法事先体会到的。那晚大家只能到船外看了一眼，说：“月亮好小啊！”就回到船舱里来了，倒是只有我很悠闲地一个人在船舱外欣赏西湖的月色呢！

南老师为解决困难，特别派我去金温铁路沿线考察，作了全面性评估，提出具体解决问题的方案：

一、金温铁路必须要建下去。但如果照目前这样做，不久恐怕又走回70多年来“有始无终”的老路去了。若其结果是这样，资金损失事小，对地方、对全国，甚至对全世界的影响太大了。

二、经评估，温州一带地方的老百姓，很多人已经富裕起来了。亦即民间有足够的财力来完成这条铁路，更有能力来经营这条铁路，所以“依靠人民”是最好的方法。

三、凝聚民间的财力很简单，只要将原来的金温铁道开发有限公司改为股份制，吸收游资，因为铁路会修成，土地会开发是没有风险的，民众必然乐于接受。这个公司自然成了全民所有产业，达到了“还路于民”的宗旨。

四、南老师所主导的香港公司已出资1286万美元，仍作新公司的股本，至于占多少百分比，在此不计。亦即让这1286万美元的“砖”，继续起着引民间“玉”之作用。

五、如果仍需要南先生出面向外国银行贷款，他极愿一本初衷地帮忙。现在已接洽好美国摩根银行，只须依国际金融手续办理就行了。

六、相信改建成股份制的铁道公司，在人才方面能够更具活力，铁道的建设，合营公司的综合开发与营运的优秀人才，将会脱颖而出。中央批准金温铁路以中外合资方式兴办，并将这个模式成了政策，已是具有世界性意义的创举。如果照以上的构想，进一步“还路于民”，等于向全世界昭告：交通事业可由全民创办，这和资本主义国家由资本家操纵是大不相同的。这是“社会主义的福利”宗旨得以实现，其对加速全中国的交通建设的效益，及推动经济开放改革的贡献，实非由区区一条金温铁路所能估算者。

第八章 不屈不挠 反求诸己

得来不易的摩根融资
旁道筑室 三年不成
中国银行的回函
南老再促股份制的建立
贷款 担保 股票

在取得摩根银行的同意函后，就立即向金温铁道公司报备，并请金温铁道公司正式去文中国银行，请求给予正式保证信函。同时在杭州与中国银行杭州分行行长及省府人员，共同协调开会，席间均同意全力支持，但得向上申报。

得来不易的摩根融资

这份融资申请报告书，收集的批文、规划、设计、合同、合约，各种报告不下三个箱子。我在丽水的办公室里全力赶工，所有书写的每一个字都有根据，全体铁路建设人员均照摩根银行的意向，作了工作上、环境上的改进。因为已准备好摩根随时到各工地考察，所以全体员工都付出了极大的心力，也抱着无限的企望，希望融资申请能顺利批准，那剩下的中国银行的保证书就不会是问题了。因为北京的中国银行早已接中央指示，要支持此一铁路贷款的工作，同时公文也蒙国务院批准，报批文中已说明由外资方出面协调向外贷款1.2亿美元，年利息6%的条件。同时批文也经过了各个部会，包括了中国银行。

这里还有一段没有公布的事情，就是我在金温铁路沿线考察及收集资料的同时，在香港的联盈公司总经理李素美与包卓立，怕摩根银行中途变卦，特别签了个协议，就是如果摩根花了时间，审核了我们的申请报告后，同意我们的申请贷款，但我们如果没有正式贷款，不论什么理由，均要付给他们服务费数十万美元。当我由丽水得知此一消息后，特别请包卓立再加上一句话就是："因为贷款事项须经金温铁路董事会核准，所以贷款条件如未蒙金温铁道公司董事会核准，香港联盈与浙江金温铁道公司均不负任何赔偿责任，只付原定的顾问服务费。"

所以这个融资贷款申请，得以如此迅速通过，实在得来不易，而且利息为年6％，已是最低的了。如照常规，摩根会派人实地调查，求证融资报告书上一百多页的内容，更要察看每个工地及未来偿还贷款的能力。最早摩根认为非半年时间才行，但这次仅费时两个月而已；原因是在香港的南老师，早已请李素美总经理与包卓立先生，将我传真的资料，天天向摩根汇报，所以他们就像亲临工地一样，早已有了概念，也早已有了要支持修建这条铁路的心意，所以才能这么快地批下来。他们并不是为赚钱，他们是想试一下中国的市场，有南老这样的人在推动，锲而不舍地推动，如不是南老出面，谁也借不到年息6％的贷款。

可是这些艰苦，只有南老师、李素美总经理、包卓立与我知道，其他的人只认为是在办一件事而已。所以南老师又写了信托许鸣真先生，陪同李素美与我拜见柴省长，希望他能对中国银行担保的事，出面协商，好早日批准担保书，以利整个工程的进行。因为工程不能没有经费，而这放在门口的钱，不早日拿过来，将来利息一涨，就又损失了。南老师给柴副省长的信如下：

请许老代转柴副省长松岳先生：

你我相识以来，到现在为止，我认为我们始终是好朋友，不是部属或顾客主东关系，只不知你是否当我是个朋友，那就非我所知了。

有关金温铁路的事，我两次带病签约，尤其是最后签合同，因为我看你是一位肯负责任的好人好官，亲自纡尊到港，不能再仔细计较，老实说，就是为你的关系而签字，这是我含蓄在心中的真意。现在不是向你讨好，也不是向你表功，只是说明。希望这次托我的老友许鸣真先生代表我带领李素美小姐，与你谈金温铁路的前途事，真能恳切协商合作办好，如鱼得水，这便是我们朋友相交一场，共同为国家为民族做了一件事了。余不多赘。祝

公绥

南怀瑾　启

一九九三年九月十日

这里要顺便一提的，李素美小姐一行曾由香港至杭州，因柴副省长出差去北京，大家又赶到北京才见面，柴副省长答应向中国银行建言。

旁道筑室　三年不成

南老已体会到，大家对摩根同意融资的事并不那么关心，其原因是各自守着本位主义，只为自己的利害关系打算，并没有真正为国家利益及铁路工程而设想。就拿中国银行来说吧！他要负责担保还款的问题，虽然由浙江省作二次反担保，一为将铁路公司全部资产抵押，二为如不足应由浙江省的税收担保。但是如果不用股份制发行股票的事来募集资金，及开发车站附近的1500亩土地的收益来还款外，铁路要九年才能回收，哪里有钱作还款呢？所以他为自身利益而言，上述的条件未达到时，他不会自己来背上这个担子的。再者这是合资公司，又不是国营的机构，所以也没有义务来负这个危险的责任。

在铁路工程上而言，杨国章只想到有钱就好，也没有去想到还钱的问题，再加上工程烦忙，也没有真正催促这个中国银行的回函。

只有南老最急，因为他知道，这个机会一过即逝，抓不住，马上就不见了。但急又有什么用！董宏也使不上力，所以托许老陪同李素美与我去拜见柴省长，希望他以国家的发展为重，拜托一下中国银行，千万不要见死不救。南老又给许老写信感言无奈！

许老鸣真吾兄左右：

往昔管仲告齐桓公言：唯敏捷与果断，为成事之要著。唯此两点，岂只天下大事必须如此，人生些微小事，亦难离此。古人有言："旁道筑室，三年不成。"此为指人多意杂，徒乱主意，不足以成事功。犹豫多虑，更所不可。天下事岂能尽如人意，故求相似是可便得。况你我皆逾古稀，时不可待，要了事处便了事，方为上策。目前我所希望的事，是金温铁路公司改股份制，获得国内集股成功，及早还路于民，立即交待出去，愈快愈好。

金温铁路事，如当道明智，能照我所望，"言听计从"，必有大好影响，必得良好后果。如不能"言听计从"，我已于国于乡，尽心尽力，一点也不愧负自心。那么，必要时，我必不计毁誉立即放手不管，至于损失一两千万美元，并不影响我的根本，是毫不在乎！将来历史评论，眼下受损的，将是浙江方面与上下有关部门，使人不敢领教，裹足不前。因为我倘不能下此决心，长年累月，与官场上下打太极拳：推、拖、拉，岂不浪费我有限生命与有限精神，此中损失，岂只数目金额可论。

吾兄当知，例如某事，因主事者人谋之不臧，我说不管就不管，了无丝毫芥蒂于心。宁学张良、陶弘景，千万不可学范增也。一笑。

夜来不寐，特此致意，望其见谅，速见有成为幸。耑此，
即颂
平安

南弟怀瑾　启
一九九三年九月二十二日夜

中国银行的回函

1993年9月23日，中国银行浙江省分行来函云：

浙江省金温铁道开发有限公司：

根据对贵公司提供的"担保合同"及其他资料，经研究，

我行不同意为贵公司在美国私人配售市场上发行债券提供担保。

中国银行浙江省分行

1993年9月23日

对这个事实，南老并没有灰心，又写信给许老请求设法补救。李素美总经理也要我在杭州向柴省长反映，请他再去对方说服一下。

许老鸣真吾兄左右：

今传上三份资料，请存查：

1. 我昨日致蔡世亮信一纸。

2. 今天先后收到侯承业博士从杭州传真两张。

金温铁路与浙江省关系，果然不出所料，中国银行会推掉，不会担保的。由此可见谁肯真心为民办事呢！所以我一直催他们搞发行储蓄券，可是人无先见之明，奈何！

现在一切未出我之所料，大概我对此事，尽心尽力，也可到此为止了吧！境外贷款之说，我们已做到了，但无能为力了。

台湾方面，自立晚报，也已刊登了文章，虽然有所出入，但大体都对，不必管他。祝

节安

南弟怀瑾

一九九三年九月二十八日

南老再促股份制的建立

1993年9月30日至10月1日，我又奉南老师之命，李素美总经理之托，再上杭州与杨国章先生、董宏先生、王伟国先生及郑文华先生等，就金温铁道开发公司进行股份制改造等事项，进行了

深入的研究和探讨。并将我完成的设立股份有限公司申请书、章程、招股书、认股书等逐项研讨。会后并拜见许副省长、刘副省长及柴副省长，大家都认定了这可能是唯一加强铁道建设的方案，并立即由金温铁道公司正式去函请求批准。当时讨论的内容现节录如下：

一、关于股份制改造：

1. 遵照国家对企业进行股份制改造的有关政策规定及申办程序，立即着手进行股份制改造的申报工作。国庆节后二三天内，向省政府送呈申请报告。

2. 确定以浙江金温铁道开发有限公司为依据，进行股份制改造，成立金温铁道开发股份有限公司。鉴于国家政策规定，外资独立法人不能作为国内股份制企业发起人，故金温铁道开发有限公司只能作为发起人之一，联络两家以上发起人，共同发起组建股份制公司。

3. 新组股份公司注册资本，初定为 5 亿元人民币。公司股本总额 5 亿元人民币，每股面值 1 元，共 5 亿股。根据中外合资企业法规定，外方资金占注册资本总额的 25％以上，可享受中外合资企业待遇。为使新组股份公司继续享受中外合资企业优惠政策，联盈公司按 5 亿元总股本的 25％出资，计应出资 1.25 亿人民币，折合 1436 万美元。目前联盈公司已打入合资公司 1286 万美元，尚差 150 万美元。按上述原则计算，合资公司应注入资金 2.5 亿人民币，约占新组股份公司注册资本 50％。拟联络 10 家左右在国内、省内影响较大，并对今后股票上市可以起到推动作用的知名企业，作为发起人。联络这些企业的主要意义，在于扩大影响，提高信誉，增强持股人的信心，有利于推动募股工作。初定这 10 家发起人，共出资 1000 万人民币左右，所余 2.4 亿股，拟以 1.5 倍的比例向社会溢价募集。据初步估算，可募集约 3.6 亿人民币。

4. 根据政策规定，中外合资企业改造成为股份制企业，须经原审批机关核准。据此，新组建的金温铁道开发股份有限公司，在获得省政府允准之后，尚须申报国家经贸部核定方可成立。为抓紧时间早日完成股份制改造，有关报批事宜，与联络发起人等工作，拟同步进行，边操作，边申报，争取六个月内完成组建筹备工作。

5. 按法定程序，对现行企业进行股份制改造，应由董事会议定后实施。考虑到召开董事会以后再行操作改制，将会贻误当前的好时机，建议由董事会以口头或书面形式，先将改制事知会各位董事，待日后召开董事会时再予追认。

6. 确定由董宏尽快拟出改制申请报告，报南老师审定后呈送省府领导。由股份制改造方案起草小组负责人郑文华（原地铁公司物质处长），根据上述原则，准备好股份制改造方案等呈报文件，并负责联络发起人。俟省府主管领导允准我公司改制申请后，立即将有关文件呈报省府股份制改造领导小组。

二、关于境外贷款：

与会者一致认为，联盈公司向金温铁路联系境外借款出钱出力，做了大量工作，拟由董宏负责写信向联盈公司致谢。对今后融资工作拟采取两条腿走路的办法，一方面操作股份制改造，通过募股在国内引纳部分资金；另一方面按实际需要修订境外借款数额，并争取向境外银团，寻求四年期左右的短期贷款。短期贷款完成后，是否衔接长期贷款，及在什么时间借多少钱，视实际需要另行测定。这样做，不仅能够保证铁路建设如期进行，且下一步境内、境外融资工作赢得了时间，机动余地大。尽管中国银行浙江分行以正式函复合资公司，对摩根银行在美国以私募方式进行融资不予担保，但该行并未改变为我向境外举债提供担保的允诺。且随着公司股份制改造完成后，融资渠道扩大，企业还款能力得到加强，特别是日后通过我们出色的工作，企业股票可以早日上市，势必进一步增强中国银行方面的信心，其在担保条件上给予变通处理应无问题。基于这一考虑，谨拜托联盈公司就商业贷款方式，与摩根方面进行尝试。”

与会者认为，此次杭州会议，主要讨论股份制改造事宜，有关今年注册资金是否按协议履行等事，至于存在歧见的问题，暂予以回避，择定时间和适当场合另行商谈。

不负南老师之重托，全力协调，大家均口头同意了南老师的建议，并立即分工合作，完成向柴副省长书面报告。另外郑文华先生也全力协助，把我已起草之股份公司申请书、章程、招股书、认股书加以修改，立即送呈省府。我也代表南老师，谢了大家的同心合作。致柴副省长呈文如下。

柴松岳副省长：

经国家经贸部批准，我公司于1992年11月18日成立，投资建设金温铁路。公司注册资本5773万美元，系国内第一家投资铁路建设，中外合资大型综合型企业。铁路工程已于1992年12月18日正式动工，现进展顺利。为进一步发挥我公司中外合资企业的优势，提高为金温铁路建设筹措资金，和沿线综合开发的整体能力，调动更为广泛的社会力量投资铁路建设，我公司拟进行股份制改造，与其发起单位，共同组建浙江金温铁道股份有限公司。兹将我公司进行股份制改造的理由报告如后：

一、国家支持中外合资企业，通过股份制改造来明析产权，实现效益共享，风险共担。本公司作为投资铁路运输基础设施的大型中外合资企业，是国家产业政策积极倡导，和大力扶持的对象。

目前我公司中方资金是以内部集资的形式注入，产权界定及风险与效益挂钩问题，均不十分明确，因而阻碍了投资者的积极性。适时对企业进行股份制改造，有利于明确产权关系，使企业的所有者和经营者有机地结合起来，实现企业的自主经营、自负盈亏、自我发展和自我约束，从而最大限度地提高企业的经济效益和社会效益，体现南怀瑾先生把铁路建成后交给沿线群众，使群众受益的主张。如此举成功，不仅闯出了一条人民铁路人民建的路子，而且会对我省今后基础设施建设，提供值得借鉴的经验。

二、金温铁道开发有限公司董事长兼总经理南怀瑾先生，曾多次表示希望把公司改造成为股份公司，以吸引所有关心金温铁路建设的投资者。各股东的投资比例可以协商而定，他本人不计较在未来股份公司中所占的股份比例。更不计较改制后的个人名称职位。甚至，完全退出。拟会取得良好的社会效益，和综合经济效益为目标。许多爱国华侨，港、台同胞及国内企事业单位和个人，有投资意向，但因合资公司已经设立而无法投入。成立股份公司，有利于扩大包括外资、政府投资、法人及个人投资等各种渠道的资金来源，从而有效地调动全社会的力量支持和参与金温铁路建设。

三、进行股份制改造，有利于公司自身建设和发展，促使公司尽快建立起一套适应市场经济发展要求的灵活经营机制，并逐步成为一个集铁路建设、营运及综合经营开发于一体的集体企业。

综上所述，我公司认为立即着手对本公司进行股份制改造是十分必要的，也是可行的。为此，特请求省政府批准浙江省金温铁道开发有限公司进行股份制改造。

以上请示妥否，请批示。

1993 年 10 月 7 日

浙江省金温铁道开发有限公司

这一努力，终于得到省府的批准，浙江省人民政府证券委员会同意如下：

浙江省金温铁道开发有限公司：

浙金温铁司字〔1993〕39 号文《关于设立浙江省金温铁道开发股份有限公司的申请书》收悉。经研究，现将有关事项批复如下：

一、原则同意设立浙江省金温铁道开发股份有限公司。

二、该公司股本总额暂定为4亿元人民币，其中发起人认购2.9亿元，社会法人股0.5亿元，社会公众个人股1亿元。

三、浙江省原则同意解决社会公众个人股1/3的公发额度，3350万元，其余部分请公司速向国家有关部门申请解决。

四、接文后，请严格按《股票发行与交易管理暂行条例》及有关规定，制定整套公开发行股票的材料，上报我委审批。

浙江省人民政府证券委员会

1993年12月14日

贷款 担保 股票

我奉南老师之命，以专家总顾问之身份，在金温铁路修建中，完成了工地视察，提出了建言，修正了不合理的规章，设定了检核制度，规划了财务报表，理顺了资金存拨问题，完成了各项批文的收集，建立了一个管理的制度，写好了一百多页的金温铁道公司融资申请书，自己在工地两个多月，体重下降了20磅。回港后马上同摩根银行报告申请书的内容，相关文件，在一周中完成了任务。摩根银行同意了融资的申请，这也是南老师的影响和李素美总经理的安排。但这么一件吃重的工作，能提前完成，是大家体会南老师的苦心，明知不可为而为之。南老师早已预测到就是借到钱，国内也不敢担保，理由前面已叙述过。但是南老师希望，说不定天下事会有忽然的变化，哪怕就是那么一点点希望也要去试。

不负南老师的期望，在完成了外资向境外贷款，以年利息6%的利率融资1.2亿美元。这也完成了当初中外合资合同上的规定，外资要完成境外贷款以年利息6%，贷款1.2亿美元的规定，也实现了南老师的联盈公司对金温铁路投资合同中的诺言。

跟着又派我去完成变更公司为股份制的申请，说来容易，做起来就难了。很多人不懂什么是股份制，以为股份制就是股票上市。其实，股份制是经营者与出资者分开，出资者均享有股权，公司没有上市前，股票也可自己出售，但上市后就公开买卖，利润就大多了。

我先说服了杨国章，他工作热心，但对这些事，他脑子略较顽固，所以花了不少时间向他解释。跟着又向许副省长、刘副省长、柴副省长报告，他们也同意了这个想法，所以也完成了任务。

就在我由杭州返回香港的途中，我自己也对自己作了一个检讨，自己的能力在哪里，哪些事自己可办得通，哪些事自己用了全力也达不到目标，例如中国银行不担保的事，谁也无可奈何！我分析的结果，发现金温铁路的修建，只有南老师能完成。

成立股份公司的事简单，但发行股票上市的工作，可不那么简单，只有一招，借力使力，先在国外银行发行，筹集部分资金，再在国内发行，另外就得应用情。这个情的意思，是使大家均能体会到股票上市后，他自己也可得到利益共享。但这要非常之手段，必须情、理、法同时进行，不然，还是白忙一场。因为今日金温铁道公司既无财力，土地开发不仅是纸上谈兵，而且温州的土地，一直取不下来，谈何容易。修路没有钱，借钱又无人担保，公司是负债经营，照国家规定，公司经营要有盈余，又要有前途才能申请上市，不要说批准了，任何一个管理盖章的人，都可找出十个理由不予通过。

所以我回港后向南老师及李素美总经理，报告此行经过，顺便提到下一步的工作，可能得情、理、法兼顾。南老师已知道我的意见，所以我就向南老师报告，我的工作任务均已完成，谢谢老师，下面的工作，已交待董宏去完成，我个人很累，体重下降了 20 磅，想先返美国休息，将来需要我时，再通知我来港就好了。

第二天，我就工毕身退，返回美国去了。但我心里知道，下面的路，一年怕也理不顺。南老师也知道，不过，他总要往下试，因为他老人家一心要建成这条铁路。不为什么，只是给中国人的历史上开启一个例子。我深深地体会到，其实南老师早知道整个结果，这个机会也使我学习如何在逆境中去推进。我心存感激、放心地回到美国，回到美国华盛顿大学任教，而且我也因这次的经历体悟到了一点真理呢！

南老的一生，视功名富贵如过眼云烟，但他忧国忧民的心，则无一日不在。他为金温铁路的事，费了多大的力气，一直在说服别人，共同努力来兴建此一浙西干线，他这种精神，只能用他自己的诗来形容了：

甘苦由来只自知　天心人事动悲思
自怜独木支巨厦　眼底林园是嫩枝

第九章 世事正须高着眼 为官首要慎思民

老拙责任已尽 请速拟通盘计划

第二次改组

对股份制与股票上市的误解

朱镕基到杭 铁道部参与

促成立新董事会

金华到缙云的施工状况

再促新董事会成立

杂乱无章的经历

南老给董宏的信

老拙责任已尽 请速拟通盘计划

南老师为了金温铁路的修建，全力负起了创始者的责任与义务，想尽了办法，完成了境外 1.2 亿美元贷款核准的工作，又促成了股份制的方案，下一步要走的路，就只好请浙江省府来管理了。南老师在 1994 年 1 月 30 日又写了长长的信给浙江省政府各位领导，请省府领导负起修建这条铁路的责任。南老师虽以外资介入，但并不是为了做生意，他是想为浙江省政府做一个经济、基础建设的带动者，他要使大家放眼四海，而不只限于眼前数尺，他要使浙江省变成全国与外资合作的模范。如果大家不能体会他这个心意，只以一般商人投资眼光来处理事情，那就是大错特错了。所以他又再一次地向省府领导报告了他的建言：

浙江金温铁路开发公司董宏代总经理、杨国章副董事长代呈
刘副省长锡荣　转达
李书记泽民
万省长学远
柴副省长松岳
暨省府与有关部门主管诸公共鉴：

岁韦云暮，万象更新；诸希迪吉，为祷！

昔贤有言："愚者暗于成事，智者见于未萌"，老拙虽非敢以智者自况，第以年岁痴长、阅世较深之故，常不惮为直率之言，金温铁路冲破重重阻障，目前工程进行颇顺利，各方且不乏颂扬之声，此诚可喜之事。惟在可喜之余，应知实有危机存焉。苟不力谋改正，恐不免前功尽弃之憾。老拙不得已而致此函，意即在此。

老拙以为，下列四事应力谋改正者：

第一，建路资金即将用尽，如何立即争取境外银行贷款？

第二，对于建路之全盘工作，省府应如何提升积极性？

第三，将来对铁路之经营管理，其困难尤甚于建路。省府应预拟通盘计划。

第四，照目前经济发展之神速，四年后铁道纵使完成，亦立即不敷实际需要。主事者应有此预见而作未雨绸缪之计。

关于资金问题，系目前最严重之事。依合同规定应向国外争取银行贷款部分，迄今竟无下文，此诚令人最不可解者。按合同现定，由省府出面争取中国银行担保，由香港联盈公司向外国银行接洽贷款。此事香港方面费尽心力，且赔垫数十万美元之费用，终于洽妥美国摩根银行允诺贷款，并早已通知省府。贵府于去年七八月间，即国际利率最低之时，以迄今天，均未曾派过一位大员前来闻问，竟仅以一纸公文通知谓“中国银行不肯担保”云云，显欲塞责了事。如此态度，岂唯背约，于情于理亦有大悖者；盖堂堂一省之政府，岂有争取不到中银作担保之理？期间，曾闻传言谓贵府与境外许多银行接洽，情况乐观，但迄今亦无消息。尤其严重者，政府方面根本无人专责承办贷款之事，仅将此事推在总指挥杨国章身上。按杨先生自担任总指挥以来，勇猛奋进，工程顺利推展，不负各方所望，功不可没；但对于金融贷款之事，恐非其所长，亦非其所能兼负如此不同类之重责者。贵府何能要求杨担负？应由贵府派专责人员办理才是。如其不然，铁道工程资金用尽而不得不停工，岂不贻笑全世界？诸公万勿以为届时仍可依赖香港公司解决，因我方该出之资金已履行，再出已无可能矣。要之，唯有诸公正视此严重问题，立即派专人负责，向境外银行积极接洽贷款，方不致陷入过去七十年来屡建无功之覆辙。此其一。

在老拙感觉，贵府对金温铁路之事，迄今为止，似皆采取相当被动而依赖之态度。如不亟谋改进，后果堪虞。按当初老拙之所以答应担当金温铁道之“催生者角色”，想诸公亦深知，完全系出自“义所当为”之一念而已。在签订合同之时，老拙明知许多细节问题，势将招致日后之困扰，但仍以“将就”之心，尽快如贵方之要求，签下合同。所谓“将就”也者，即望对浙省有益，对诸公宦途勿伤是也。例如，在合同中未列明省府为合作之“对象”，此诚细节上之大错。但此种枝节忽略，不应成为推诿塞责之借口；盖金温铁路建成乃浙江全省之大事，此乃事情之本质，岂可借枝节而不顾？老拙离开家乡四十余年，对国内官场习气或未够了解，故以为，金温铁路既系一省之大事，省府方面起码应派出一位副省长级大员综绾其责。讵料贵府仅成立一个三四级层次之公司应付，以致数年来省府本身竟不知何人负责联系者，宁非咄咄怪事？每次有事，我方公司欲向贵府请示洽谈，其困难程度似乎比皇帝时代晋见一品大员尤甚。甚至，老拙曾托中央大老许先生与贵府联系，亦发生同样之困难。凡此诸端，直使外界对贵府有“夜郎自大、闭户称王”之感。目前海外相传，全大陆各省经济发展各有等差，而我浙江省不幸居为倒数第二！如传闻属实，衡诸老拙躬亲感受，岂非其来有自、理所固然？逾五十年来，老拙以一介方外之人，脱略于公卿巨室之间，所交接者，从不以其身份高低而论等差。望诸公万勿以职别自恃而致偾事，是幸！再具体而言，贵府首先应调整心态，将金温铁路之事认清系贵府应负责之大事，绝非老拙之事；老拙不过为“催生者”而已。今建路已展开，老拙及香港公司责任已尽，往后如何之处，其责全在贵府矣！贵府宜立即成立一专责机构，指定高级人员负责督导、协调、规划之全盘工作。能如此，浙省民众有幸，诸公之政治前途自一片光明矣！此其二。

铁路之建设固然困难，但建成之后，如何经营管理，尤加困难。此事应预先有通盘计划。在倡议此铁道开始，老拙即曾向贵府及地方许多领导提及，此路之建设及管理经营，应采现代化的股份制办法。所谓股份制，并非尽同于资本主义之模式，而系“有中国特色的社会主义”模式，即由政府与百姓共同持有股份，由专职专家规划管理与经营，届时老拙及香港公司作为“催生者”之心愿尽了，应退出而“还路于民”。其中关于改为股份制之议，老拙早就认为应系必然之事，但当时所说并无人相信，而今则不能不实现矣。亦因当时未照“股份制”去做之故，以致董宏副总经理等人今日为改制之事费尽心力，四处奔劳，备极辛苦，极为可感；但拘于种种限制，迄未完成。由此足证，凡事应重视“先见之明”，力求预先筹划一切，否则临渴掘井将有何等麻烦。股份制事证既历历在目，望贵府诸公再勿以老拙其他预见为空泛才是。此其三。

为政者能未雨绸缪造福人民，不作“头痛医头，脚痛医脚”之事，此乃政治家与小政客之分野。照老拙数十年来所见所闻，凡系发展中地区建路，极少有能预见未来而作绸缪者，其结果是：为当前需要而建路，路建成又立刻不敷需要了。例如台湾南北交通大动脉之中山高速公路，主持者今天甚后悔当初未建为四线道，今天即使花百倍之钱也难以补救。又如深圳、珠海通往珠江三角洲之主要道路，约五年前建成，今天壅塞不堪，拓宽困难；只有另辟高速公路，亦缓不济急。又如温州机场，当时不被看好，不过两三年之间已开卅多条航线，设施已不敷需要。反之，约五六十年前香港一总督，独力主张建设空前宽长之弥敦道，当时被讥为好大喜功不切实际，结果数十年来受人称颂其高瞻远瞩。凡此例子，不胜列举。照国内目前经济发展速度，四年之后纵使金温铁路完成，恐怕已成壅塞不堪之废路矣。故莫如趁今天工程未完成之便，更改计划，使之成为高速铁路之规格。须知现在更改，所增经费仅约三倍，若建成再改，恐怕十倍经费亦无法解决。望诸公密切注意，三复老拙斯言。此其四。

数年来，老拙为铁道而劳神苦思，甚至饱受流言蜚语困扰，亦在所不计，所为何来？谅诸公应有所知。但身为“催生者”之压力，则诚非亲受者所能体会。今幸而工程已上轨道，诸公也一再宣称绝对要将工程完成，亦即老拙责任已尽，今后可由诸公担负于肩。但老拙仍一本初衷，非唯希望诸公一致努力如期完成工程，抑且希望诸公进而使此路能长久造福人民。用特致赠二语，亦为此函之结束：

“世事正须高着眼，为官首要慎思民。”

耑此　顺祝

政躬康泰

1994年3月21日，由浙江省在香港的富春有限公司寄来传真说，明天下午五时到南老府上拜访，出席人员如下：柴松岳副省长，张启楣副省长，朱荣培副秘书长，沈涤深副主任，杨国章总经理，冯夏森董事长，邓忠人副总经理，姚金录开发部总经理。

历史镜头，前排南怀瑾先生（中）柴松岳副省长（右）张启楣副省长（左）朱荣培副秘书长（后排中）陈定国博士（后右三）杨国章总指挥（后右二）。

第二次改组

1994年4月1日至2日，浙江省常务副省长柴松岳先生，副省长张启楣先生等，在香港与南怀瑾先生进行商谈。浙江省方面对南先生一贯对金温铁路建设的关心与支持，予以充分肯定，表示感谢。双方为进一步加快金温铁路的修筑，进行了诚挚友好的协商，达成下列共识：

一、双方一致肯定，金温铁路自1992年12月开工以来，由于中外合资双方共同努力，进展情况是良好的。

一致认定，今年建设目标是，金华至缙云段84公里，建成通车。并认为，双方要一如既往，继续努力，按照原定计划，保质、保量地建设好。

二、为了进一步推进金温铁路建设，有利于建成后的营运管理，根据当前的一些实际情况，双方商定对原有合营公司注册资本之比例作适当调整：

1. 中方由49％调整为75％。即由原来的2809.17万美元，调整为4299.75万美元。现已注入2200万美元，尚需注入2099.75万美元。

2. 香港联盈兴业有限公司，由51％调整为25％。即由原来的2293.83万美元，调整为1433.25万美元。现已注入1287万美元，尚需注入146.25万美元。

上述注册资金要尽快到位。

双方一致表示，要积极争取得到国家的支持和参资。

三、鉴于股比之调整，合资公司董事会和主要管理人员需要作相应调整。经双方协商确定：董事会由11位董事组成。其中浙江方面8人，香港联盈兴业有限公司3人。一致公推南怀瑾先生出任名誉董事长。浙江方面出任董事长，并推荐总经理。香港联盈兴业有限公司出任副董事长，并推荐副总经理。

四、双方要求合资公司加快综合开发业务，积极推进股份制改造，并尽快落实注册资金以外之建设资金。

南怀瑾先生要求股份制改造在今年 7 月 1 日前完成。浙江省方面表示理解，并积极争取。

五、双方确定于 1994 年 4 月下旬，召开董事会，完成合同和章程的修改，产生新董事会和主要管理人员，并研究合资企业有关之其他事项。

浙江省政府常务副省长　香港联盈兴业有限公司董事长

柴松岳（签名）　　　　　　南怀瑾（签名）

公元 1994 年 4 月 2 日于香港

在这次开会时，南老师还特别说："侯博士问我他要不要来港，我说，西线无战事，可暂缓来港。"同时还说："他这个人在 1993

1994 年 4 月 2 日南怀瑾先生（中）与浙江省柴副省长（左）在香港签约，右立者陈定国博士。

年到金温铁路施工各地考查，收集资料并完成境外融资申请报告等，及促使省府同意改金温铁路公司为股份制的体制，工作太热心，为人又直，所以犯了不少错误，如果对各位有不当之处，希望不要因为他而影响了我们未来的合作。"

对股份制与股票上市的误解

股份制与股票上市是两件事，因为有三家公司认股就是股份制了，现在已有香港联盈，浙江省铁路公司，再加一家，不管资本额多少，就是合法的股份公司了。变成股份公司后，就可将资本额变成股份，可以私下招股，也可上市招股。

浙江省金温铁道公司自己的工作报告中，把股份公司与股票上市混为一谈，把问题弄得复杂了。他们是这么说的：

“关于发起人问题，根据股份制规范意见，由中外合资企业作为发起人的股份公司，其发起人不得少于三家，考虑到原合资公司中方的省地方铁路公司不仅代表省，而且代表了金、丽、温三市地。为明晰产权关系，上述地市有作为单独发起人加入股份公司的意见。我们认为：这一要求是合理的，有利于明确投资各方的关系，有利于调动地市的积极性。据此，拟考虑由浙江金温铁道开发有限公司、温州、丽水、金华等有关单位共同发起设立浙江金温铁道开发股份有限公司。这里有两点需要说明：一是作为发起人必须以企业出面，因此需要省政府召集三市地领导开一个协调会，商定各自由哪一家企业出面代表，再由股份公司筹委会协同各有关企业共商发起人事宜；二是原来中方的注册资金，都是由省地方铁路公司作为代表投入的，如二市一地单独作为发起人，则需要作一些账面处理。此外，为了提高金温铁路股票的发行声誉，拟再找若干金融机构，或其他信誉卓著的企业共同作为发起人。”

“在公开发行额度极为有限的情况下，为了筹集尽可能多的建设资金，必须尽量提高股票的溢价水平。然而我公司是一家正在进行工程建设的企业，盈利要等 4 年后铁路建成，并投入营运之后才会产生，故要提高溢价水平，只有通过提高每股净资产含量的方式。而目前公司可供评估增值的资产只能寄希望于 1500 亩开发用地。根据合同规定，公司综合开发用地由铁路总指挥部代征，目前的情况是：金华、丽水两地划定的500亩征地手续，已经办理完毕，尚需办理土地转让手续。该500亩土地征地费为每亩8000元，土地转让还需另行付费。据土地管理部门介绍，土地转让费完全由政策掌握，因此请省政府准予土地转让方面的优惠政策。我们认为土地转让费不宜超过5000元为宜，即征地费加土地转让费，控制在原合同规定的1514美元。温州1000亩征地工作正在进行。温州每亩土地价格经多次协商，并经省领导同志口头允诺，最后确定为每亩35000元人民币，其中省里补贴每亩1万元，合资公司每亩实际支付25000元的价格取得，虽高出原合同规定，但还是可以接受的。不过必须明确此价为土地征用与转让综合价，征用与转让一次完成，目前我公司正积极筹集资金，争取尽快支付给上述地市政府，早日拿到土地使用权。在进行这一工作过程中，希望有关县市和部门，按照合同规定及政府对土地价格的承诺，及时办理有关法律手续，不要再提高土地价格，或另提附加条件或拖延时间。否则，不仅将增加征地工作的难度，影响资产评估工作，甚至对我公司整个股份制改造，造成不可估量的困难。

关于本公司资产评估立项问题，由于公司的发起人及其资金投入还未最后确定，公司的主要资产——开发用地还在办理转让手续，故资产评估基准日，初步定为1994年3月31日。对此，省国有资产管理局提出：评估工作只有在基准日确定后才能申请立项，由省呈报国家总局审批，在批准立项之前无法进行资产评估工作。为了抢时间抓进度，我们希望省国资局予以变通处理，现在就进场先行开展工作，边立项，边评估。这样做的好处是，待国家总局4月份批准立项时，我们的资产评估工作，实际上已近尾声，从而为整个企业改制工作赢得了一个月的时间，这对我们想在6月底前完成公发工作，无疑有着决定性的意义。”

争取土地1500亩是对的，但如果与成立股份公司时进行，届时再一步一步申请上市前的工作才对。人们往往想一步登天，天下哪有那么容易的事呢！观念问题，原来西线、东线每天都有战事，只是没有抓到重点乱忙一气。

铁道公司的报告上又说：“金温铁道公司向省府多次要求、请示，至今未获明示，请省府协调有关部门来完成此一任务。”

试想，股票如果上市，以金温铁道公司的现况言，9年才能还本，拿什么理由可以面对股民呢！什么理由保证你可以赚钱呢！公司不赚钱，证管会怎么会批准你上市呢！要土地是要土地，股份制是股份制，上市是上市，怎么弄到一起去了，自然是愈理愈乱。

南老师感到用股份制来筹集资金是来不及了，只好写信托汪道涵先生面呈高峰，希望中央参与。这也促成了朱镕基副总理到杭州谈金温铁路的问题。

朱镕基到杭　铁道部参与

为落实朱镕基副总理关于金华至温州铁路建设问题的指示，浙江省柴松岳副省长与铁道部傅志寰副部长，于1994年5月2日及5月11日在杭州及北京，就金温铁路建设有关问题进行商谈，现纪要如下：

一、金温铁路对加快浙西南地区及温州港的经济发展和对外开放有重要作用。双方表示，要共同把这条铁路建好、管好、用好。

二、金温铁路原由浙江省和香港联盈兴业股份有限公司合资修建。现根据国务院领导指示，由铁道部参加三方合资建设。考虑与国家铁路联网运输，与路网衔接的运输工作由铁道部统一指挥。

三、股东各方出资比例，按原定注册资本金总额5733万美元计算，除香港联盈兴业股份有限公司占25%外，双方商定浙江省占45%，铁道部占30%。浙江省和铁道部注册资本以外的资金，商请银行安排贷款。三方按股本比例选派董事，铁道部增派一名副董事长。争取在近期内召开新的董事会并修改章程。

四、金温铁路建设工作，仍由浙江省金温铁路建设总指挥部负责，铁道部选派适当人员参加工作。铁路建设和经营，继续执行浙江省各项优惠政策，项目总概算控制在15亿元，各种费用，费率按概算标准严格掌握。

五、铁道部授权上海铁路局为代表，参加公司董事会，参与铁路建设及营运管理等工作。

六、1994年计划投资，要打紧打实，投资在原计划基础上尽量压缩，不足部分请国家帮助解决。

七、要加强金温铁路工程质量管理工作，确保全线工程质量。双方商定，由铁道部增派技术力量，帮助加强质量监理，在联合组织调查后，再商定具体办法。

浙江省　　　　　　铁道部

柴松岳（签名）　　傅志寰（签名）

1994年5月11日

南老师的股份已退至25%，而且也说明不再负责铁道公司的事了，所以南老又于1994年7月26日去函省府，促浙江省立即建立公司新董事会，以确保金温铁路的如期完工与经营。

促成立新董事会

浙江金温铁道开发有限公司函

1994年7月26日

受文者：浙江省柴副省长松岳先生　并请转呈

李书记泽民先生

万省长学远先生

张副省长启楣先生

副本：北京　许先生鸣真

铁道部

杭州　本公司办事处　董代总经理宏

金温铁路建设工程总指挥部杨总指挥国章

主旨：为确保金温铁路完工如期、营运顺利，宜立即建立公司新董事会；并由新董事会缜密计划一切，指挥监督所属，全面推动有关事宜。是所至盼！

说明：

一、七月二十四日，杨总指挥国章来函及《简报》资料均悉。其中所述之工程质量及进度问题，具见强烈之责任感与自信心，令人感动；亦由此足见贵府各位领导先生异常奋发，领导有方，各级工作人员辛劳努力，殊堪嘉慰！愿本此基础，百尺竿头更进一步，铁路前途自必大放光明，当可预卜。

二、来函中又提及资金问题、筹建运行班子、尽快理顺合资公司关系三事，皆属真知灼见。惟当务之最急者，乃理顺合资公司关系，即产生强有力之新董事会问题；此乃一切问题之前提。前提不能解决，其余问题终无法解决矣。此事解决之后，其他繁杂，不难逐一迎刃而解。

三、四月一、二日柴副省长、张副省长及朱副秘书长一行八位官员，曾莅临香港敝寓，双方商谈甚欢，并已据周详之考虑作成书面决议（《会谈纪要》）。相信今后铁道部及贵我三方，只要依此决议精神努力不渝，必可破除一切困难，圆满达成各方共同之初衷愿望；造福地方百姓，并为全国铁路之楷模。

四、在上述会谈时，柴副省长、张副省长曾再三相托，望老拙有机会向中央铁道部进言及争取大力支持；老拙一直放在心上，未敢或忘。近日终请得铁道部有关人士来港畅谈，充分沟通，结果圆满。亦从而知悉铁道部态度甚佳，表示对金温铁路大力支持共襄盛举之美意。如此佳音，想贵府当与老拙同感欣慰与鼓舞者也。

五、按《会谈纪要》第五点原定“双方确定于一九九四年四月下旬召开董事会……”老拙原以为贵府既已成为最大股东，此事理当由贵府主持，方属正办。今久候未见通知，想系谬承贵府过份尊重之故，此诚老拙之罪过！顺此告罪。惟如前所述，产生新董事会乃未来一切工作之大前提，此事无论如何不宜再延；望贵府急速与铁道部联系，推出新董事会，健全合资事业之领导体制。至于原董事会，既已实质停顿，而老拙目前又不便前往杭州，故若有结束手续而须办理者，以变通方法处理即可。

六、承蒙贵府厚爱，推老拙为名誉董事长，诚受之有愧。惟念老拙身为金温铁路之催生者，并兼为香港联盈兴业公司董事长、投资金温铁路之首创者，故无论任何名义，均在望能有助于顺利完成铁路之建设与营运，造福地方同胞；老拙凛于此义，乃不敢推辞。今后老拙以此名义尽其道义言责，如有不当，尚祈贵府及公司全体同仁多加包涵，是祷！

南怀瑾　拜启

1994年11月16日，杨国章给南老师报告说：

金温铁路现由香港、浙江省、铁道部三方合资建设，组成新一届董事会并召开会议。对此，柴松岳副省长甚为重视，部署省府办公厅秘书长负责抓这一件事并要求我们抓紧与各方联系，提前会期，议定大计。现将有关浙江金温铁道开发有限公司董事会席位变化等情况，向您报告如下：

一、浙江金温铁道开发有限公司原董事会由13人组成，新一届董事会按股东各方出资比例仍确定为13人。其中：浙江省6人（出任董事长1人，董事5人）；香港联盈兴业股份有限公司3人（出任副董事长1人，董事2人）；上海铁路局4人（受铁道部委派，出任副董事长1人，董事3人）。

三方一致公推您出任名誉董事长。

这些情况，已函告各方。

二、三方都表明在年内要抓紧召开一次董事会，以完成合同和章程的修改，议决金温铁路建设及合资企业运作大计。但铁道部上海路局之有关人事安排变化，虽经我方多次函询至今未获。仅此，我们想通过您的影响和关照，请铁道部及早提供有关人事名单。香港方面三位董事的人事安排亦请电传给我们。

这些资料的提供，有利于董事会会议的筹备工作。

三、并将“关于修改合同章程的补充协议”（草稿）电传给您，敬请指正。

铁道部人事司，关于推荐浙江金温铁道开发有限公司董事会人选意见函：

浙江省人民政府办公厅：

你省地方铁路公司关于推荐金温铁道开发有限公司董事会人选的函件收悉。经研究，推荐意见如下：

副董事长　　上海铁路局副局长　　王麟书

董事　　上海铁路局运输处处长　　程子良
董事　　杭州铁路分局副分局长　　赵金荣
董事　　杭州铁路分局副分局长　　金志康
新增补
副总经理　　杭州铁路分局副总工程师　　杨明富
特此函告

铁道部人事司
1994 年 10 月 6 日

金华到缙云的施工状况

1995 年 11 月 25 日，杨国章来函谈金温铁路工程概况：

遵省府办公厅意见，把铁道部参加金温铁道开发有限公司董事会人选名单转告你，并烦请南老师将我们联盈公司董事会调整后的人员电传给我，为尽快召开董事会做准备。

我最近全部精力在金华到缙云的工地上。研究解决架梁铺轨有关问题，截止到 24 日，已架桥 24 孔，铺轨 24 公里。由于铺架设备经常出故障，效率不高，我上个月果断决定采用人工铺轨，同机械铺轨同时进行，从铁路部门调过三个人工铺轨队伍。我们总指挥部的弟兄全部在工地上，日夜奔忙指导铺轨，及时研究解决建设中问题。从目前看，采取人工铺轨加快了进度，预计到年底铺轨是可以完成的。架桥梁，由于设备陈旧效率不高，加上工期短，可能要推迟到 1 月上旬。我昨天采取措施，决定给架桥施工队增加几十万奖金，也有可能年内完成。总之请南老师放心，我一定全力以赴，想尽一切办法完成 84 公里，这个建设速度在国内也是领先的。通过铺架，证明我们的桥梁、隧道、涵洞、路基等工程质量经受了考验。是给那些说我们搞不好铁路的先生们一个有力回答。总之我不辜负南老、李素美小姐、传洪先生对我的信任。

另外，南老几次叫我去香港，我本应即去报告工程情况，但由于这里是铺架关键时刻，又要筹划运行准备工作，确实离不开，不是不相信同仁，而是不能离开，否则要误事，年内完不成，无法向南老交待。我这个人性格是说到做到。对此次香港没有及时去，柴松岳副省长也关心我，叫我回杭州休息一段时间也未回去，请南老谅解。待 84 公里铺架完成了，我的压力也没了，一定去香港当面检讨。

通过铺架，沿途武义县、永康市、缙云县的百姓盼了几十年的铁路，总算看到了铁路，看到了发展经济的希望，老百姓是欢欣鼓舞。他们是忘不了南老为这条铁路做出的贡献。

南老可能听到我们的架设好的通信线路，及钢轨螺丝配件被盗，我已组织公安人员正在进行破案。另方面通过沿途的政府，教育群众保护铁路设施。

南老交待的铁路绿化工作，拟在今冬明春把路基两边绿化搞上去。

以上简要报告，望指教。

再促新董事会成立

浙江金温铁道开发有限公司函

1994 年 11 月 24 日

受文者：浙江省政府

浙江省地方铁路公司

副本：（北京）许鸣真先生并代转铁道部

（杭州）本公司办事处董代总经理宏

工程总指挥部　　杨总指挥国章

主旨：检送本公司董事会“决议文”及南先生“谈话大要”各乙份，敬请查照。

说明：

一、为贯彻南怀瑾先生与柴副省长松岳在今年4月2日签署的“有关金温铁道建设的会议纪要”的精神与规定，鉴于11月16日杨国章先生给南先生函件的需要，宜尽速理顺公司内部的关系，以利于铁道建设的进行，故临时决定召开董事会，作成决议文。

二、其他详细原委，并请参阅附件二。

浙江金温铁道开发有限公司董事会决议

时间：1994年11月22日下午6时

地点：香港联盈兴业公司会议室

出席董事：（签名）

主席：南怀瑾

决议文：

一、同意照1994年4月2日南怀瑾董事长与柴松岳副省长签署的“有关金温铁道建设之会议纪要”全部内容，调整本合资公司注册资本之比例，及调整新董事会结构。

二、原董事会自即日起解散。董事长南怀瑾先生改任名誉董事长，并追溯自1994年7月26日起生效（即依本公司（1994）誉字第001号函办理）。

三、新董事会应从速召开，以利工程之进行及铁道之营运。

四、此次董事会系原董事会之最后一次会议，为争取时间，在香港临时决定召开，经多数董事同意达成本决议。未能莅港参加之董事，请补签名同意。

杂乱无章的经历

南怀瑾先生在浙江金温铁道开发有限公司董事会谈话大要：

时间：1994 年 11 月 22 日下午六时

地点：香港联盈兴业公司会议室

一、自 1988 年从美国移居香港，就有心为国家民族尽一份心力，但并不知具体做些什么。不久温州的领导人来提起金温铁路的问题，历经七十多年，五代政府当局想做都做不成，才恻然心动，同意出面做个“催生者”。想不到真是“善事难为”，好不容易在 1992 年 12 月 18 日开工了，但两年来种种意想不到的事情不断发生，令人困惑不堪；既不知政策是什么，也不知道浙江省政府方面究竟是谁管的。我们照原合同，经多方筹划努力，已洽好向外国银行贷款，但所得结果只是相应不理。又经多方筹划努力，期以债券或股份制方式“还路于民”，其结果是不蒙采纳，也白费力气。种种不可思议的情形，我过去讲过多次，有些讲话也写成了文章、文件，在此不必重复了。

二、今年 4 月 2 日，浙江省府方面，柴松岳副省长、张启楣副省长以及朱荣培副秘书长一行，来香港同我见面。他们表示了一定要把铁路完成的决心，令人欣慰！因为建成铁路，造福地方百姓，完成七十多年未做成的事，实在是一项功德。这次见面，在很融洽气氛下，签下了名为“有关金温铁道建设的会谈纪要”，实质是我方同浙江省的协议。我本想，从此可以放心；今后只要站在监督者的地位，从旁协助省政府尽力完成铁路的建设就是了。但想不到，7个月之后的今天，才发现协议归协议，麻烦的事情接踵而来，仍然使人困扰。

三、因为，协议规定调整了股份比例，外资从51%降为25%。并明定在4月下旬应召开董事会，结束原董事会，产生新的管理机构，理顺关系。但决议后一直没有了下文。到7月下旬，也就是期限过了3个月，我们不得不以公司名义，发了一个正式信函给浙江省诸位领导，催促他们立即召开新董事会，我本人也声明“原董事会，既已实质停顿，若有结束手续办理者，以变通方法办理即可”，及“承蒙贵府厚爱，推老拙为名誉董事长……乃不敢推辞”。我们去函的意思很明显，就是要省府依“会谈纪要”协议，全权处理好一切法律手续及有关事宜。可是，这信函（1994年7月26日［1994］誊字第001号）发出后，又石沉大海。究竟省府方面怎样打算？令人莫明所以。

四、尤有甚者！近日，忽接浙江省有关先生来电告知，谓中国交通银行调拨1000多万美元经费给金温铁道公司，要我签名具领云。此事令我颇感意外。7月下旬既已去正式信函声明我只是名誉董事长，复有何地位立场签字领取中央拨下之款项？公家的事情要合法律的清楚手续，不能含糊的。此事为我拒绝不久，又忽接杨国章先生11月16日来函，说是“将有关浙江金温铁道开发有限公司董事会席位变化等情况，向您报告”云云，此函究竟何意，令我不明了。可能是，在浙江省府的观念，认为我仍然是公司的董事长，我在四个月前的声明无效；但既然知此，为何又不知会本公司杭州办事处的代总经理董宏？岂非自相矛盾？故令我不明。

五、综上所述，显然现在公司内部的法律关系十分混乱，省府方面也没有人主管。当然，唯一可安慰的铁道工程进行如常，这是杨国章先生领导有方，应予赞扬。但如果公司法律关系不予理顺，将来如有纠纷必不可收拾，一件好事会弄得各方不愉快；铁路完成了，因其他枝节变成了笑话，就不幸了。

六、我既声明过自己已不是董事长了，但是他们却置若罔闻，好像硬把我还当董事长看待。啼笑皆非之余，趁你们几位都在香港之便，只好临时决定正式召开一次董事会。这也是我任内最后的董事会，作成法律上结束原董事会的决议，为新董事会催生，即是让浙江省府今后更易理顺法律手续。我也顺便把前因后果讲清楚，希望浙江省政府从此正式负起全盘的责任来。

七、浙江省政府怎样负起责任来？有个最根本的观念我必须重申的：这条金温铁道，不是我南某人要做，更不是为我而做的；而是地方百姓要做，浙江省政府应该做的。只有彻底理解这个观念，主事者才有强烈的责任心；有强烈的责任心，才能积极主动地去做好一切工作。

八、此外，杨国章先生传真信还附了一份“关于修改合同章程的补充协议”（草稿），我看内容要仔细研究。尤其陈定国先生提出，资金贷款变成以合资人按比例分担，而不是以整个公司名义负担，这个意见应细加斟酌。不过，将来合同章程怎样修正，是新董事会的责任，在此我们暂时不提了。

这就是南老师的讲话，他申明，他不再是金温铁道公司的董事长了，他已将责任交给了浙江省，但是他还是会协助大家，他的愿望是大家好好修成这条铁路。

南老给董宏的信

岁末之时，南老师特写信给董宏，期望在做人处事上更进一步：

王伟国即转

董宏弟台左右：

读书明理难，做人做事有高瞻远瞩而能把握现实更难。为恶易，为善难，而无明智以处善事，翻将善事而成恶果甚易，譬如玩球戏，高手出球，庸人自扰，甚之，翻将好球打错方向，投向篮外。如此而使主其事，扼手浩叹而徒呼奈何者，当今之世，比比皆是此辈。殊不知藉此数千年文化，由今半世纪磨练，所培养之人才何在？金温铁路一案，备尝苦果，充满矛盾，统因此等基本原因所造成。换言之：即当其事，缺乏宏观远见，又不肯真心办实事之所致。目前我可撒手不管，一切认输，自承对事不明，对人不智，但做菩萨低眉，一切如梦幻空花，布施众生而已。唯老弟认为做好事当使成为善果，尚不断奋斗努力，因此，亦可稍俟以乐观其成。但望老弟在国内，多向高年有德有识者请教，如你之东翁卜老、学识经验均甚深密之汪老道涵先生等，俾能得其相助，则于弟必大有进益也。行思及此，特为专告。祝

时安

南怀瑾

一九九四年十二月十五日

第十章 新的阶段

金缙通车 沿途欢腾

金缙通车 向南老致敬

附陈直言 聊备参考

金温铁道开发有限公司董事会工作报告

公司正式改组

工程设计简况

筹集融资 巧妇难为

转投资的损失

风清月白 云蒸霞蔚

金缙通车 沿途欢腾

1995年2月21日，杨国章来函道贺金温铁路首段84公里铺通。

南老师：您好！

2月21日清晨五时十分，金温铁路金华至缙云段84公里胜利铺通了，特向你报喜。当天上午10点缙云车站一阵鞭炮声，火车鸣长笛，机车便驶入缙云车站，广大群众一片欢呼声，多年的愿望实现了，终于看到了火车。

南老从项目筹备和建设费尽了心血，特别是在建设中给很大的关怀和支持，在此，我谨代表总指挥部向您表示崇高的敬意和感谢，也向李素美小姐、李传洪、董宏、王伟国先生表示敬意。

浙西南这块土地上总算有了84公里铁路，这是金温铁路催生者南老的功绩，浙西南人民忘不了南老。我们在铺架桥梁时，每到一处老百姓日夜冒雨在观看架桥，并放鞭炮迎接铺架机车。足以说明这个工程是符合民意的，浙西南人民将永远铭记您的丰功伟绩。

南老先生，我们虽然取得铺通金缙84公里的成果，但今后的任务依然十分艰难，特别是当前资金上遇到困难更为突出。如果国内贷款能解决，下一步的工程是可以全面铺开的，通过调整施工组织方案，实现原定工期计划还是有可能的。以上仅作简要报告，详情待赴港时面报。

另外由金温铁道开发公司派人参加开工典礼后的回应，又说明了南老早已预测到的铁路管理问题，比修路更困难，其来函重点如下：

> 我于3月5日赴金华参加金温铁路金缙段试通车仪式。首列火车上午9时从金华发车，12时顺利到达缙云，缙云参加仪式的群众有近10万人，在一片热烈的欢呼声中，我却感触颇多，引起种种思索。
>
> 试通车顺利告成，金温铁路建设取得阶段性胜利，那么合资公司什么时候参与营运呢？何时接手管理营运呢？还有：
>
> 一、目前的试运行由总指挥部运行办牵头，经费由总指挥开支。总指挥已拟定6月份即开始对外经营运行，在一定时间里争取自收自支，保本经营。
>
> 二、总指挥为管理金缙阶段的营运，拟成立金温铁路金缙段营运公司，但这一“官办”公司，同金温铁道公司，中外合资三方参股经营的性质不符。
>
> 三、为配备急需的干部人员，总部目前采取由沿线各市、县政府推荐，并调入当地机关或企业的办法来解决。这样一来，人员的调动和任用又沿着旧有的一套干部管理程序，而且总指挥和地方政府，又不可能有充足的干部职级来满足调入干部的要求。
>
> 四、为适应运行急需，人员培训急不可待，但目前总部没有足够的人员与力量去开展此项工作。

这就是南老早看到的矛盾，怎么理顺管理的管道，谁来领导才是正题。

金缙通车 向南老致敬

浙江省人民政府给南老师的信函：

南怀瑾老先生钧鉴：

金温铁路金缙段84公里，在国章带领下，总指挥部及金华、婺城、武义、永康、缙云等市、县、区分指挥部率全线施工人员艰苦努力，已于2月21日铺通。

3月5日总指挥部举行试通车仪式，原国务委员王芳出席仪式。我乘坐试通列车，顺利抵达缙云，宣告试通车成功。承蒙老先生垂注，委派伟国先生参加通车仪式，并代表您老发表了热情洋溢的讲话。

金缙段试通车消息传开，沿途群众，奔走相告，欢呼雀跃，仅缙云一地，竟自动聚集群众达八万之众。是夜，还自发组织烟火晚会，欢庆火车抵达山城。足见修建金温铁路，乃深得民心之盛事，功德无量之善举，老先生鼎力促成，当推首功也。值此金缙段铺通试车成功之际，谨向老先生表示衷心感谢崇高的敬意。

目前，我已嘱国章办三件事，一是抓紧金缙段站场等配套设施的建设，争取年中投入试营运；二是抓紧缙云到瓯海各段工程的建设，并争取明年上半年铺通到丽水市；三是抓紧董事会准备工作，争取在3月底前召开。并请国章在近期去港向您老面禀有关事宜。请老先生届时赐见。顺颂

祺安

浙江省副省长　柴松岳

1995年3月7日

附陈直言 聊备参考

南老回给柴副省长的信：

柴副省长松岳先生左右：

三月七日传真敬悉，首先为浙江省府及省府诸公祝贺，金温铁路能于现前首先走出第一步，在我内心观念来说，应算松

岳先生您及杨国章老弟最有功劳。我正盼望国章老弟到此商谈继续前进，请即转知他能速来为妙。不然，恐我另有远行，即不及接待也。

另当三月八日接到您发来传真的后两小时，即接到杭州方面发来《浙江日报》第一版第四条有关金温铁路的报导，与您发来的传真对照一读，真令人有啼笑皆非，为之气短之慨！

自从两三年前我们与浙江省府打交道，共商合资修建金温铁路以来，在浙江方面的新闻报导及传说，一直是对我们外资方面，不作善意的报导，甚之，有恶意诬蔑的作用。我一直不明白，省府领导方面，为什么不能统一战线，对新闻主管及统战运作，以及文化部分，何以会变成这样矛盾突出。

在我的老朽顽固观念里，江浙人文文化，由明清两代五六百年以来，素来具带头作用。而今在金温铁路这一个案而言，自开始到现在，凡有关新闻宣传工作及统战战略，与文化运用上，简直如同背道而驰，殊为可怪。因我与先生您多次见面，公谊私交略有情分，故在答函之余，附陈愚蠢直言，请祈见谅！并望将此意转告省府高层领导诸公，聊备参考。在此开放发展现况中，恐怕不能把握新闻宣传及统战的高瞻远瞩策略，终会导致太多的遗憾与后悔的。看来，我总是年迈话多，又是狗拿耗子多管闲事了！一笑！勿怪！祝

政躬康泰

南怀瑾

一九九五年三月十日

再附及：

我此意是希望省府领导诸公多留意政治家的领导艺术，不要只做一个政府机构的工作者。

金温铁道开发有限公司董事会工作报告

南老于1994年7月26日去函浙江省府，再次说明已不是铁道

公司董事长身份了，但浙江省仍然没有任何回音，所以杨国章到香港后，南老于 1995 年 3 月 30 日特别召开了董事会，大家都签了名，再促使浙江省政府重视这个决议!

“金温铁道开发有限公司于 1992 年 11 月 18 日成立，至今已运转两周年。这两年在董事长南怀瑾先生的领导和策划下，董事会的主要工作是促成建立公司，以及推进铁路工程实施。在各方共同努力下，铁路工程建设已取得令人满意的进展与实际成果。

一、促成建立公司及工程开工

1992 年，合资双方积极配合，完成了项目的各项前期工作及公司的筹备，实现了公司开业和铁路工程的开工。稍后，完成了公司与浙江省有关方面的工程建设承包协议，为铁路工程建设提供了条件。

二、促使资金到位，积极筹措建设资金

1993 年，各方董事认真履行合同，实现了注册资金的按期或提前到位，同时多方落实境外贷款，尤其外方，为组织境外银行贷款开展了大量工作，取得一定的进展，但因中方担保条件变化而未能实现对外借款。

三、克服种种困难，保证了工程建设的按计划实施

浙江省方面在组织工程建设中，克服了施工设备、设计、施工资金和先期组织机构等方面的种种困难、以坚韧不拔的精神做了大量艰苦、细致的工作，中外两方对建设总指挥部给予了很大的支持和关怀。尤其南怀瑾先生经常过问建设情况，并指导工作，使建设工作在短期内达到进度要求。到 1993 年底，在实际开工仅半年的情况下，取得完成金缙段土石方 90％的业绩，进而到 1994 年一年中，实现站后工程基本全面开工，铺轨、架桥进入高潮。1995 年 2 月中旬已铺通，金缙段临运组织已着手建立，为 1995 年下半年试运行创造了条件。缙、丽、温州段工程施工全面展开，进度较快。由于建设资金原因，丽水至青田段尚未全面开工。

四、组织境外专家对铁路实地考察论证

两年中，南怀瑾先生组织外方专家自费考察，对铁路工程建设、综合开发等提供了多项宝贵意见；同时也起到了内外沟通情况和加强合作的积极作用。

五、调整股比，同时相应调整董事会成员

去年4月，以柴松岳副省长与南怀瑾先生为代表的投资双方在香港会晤，经磋商，针对当时对外借款的变化，为了解决建设资金，同意对公司注册资本比例作调整，并提出商请铁道部参股的建议。经联络、商谈，铁道部接受此议案，至去年5月，原双方合资变为铁道部、浙江省、香港三方合股，股比及注册资金以外的国内贷款也以文件形式确认。

六、几点建议

1. 尽快组建新的董事会并尽早召开新的董事会议。

2. 浙江省要尽快推荐公司总经理人选，在新的董事会未召开前，由浙江省自行牵头组建新的合资公司工作班子，抓紧建立合资公司及各管理机构，使公司各项工作逐步进入正常运转状态。

3. 两年多来原投资双方（浙江省和联盈兴业有限公司），在建设前期准备及开工建路等方面，已投入大量资金和精力，完成工程量达30%多，按规定股份调整应进行资产评估。但现由于种种原因不能进行评估，对此原投资双方从铁路建设大局出发，同意不进行评估，但今后若增加股份和股份调整，原投资双方可优先增购，仍不进行资产评估。

七、董事长南怀瑾先生，作为金温铁路催生者功不可没，金温铁路在几经反复历遭难产之中，南怀瑾先生以大义之举，竭力促成首例中外合资建路，终使百年梦想开始转为现实。此间他在解决总体筹划，具体运作等方面均付出了大量心血，其历史意义、功绩必为世人瞩目与敬仰。

鉴于南怀瑾先生尚有更重要的工作，同时也考虑到他的多次要求，董事会决定接受南怀瑾先生关于不再担任董事长的辞呈。同时全体董事诚恳提议，请南怀瑾生先生担任下一届董事会名誉董事长，继续关心支持金温铁路各项事业的发展。

以上各点为本届董事会工作小结，在董事会面临改选之际，本届董事会认为，金温铁道开发有限公司随着铁路建设的进展，将面临越来越繁杂的工作，诚望新的一届董事能以新的面貌，更高的工作效率，为公司的长远发展、兴旺、发达作出努力。

董事长：南怀瑾

董事：杨国章、李素美、陈定国、王伟国、南怀瑾、蔡世亮

副本送：浙江省人民政府、铁道部、香港联盈兴业有限公司

浙江省地方铁路公司　金温铁道开发有限公司”

在南老师一再的催促下，金温铁道公司的新董事会，终于1995年7月6日至7日开了会。

公司正式改组

1995年7月6日至7日，浙江金温铁道开发有限公司（以下简称“合营公司”）董事会在杭州召开会议，审定通过了“关于修改合同、章程的补充协议”，并就金温铁路建设和合营公司管理等重大问题进行了审议。出席会议的董事及其代表有：王麟书、何达诚、金志康、王进禄、李传洪、王伟国、董宏、杨国章、阮晖、赵毅通、徐培金、杨秀珠、陈洪源，浙江省府朱荣培副秘书长，和有关单位代表列席了会议。会议由杨国章主持。

会议期间，浙江省委、省政府领导万学远、柴松岳、刘锡荣、张启楣看望了全体董事。现就有关事项纪要如下：

“一、董事会组成。根据股东、股比调整情况，合营公司董事会和主要管理人员需要作相应调整。经合营三方协商确定：本届董事会由十三位董事组成，其中浙江方面六人，香港联盈兴业有限公司（以下简称“联盈公司”）三人，上海铁路局四人。本届董事会于7月6日在杭州成立。

1. 会议一致公推南怀瑾先生出任名誉董事长。

2. 选举杨国章为董事长，王麟书为副董事长，联盈公司副董

事长一名（暂缺）。

3. 决定聘任阮晖为合营公司总经理，联盈公司出任副总经理一名（暂缺），上海铁路局推荐副总经理一人，董事会授权阮晖总经理酌定。

二、合营公司财务管理等有关问题。

1. 合营公司前阶段的财务截止 6 月 30 日，原经营中发生的债务、债权延续由新任总经理处理。原任公司负责人和公司有关部门负责人对原经手债务、债权应协助新任总经理协调处理。7 月 1 日起的公司工作和财务管理由新任总经理负责。对合营公司前阶段经营的部分项目因种种原因发生亏损的，责任归属合营公司前阶段工作，其亏损由合营各方承担。铁道部方面属新参股方，按原始股办理，在公司经营中与甲、乙二方同享利益，共担风险。

2. 合营公司有关职工待遇问题，目前暂按原标准执行。希望合营公司及早提出方案，以提交董事会审定。

3. 合营公司机构设置要认真研究，尽快提出方案，提请各位董事讨论审定。

三、工程建设计划和管理问题。

1. 工程建设原则按现行方式管理。合营公司作为项目业主承担筹资任务；其建设单位的主要职能，委托金温铁路工程建设总指挥部（以下简称总指挥部）实施；整个工程仍由省地方铁路公司，代表浙江省按审定的设计和调整后的概算，向合营公司总承包。由于合营公司承担了部分建设单位职能，工程总概算单位管理费，应留给总指挥部。

2. 同意工程建设总工期按五年（1993 年 1 月至 1997 年 12 月）安排工程进度计划和资金计划，由总指挥部编制施工组织设计和工程进度计划，送请合营公司审定批准。合营公司据审定的进度计划向总指挥部拨付工程款，如资金不能及时到位影响工程进度计划实施并造成损失时，由合营公司负责；如资金按计划供给，总指挥部未能按进度计划保质保量完成任务时，由总指挥部负责。

3. 对工程总造价的概算调整，由合营公司尽快组织浙江省、铁道部、香港方面共同审定。

4. 根据工程建设计划，对各股东方承担的注册资金与注册资金以外的建设资金贷款，会议要求在三季度以前到位 50%，其余部分在 10 月底到位。

5. 建设期贷款利息 2.11 亿元人民币，提请各投资方给予落实。

6. 总指挥部为合营公司代借款为人民币 2.79 亿元和美元 674.2 万元，代款利息 9876901.72 元，已经核实，予以认可。要求合营公司与总指挥部及早办理移交。

总指挥部代垫的 500 亩征地费、土石方费、营运管理费用、筹资费用由合营公司另行与总指挥部清算。

四、开发用地问题。

对合营公司 1500 亩开发用地，各方代表都提出了各自意见(附后)。会议认为，对开发用地问题由于情况变化，应妥善解决。至于给多少，怎么解决，请求省政府决策。

温州市提出，对于合资公司 1000 亩开发用地，温州市已作规划预留，并已签订协议，但因合营公司等单位的原因，未及时办理征用；二是由于铁路造价低，而温州市为铁路建设及其配套工程要开支 7 亿多元，为落实这部份资金，温州市要考虑开发土地；三是由于投资比例发生变化，故省里不应要求拿出这 1000 亩土地。考虑到香港方面对温州的支持，温州人民感谢南老，温州应支持香港方面在温州开发和一切工作。如果金华、丽水要求改变，我们认为，应按线路长短来摊派土地开发数量。

上海铁路局意见：对合营公司 1500 亩开发用地问题，要求按合同条文办理。希望各方在面临困难条件下，寻求一个妥善的解决办法，请浙江省政府裁定。

香港方面意见：由沿线各地出让 1500 亩开发用地，是金温铁路原合营双方签订合资合同的基础，和双方进行合作的必要条件，在合资公司股权结构发生变化的情况下，仍以维持原合同规定的条款为宜。

金华、丽水意见：一、应维持原合同不变。二、如要调整，金华、丽水、温州应同时调整。

五、对工程总造价的概算调整，由合营公司尽快组织浙江省、铁道部、香港方面共同审定。”

工程设计简况

1995年7月7日金温铁路工程计设简况：

一、工程概况

金温铁路自浙赣线金华新东孝站出岔，途经金华市（婺城区、金华县、武义县、永康市）、丽水地区（缙云县、丽水市、青田县）至温州市（瓯海、鹿城、龙湾）龙湾港前站，全长251.5公里（设计里程）。

全线主要工程量（按现有资料统计）：路基土石方1500余万方（施工方）；特大桥4座、大桥30座、中桥63座、小桥19座，共计116座，12635延米；隧道79座，34797.5延米，其中3000米以上1座，2000～3000米1座，1000～2000米七座，1000米以下70座；涵洞930座；征用土地15100多亩：拆迁建筑物32万平方米。全线经过3市（地）、10县（市、区），初期开站21个，即金华南站（交接站）、江岭、履坦、武义、永康、石柱、新碧、缙云、小处、丽水、石帆、石门洞（乘降所）、南岸、船寮、青田、高岗、双潮、横山、江南、温州西、温州客、龙湾站，另远期预留站6个。正站线铺轨293公里（站线41.5公里）。

本线主要技术标准为：新孝东至麻车塘段，按国铁二级标准，麻车塘至龙湾段按一级地方铁路建设，最大限制坡度为9%，最小曲线半径为350米，到发线有效长初期450米，远期650米，预留850米，初期暂定东风四型内燃机车，牵引定数1650吨。继电半自动闭塞。温州西编组站初期一级二场、远期预留一级三场规模，温州西初期为运用段，远期预留本段。年输送能力 1000 万吨预留。

二、工程总投资、总工期和管理机制

本项目初步设计总投资为 1.72 亿美元，由于近几年物价上涨和工程数量变化等因素，按浙江省和铁道部有关规定，政策性调整后的概算为 19 亿人民币（不含利息）。

本工程建设总工期原为四年，由于建设资金未按计划到位，部分工程推迟施工，现调整为五年（1993 年 1 月至 1997 年 12 月）。

金温铁路业主为浙江省金温铁道开发有限公司（浙江省占 45％，铁道部占 30％，港方占 25％），按合同规定，金温铁路工程建设由浙江省负责。浙江省政府为了加强领导，成立金温铁路领导小组，并组建浙江省金温铁路工程建设总指挥部，负责整个工程建设任务。同时各市（地）、县（市、区）分别建立指挥部，实行省、市（地）、县（市、区）三级指挥部机构，分级负责、分级管理、分级承包建设。

三、施工方式

本工程以地方队伍和专业队伍相结合的方式施工。路基、桥梁下部、涵洞、隧道、铺碴、房建工程以地方队伍施工为主。铁道部第十四、十五、十六工程局，上海铁路局第四工程公司，金华工务、电务段，南昌铁路电务工程公司等专业队伍，参加了铺轨、桥梁、通信、信号、电力等工程的施工。本工程在麻车塘设制梁场和铺轨基地，由铁道部第十四工程局承担全线钢筋混凝土梁预制、架设、铺岔任务。本线与铁道部专业场联营，在丽水新建轨枕厂，生产全线铺枕。

四、工程进度

自开工以来，在省委、省政府和铁道部的领导下，沿线各级党委、政府的关心重视下，在各有关部门和沿线广大人民群众的大力支持下，各级指挥部克服了技术力量不足，设计滞后，资金十分紧缺等诸多困难，发扬了艰苦创业，团结拼搏的精神。经过两年苦战，于 1995 年 2 月铺通金缙段 84 公里，并试通车成功，取得了阶段性成果，如期实现了两年铺通金缙段的目标。两年来，金缙段站前工程已基本完成，站后配套工程将在8月份完工，可望在10月份开通试营运。缙云站至丽水站路基、桥、涵、隧道工程已全面展开，青田站至温州西站千米以上隧道和部分工程进度较快，可在年底完成并达到铺轨。丽水、青田、温州站场土石方工程也已全面展开，并分别完成工程量的73.09％、53.75％、35.6％。温州市的软土处理：砂石垫层完成32.02％、土工布完成19.65％、沙井完成73.03％。截至1995年3月底，全线财务数支出65145.53万元，应付未付2876073万元（含借款利息2269.13万元），完成投资72347万元。

征地拆迁情况：征地拆迁是工程建设前期最难的一项工作，金温线的低补偿征地拆迁工作显得尤为困难。但沿线各级党委政府大力支持，人民群众发扬了顾全大局、支持重点建设的精神，保证了该工作的顺利进行，使工程得以如期展开。截止1995年3月底止，全线已完成193.26公里的征地拆迁任务，共征用土地12137.7亩（含合资开发500亩），拆迁房屋218843.2平方米，迁坟10639亩，借地222.17亩，尚余58.2公里的征地拆迁任务，将在6月底全部完成。

五、工程质量

管理全线工程由铁三院、铁路华东监理组承担质量监理。省、地（市）、县（市、区）指挥部分别建立监理所、监理站和监理科，实行分级监理。同时，省总指挥部建立了工程试验中心，对工程材料进行试验控制。成立精测队，对全线大桥、特大桥、隧道和线路进行复测检查和竣工贯通测量，确保建筑物的位置准确无误。施工中，各级质监部门严格执行隐蔽工程签证等制度，重点工程实行旁监，使全线质量得到保证。已完成和在建工程的质量，经铁道部领导和质监总站领导检查，并得到充分肯定。路基、桥、隧，涵工程经几次台风暴雨洪水袭击，未发生塌沉现象，经受了考验。已完路基土石方工程经验收合格率100％，优良率达到90％；混凝土试件、钢材焊接试件合格率100%。铁十四局生产的钢筋混凝土梁和丽水轨枕厂生产的钢筋混凝土轨枕，经铁道部质检中心鉴定，均达到合格。到目前为止，桥、涵、隧道、路基工程未出现重大质量事故和返工现象。

六　接轨工程进展情况

根据1994年2月25日省政府与上海铁路局商定的《接轨工程会议纪要》按照上海铁路设计院设计的接轨工程文件（图纸），新建浙赣上行线3.641公里，改建浙赣下行线2.81公里，修建上、下行连接线5.42公里（含新东孝站），金温引入线（包括安全线）1.499公里，累计需铺轨12.84公里，铺道岔20组，拆除线路3.67公里和道岔2组。新建中小桥8座，涵洞35座，施工土石方30万方以及征地拆迁、通信信号、电力、房建等改扩建工程，总投资4000多万元。浙赣上、下行改建线路也已完成，已完成土石方24.7万方，完成总投资2200万元。心月塘至新东孝联线正在抓紧施工，金华南站（交接站）已按一正三倒四股存车线的规模建成，现已具备接轨条件。

筹集融资　巧妇难为

1993年8月底，南老的香港联盈公司，代表金温铁道公司向摩根银行借到1.2亿美元，年利率为6%，但因中国银行以不能担保为由而作罢。但是铁路是一定要修的，结果这个担子放到浙江省方面，分别以10%到12%的利率向国内贷款，其中最为辛苦的是柴副省长、张副省长及朱副秘书长。他们日夜为筹集融资而费心费力，全力来保持修建铁路的工作能向前迈进。

金温铁路建设工程借款利息支出情况

金温铁路建设工程从破土动工至1995年4月底，借入资金所发生利息支出3702.21万元，已付利息851.92万元，预付利息120万元，应付未付利息2730.29万元，详见附表：

应付未付利息清单（截至4月底）

贷款单位	借款金额（万元）	应付未付利息（元）
温州市建设银行	5000	1982500
省交通银行	2000	1098000
省建设银行	2000	1060800
金温铁道开发公司	2000	244000
省铁路投资公司	7000	6814920
省地方铁路公司	7000	7394730
省计经委财贸处	4987	7225109
总部综合开发部	2000	292600
省经济建设投资公司	851.9	707808
龙湾区指挥部	200	136640
鹿城区指挥部	200	127400
瓯海区指挥部	300	218400
合计	33538.9	27302907

注：拨款800万美元（交通银行借款）至4月底应计利息249067美元，折合人民币2092163元。

1995年4月30日　总部计财处

转投资的损失

南老于1993年9月30日至10月1日，完成了改制金温铁道公司为股份制的协商，他的股份已退至25%了，所以函请浙江省委派人员接管公司的经营。1994年4月1日与柴省长签约，董事长由浙江省委派；及1994年7月26日南老并在香港召开临时董事会，宣布不再担任董事长之职，可是浙江省方面到1995年7月才决定新的人选。这段真空期间，公司在建设金温铁路的同时，也曾开展一些经济活动，包括内外贸易、房地产开发投资、为铁路建设进口一些设备物资等。但总体经营效果不尽如人意，失误较多，造成一些短期投资及结算资金长期不能收回，具体经营项目严重亏损，给公司造成一定的经济损失。到 1995 年底为止，不良资产占用额为 4458.6 万元，这些遗留的问题解决起来难度相当大。

损失主要有以下几个项目：

一、1994 年上半年，北京北辰物资供应公司的 1994.39 万元。金温铁道公司、浙江联浙工贸公司（金温铁道公司所属）与北京北辰物资供应公司合伙做贸易生意，共计支付或垫付给北京北辰物资供应公司总贷款为 1994.39 万元，其中金温铁道公司直接支付 600.89 万元，通过联浙公司支付 1393.50 万，至今此笔资金未能收回。

二、1993 年 12 月通过联浙公司向哈尔滨 MAO 公司 PECC 项目投资 200 万元，目前该公司经营不景气，未见投资效益。

三、1995 年 3 月通过联浙公司与浙江曲江公司合营兴办联浙大厦经营项目，我方投资 100 万元，另加借款 88.66 万元。目前联浙大厦经营亏损 118.91 万元，还累及债务担保连带责任 1000 多万元。

四、1993 年 10 月通过联浙公司向海南宝山贸易公司投资 151.52 万元，兴办旅游项目，该企业已于 1995 年底倒闭，投资无法收回。

五、1994 年 9、10 月，联浙公司在杭州中银信托公司证券部，购进白云山股票 80.08 万股，积压资金 500 万元。由于股票价格下跌，500 万元资金被套住（已于 1997 年中出售，收回本金）。

六、1994 年 5 月，向青岛海外三胞房地产公司投资 1000 万元，其中金温铁道公司直接汇付 4000 万元，通过联浙公司汇付 600 万元。除已收回利息 300 万元外，尚有本息 1003.29 万元未收回。

七、1994 年 1 月，金温铁道公司进出口部向印尼进口一批布料做贸易生意，总货值 120 万元，至 1995 年底止仍积压资金 52.26 万元。

八、1994 年 2 月，金温铁道公司和省金温铁路建设总指挥部，联合经营进口胶合板业务，亏损 154.1 万元（不包括总指挥部亏损部分）。

九、1993 年度，金温铁道公司房地产部展开房地产开发工作，共计发生费用 22.38 万元，由于此项工作没有继续开展，发生的费用仍挂在账上。

十、由于联浙公司经营不善，1994 年 8 月盲目代为其他单位向杭州财务公司借款，并以金温铁道公司作为担保单位，由于到期无力偿还，杭州财务公司向联浙起诉，并累及金温铁道公司，由此造成金温铁道公司被杭州市中院强行扣走 192 万元资金。

南老在 1992 年给浙江省铁道公司同仁的第一道函，及 1993 年 4 月 15 日给温州办事处的函，以及 1993 年 4 月 16 日给铁道公司的第二道函，一再地说明“不要在地方上打什么贸易赚钱的主意”，只是大家没有看到它的重要性，所以就乱来了。台湾正流行一首歌，多少人受他的影响，这首歌的歌词是：“只要我喜欢，什么都可以。”这怎么可以呢？南老说过：“无论做什么都要不违反法律，不违背道德观念，更要遵守公司董事会的章程。”可是大家就是听不进去。不能因为国家在发展中，法律规定不全，就走小路，道德是补法律之不足，如失去了道德观，这个团体的发展就受到影响了。

风清月白 云蒸霞蔚

在香港时，南老已看出许老身体虽好，但精神并不如以往，特别要他注意，当时我也在场，南老还说："你去出家吧！那你就会放下一切，身体就会好的。"许老只笑一下来作回答。

南老师于 1994 年 8 月 10 日曾给许老一信，感谢他代表中央领导请南老返国定居。

鸣真吾兄左右：

吾兄此行南来，谓衔诸公之命，诚邀北上，宠爱之情，溢于言表，铭谢奚似。数十年来，我以方外之身，处矛盾激荡之局，才识猥屑，只能聊保残命，未能对世局有所贡献，惭惶不已。但于国家民族情怀，一如诸公所志，始终未能释然。回归之心，无时或已。今因应法国学子十余年来恳邀，必须先行了此情缘，然后方得筹思归计，敬请代向诸公复命，并祈见谅是幸。近正因此积愫，口占一绝，附请斧正。

徒负虚名去住难　谋身谋国两无安

此生犹似巢空鸟　只合穿云望眼看

耑此即颂

旅安

一九九四年八月十日　南怀瑾

一年后给许老的信，是告诉他如何疗养自己的身体：

许老鸣真先生：

自养自治原则：一、首先在意识观念上，切知四大皆空，忘身忘我。二、在空身空境界上，一念灵知之性的本人身，它是无病无痛。三、即此一念灵明知性，不随烦恼病痛牵缠过去，如此凝神寂灭，"内照形躯"，知痛即舍即空，知烦恼亦即舍即空，空空亦空，一切不随他去。

如此方为自治良药。太上有言：“上药三品，神与气精。”神即灵知一念清静之境也。望详参之！此致，祝

康复

一九九五年八月二十五日　南怀瑾

许鸣真老先生不幸于1995年10月2日逝世，南老师特送挽联：

事求妥贴心常苦

悟到因缘日已迟

曾为金温铁路奔走，又为海峡两岸出力的老人，离我们而去了，他已竭尽全力，我们会永远纪念着他。

第十一章 人民铁路人民建 一条飞龙跃半壁

心牵铁路 情暖同仁

春节大雪中 修路大会战

温州征地工作

质量进度 并驾齐驱

政府民众 奉献心力

隧道开挖进洞

浙西脊梁 迅猛发展

新春佳节 苦战金温

仙都隧道 塌方十六次

金温工程 暴风雨中无灾情

隧道质量 媲美国铁

保持清醒头脑 面对困难工程

坚定奋斗 贯通金温线

金温铁路分段通车了

金温铁路的无形价值

于1992年12月18日，由南怀瑾先生带头发动的金温铁路，从动工以来，全线政府领导干部、人民，都奉献出他们的时间、力量与金钱，多少感人的场面，为的是配合整体的利益，为了修成一条80年来梦想的铁路。大家的付出，是永远写不完的，就让我们追忆一下大家的辛劳吧！

心牵铁路 情暖同仁

1993年11月22日，柴松岳副省长给金温铁路建设总指挥部发来慰问电，代表省政府向金温铁路沿线各建设指挥部的全体同志，和节日坚守岗位的工程建设者们及其家属，表示亲切的慰问。来电说：

> 金温铁路于去年12月18日开工后，经过各市县政府、各级指挥部的共同努力，和全体建设者们的团结奋战，各项工作已经取得了初步成绩，为全线开工准备了条件。新春佳节，各级指挥部的领导和同志们放弃与家人团聚的机会，战斗在金温铁路沿线，体现出了高度的事业心和无私的奉献精神。

柴副省长表示，春节后，他要抽出时间到沿线看望同志们，实地察看，了解工程的进展情况。柴副省长希望大家在新的一年里，继续发扬艰苦创业、团结奋进的光荣传统，为早日建成金温铁路而努力奋斗。

金温铁道开发有限公司董事长南怀瑾先生，对各级指挥部的同志们，在春节冒雪坚守岗位的精神，深为感动，特从香港发来慰问电，并个人出资慰问各级指挥部、春节加班人员，以表心意。

春节大雪中 修路大会战

1993年1月13日，总指挥部派工作组到各地推进百日大战以来，金华至缙云段各市县指挥部，积极发动群众，组织力量，投入金温铁路工程建设。春节期间，各地干部群众千军万马，冒雪上工地，掀百日劳动竞赛大会战的热潮。

腊月二十八下午，缙云县镇机关干部和群众3000余人在县委、县府领导的带领下，到金温铁路缙云新碧地段工地，参加义务劳动。干部群众顶风冒雪，当天在下东山到后坑1000米线路上，完成了750立方米的路基土石方。

腊月二十九，武义县团委率先发动团员青年2000多人义务劳动。紧接着，五大班子成员，连续几天带领机关干部、大中学生和村民2000余人上工地。经过几天的努力，完成了1公里的边桩放样和政策处理、调查登记等工作任务。

大年初一，永康石柱大文山上彩旗飘扬，石柱镇机关干部，和下里溪村民近千人，在飞雪中展开金温铁路工程百日劳动竞赛大会战，市委书记、市长和市里其他的领导，赶赴工地参加劳动。他们有的劈山，有的砍树……完成了500米的路基清基工作。

金华县和婺城区，从腊月二十八到大年初一，每天出动近20台的大型机械进行施工。在短短的几天时间里，形成了一条长50米、宽30米、高3米的填方路基，完成了6000立方米的土石方。

在参加春节义务劳动的群众队伍中，有七八十岁的老人，也有十七八岁的姑娘小姐；有离退修老干部、老党员，也有各级在职干部职工，还有一些在家度假的教师和大学生。武义县全国劳模朱增德，听说县里组织义务劳动，大清早就带上儿子骑车赶30里的路到现场劳动。66岁的老大娘金银凤，扛起锄头，步行十余里来到工地，当人们问她有何感想时，她说：我这辈子没坐过火车，金温铁路是我们老百姓造的，我要为早日建成这条铁路出力。

温州征地工作

经过一个月的紧张准备，温州西站至龙湾18公里路基土石方工程全面铺开。与金华至缙云100公里施工热潮相呼应，金温铁路两头夹击的态势已形成。1993年8月8日上午，张友余、陈文宪、夏益昌、陈荣等市长六套班子成员，与数千名干部群众、施工人员，一起在该段的六个施工点参加了义务劳动。

按金温铁路的建设计划，要求该18公里力争在两年内拉通，解决建设期内工程物资的运入。温州市指挥部在市委、市府领导直接关注，和有关部门的通力配合下，进行了周密细致的组织工作，确保开工后的连续施工。三个区针对自己的具体情况，采取了不同的施工组织形式，鹿城区采用机械化施工，瓯海区以乡镇分包落实任务，龙湾区则以地方专业队伍与乡镇承包相结合投入施工。

金温铁路征地费：每亩8000元。

温州西站至龙湾18公里线路，需征地49608亩，其中水田238亩，果园145亩，山地45亩，其他6808亩。线路所经大球山，有坟墓2000多座、4座寺庙，更是许多单位想涉足而又无能为力之地。温州以商品经济观念著称，这里人口稠密，寸土如金。金温铁路征地工作却在这里取得了突破。到1993年8月10日为止，49608亩土地已按8000元一亩征用。路基涉及的4700座坟墓，按15元一穴迁移，完成90%，地面附著物清理工作正在进行。

质量进度 并驾齐驱

软基处理是温州工程建设的一大技术难题。为此，杨国章总指挥于1993年9月15日，在温州召集省市、县、区三级指挥部工程技术人员，和温州市勘察测绘院十多个著名软土地基设计并处理方面的专家、技术人员，共同研讨金温铁路温州段的软土地基、涵洞基础设计处理问题。提出三种初步方案：一是袋装砂井堆载予压方案；二是插塑板真空抽水予压方案；三是混喷桩基方案。后经反复论证，认为：采用混喷桩基设计方案为最佳。

1993年9月22日，在永康召开的土石方施工竞赛动员会后，金缙段的土石方工程，已全面推开。为进一步加快施工进度，保证工程质量，如期完成施工任务，李林访副总指挥要求，金缙段各级指挥部当前必须抓好以下几项工作：

一、彻底分解各区段的施工任务，多开工作面，调动一切可以调动的力量，想方设法把工程进度促上去。切实选好一支队伍，订好一个施工方案，签好一份承包合同。对那些无能力完成施工任务的队伍，该换的换，该撤的撤，避免“心中无数决心大”的盲目乐观现象。

二、突出重点和难点，对那些大填大挖地段，必须把最好的施工队伍排上去，抓时间，赶进度。一定要抢在雨季到来之前把主体工程攻下来。

三、各级指挥部要进一步加强质量意识。质量是工程的生命，一定要在保证质量的前提下抓进度，做到质量、进度两手抓，两手硬。从沿线各施工现场情况来看，土石方施工普遍存在问题，主要是没有按照规范要求，分层填筑辗压。有的施工队，甚至连压实设备都没有，有的填方地段，甚至没有进行路基表皮处理。

四、要加强施工机械的配备，提高施工的机械化程度，发挥机械化施工的优势。同时要利用好当地闲散的施工、运输机械为工程服务（注：我当时正在丽水，同总指挥部开会，检讨施工之问题，李副总指挥立即实行，前面第七章已说过了）。

为充分发挥团员、青年在金温铁路建设中的作用，1993年7月份，缙云县组织了一支50多人的青年突击队，承包871米、土石方量达31800立方米的路基工程。他们劈山填沟，开工两个月以来，完成土石方12700立方米。一条长50米、宽6米、高2米的路基已初步形成。

为加快工程进度，提高工程质量，他们修筑400米的施工便道，架设施工用电线路870米，日夜加班苦战。还出资聘请三名技术人员，租借一台辗压设备进行施工。

为推广缙云县青年突击队的经验，总指挥部于9月28日在缙云召开“共青团路区段”现场会，常务副总指挥顾德裕到会讲话，希望沿线共青团组织积极动员团员、青年投身重点工程建设，像缙云县青年突击队一样，为金温铁路建设作出贡献。

政府民众 奉献心力

1993年10月13日至14日，省委书记李泽民、副省长许运鸿率省政府办公厅、省重点办领导同志，自金华出发，视察了紧张施工中的金华至缙云100公里路段各主要施工现场，看望了参加施工的干部、职工和部队官兵，给日夜奋战在金温线的建设者们，带去了省委、省政府的亲切慰问。

在总指挥杨国章、省重点建设特邀顾问郭懋阳，和各市地领导的陪同下，李书记一行风尘仆仆来到车站、桥梁、路基和隧道施工现场，与工人交谈，给施工队和在现场的当地党政领导鼓励。在金华麻车塘和缙云车站工地，李书记与工兵战士、工人一起打风钻……

金温铁路实际施工不到半年，各级指挥部依靠当地党委、政府，充分发动群众，发扬了艰苦奋斗、无私奉献的精神，克服了施工准备不充分，施工技术力量不足，缺乏设计经验，设计没有到位等困难，工程建设取得较快的进展。计划在1994年底通车的金缙段，目前土石方工程完成15%以上，涵洞完成100座，9座大桥已有7座开工，全长1115米的仙都隧道已贯通。看到如此生气勃勃的施工场面和全面展开的工程形象，李书记十分高兴。他说：金温铁路进展这样快，群众发动这样充分，各项政策处理这么顺利，是原来没有预料到的。

在永康和丽水，李书记与各地党政领导，和各指挥部负责同志座谈，并作了重要讲话。李书记说：金温铁路给了我们重要的启示，搞重点工程建设，要充分依靠各地党委、政府，依靠人民群众，这既是我们党的优良传统，也是我们搞社会主义建设的政治优势。金温铁路沿线的各级党委和政府，对这条铁路非常重视，党政领导不仅挂帅，而且亲自出征，选派了得力干部到各级指挥部。沿线的人民群众，对金温铁路表现出非常可贵的热情，也付出了很大的代价和牺牲，在目前利益格局多元化的情况下，金温铁路得到沿线人民群众的理解参与，并且发扬了这种顾大局、无私奉献的精神，是十分难能可贵的，这是一个成功的经验。讲话中，李书记充分肯定和高度评价了指挥部的工作，使从事金温铁路建设的同志们深受鼓舞。

视察期间，李书记专门用半天时间，与总指挥部就面临的困难和问题，进行了研究。

金华县指挥部日前作出决定：撤销江西广丰矿山井巷公司的施工任务，限期清场。预拨工程款暂由开户行冻结，清场前所完成的工程量，由该施工单位自测填报，指挥部审查验收合格后，结清工程价款。

该公司承担金温铁路部分土石方施工任务，由于缺乏健全组织机构和严谨的施工管理，影响了工程各种资料的整理、存档；机械设备和技术力量薄弱，加上承包人盲目指挥，违反施工规范，经考核，进度慢、质量差，很难按期保质完成任务。

隧道开挖进洞

金温铁路丽水市境内，继石笕岭隧道（出口段）后，又一座千米隧道——燕端隧道进出口两端，分别于1993年11月25日、26日开挖进洞。至此，金温铁路全线9座千米以上隧道，除青田的锦水滩隧道和温州的东番、大毛山隧道以外，全部开工。

燕端隧道位于丽水市塔下村瓯江对岸至开潭村，全长1370米，工期要求1995年6月完工，承建单位浙南工程公司，兵分两路，采取双向开挖。施工人员从10月份进场，积极做“三通一平”的施工准备工作，仅一个多月，就完成了作为施工便道所必须的开潭码头的修筑，完成进出口两端的洞口拉沟土石方6000多立方米。进洞后，他们昼夜轮班施工，以单向全断面日进三尺的进度，力争提前贯通。

1993年是金温铁路开工建设的第一年，在各级领导的关怀、重视、支持下，充分发挥自治优势、地方优势，通过各级指挥部的努力，克服了施工准备不足，设计跟不上，专业技术力量缺乏等困难。在实际开展施工只有半年的时间里，取得了较快进展，完成投资2.1亿元（包括征地拆迁）。

1992年12月18日，首期开工的五个点，金华市的麻车塘车站、永康车站进展情况良好，武义（清塘）、缙云（仙都）、温州（洞桥山）三座隧道中，仙都隧道正在进行导坑贯通后的扩挖和衬砌，已完成全洞557延米，工程量过半。金缙段84公里的征地拆迁工作已全部完成，共征地5405亩，拆迁7万多平方米，移坟4700座；路基、站场土石方已完成378.1万方，占总方量的77.1%，已有40多公里的路基基本成型。若无气候或其他特殊原因，春节前可望完成路基、站场土石方任务的85%以上；37座桥梁中，八仙桥、北溪、白鹭溪、墩前武义江等10座大中桥，已达到架梁要求，除个别中桥因变更设计未开工以外，其他全部开工，且大部分桥梁下部工程都陆续抢出水面，春节前可望基本完工；420个涵洞已完工340座，占总量的73%，其余的涵洞已接近尾声。

缙云车站以南到丽水、青田段的主要控制工程已全面开工，6座千米以上隧道中，玉岭隧道已全断面掘进380米，全线最长的（3.5公里）石笕岭隧道进出口两端，累计全断面掘进370米，狮子头隧道两端，累计全断面掘进420米，雅宅隧道已全断面掘进152米，燕端隧道已开工，锦水滩隧道施工队伍已进场，计划1994年1月开挖进洞。该地土石方量最大的丽水车站，已大规模开展施工，完成土石方20多万方。温州段54公里，有18公里的征地拆迁工作已完成；12座桥梁工程已开工；路基土石方已完成10多万立方米；洞桥山隧道已全断面掘进 245 米。

浙西脊梁 迅猛发展

1994 年 1 月 23 日，万学远省长视察金温铁路，在丽水听取总指挥部领导的工作汇报后，作了重要谈话。他说：

“金温铁路建设是省政府的大事，也是沿线各级政府的大事，金温铁路总指挥部代表省政府来完成这件大事。各级政府对金温铁路要进一步支持，要做到资金、物质、精力三合一。要下决心把金温铁路建设搞好，搞上去。

金温铁路去年一年，如果说上半年起步，下半年是实干，开了一个好头，取得了很大成绩。1994 年是金温铁路建设关键的一年，要继续发挥政治优势，鼓足干劲。各级指挥部都要有钢筋铁骨的精神做到四个硬：思想过硬、作风过硬、质量过硬、纪律过硬；三个重视：重视班子建设、重视思想政治工作、重视舆论宣传；两个超前：超前考虑营运和管理、超前考虑如何带动沿线经济的发展。

浙江经济有三大区块，叫做‘VIT’型区块。第一大区块是‘V’字型的，就是上海到杭州、宁波这一线沿海地区；第二大区块是‘I’字型的，是宁波、台州、温州一线沿海地区；第三大区块就是‘T’字型，浙赣铁路与金温铁路交叉，正好是‘T’字结构，就是金丽衢一带。要用改革的思路来考虑，把金温铁路建设成为浙西南经济的脊梁骨，带动浙西南经济的迅猛发展。”

新春佳节 苦战金温

1994 年 2 月 13 日新春佳节，思乡情怀是人之常情，但打不动金温铁路公程建设者的心。为了确保工期，他们克服了资金的困难、生活的不便，放弃与家人团聚的机会，在金温铁路的前沿阵地上，用机声、钻声和炮声，迎接 1994 年——金温铁路建设最为关键的一年。

在北起婺城区麻车塘车站，南至温州龙湾的 50 公里的线路上，有 47 个工点 1160 多人在战线。清塘隧道、何村隧道、长塘湾隧道、仙都隧道、燕端隧道、锦水滩隧道、龙湾隧道等工地，风钻声隆隆。

装岩机、运碴车在紧张运作，保持单向全断面开挖日进 3.5 米的进度；18 座大中小桥不停地在施工，八仙溪大桥工地，近 40 人的队伍正在桥头填土作业；丽水站场、青田站场、武义站场的施工人员，正在挖山填土平整场地；11 个路基段的施工，也是热火朝天……

总指挥部领导杨国章、顾德裕、李林访，春节期间穿梭般往返于工地，哪里的困难最大，他们就奔向哪里解决问题，哪里节日坚持施工，他们就到哪里鼓劲。从 1994 年 2 月 7 日起至 13 日，他们到沿线各指挥部主要工点慰问，并把省政府紧急调集的资金，和总指挥部临时的筹借款，立即划拨给各指挥部，为施工人员送去了工钱。

仙都隧道 塌方十六次

1995 年 5 月 12 日下午 2 点，仙都隧道出口 700 米处，再次遭受 165 立方米的大塌方，多排拱架被砸断，幸好未造成人员伤亡。

仙都隧道出口段地质复杂，二类围岩地段长达 120 米，今年 2 月以来先后塌方 16 次（不包括 50 立方米以下的小塌方），严重威胁施工人员的安全，影响工程进度。施工队根据省、地、县，指挥部确定的“及时做好支护，缩短拱顶尺寸，迅速清除废石，尽快回填满实，全天监督险情”的要求，指定两名安全员，整日目不转睛地监视岩层变化，并中断扩挖，进行支护、衬砌，通宵作业，以最快速度树拱架、装模板、浇捣混凝土，坍塌量大的地方，填充浆砌块石。到 5 月 18 日，拱顶衬砌推进 10 米，塌方地段上导坑强行衬砌 100 多米。

金温工程　暴风雨中无灾情

1994年6月中旬以来，天像是漏了一般，瓢泼大雨下个不停，山洪倾泻，江水猛涨。正在省里协调金温铁路重要事宜的总指挥杨国章，匆匆赶赴沿线察看灾情，部署抗洪救灾工作。一方面，连续向全线发出两个紧急通知，要求各指挥部密切注意汛情，作好防汛抗洪工作。一方面逐县检查，落实措施。从金华至缙云，杨总欣喜地看到28座桥梁、100多个墩台巍然挺拔江中，338座涵洞设计很科学，在暴雨洪水中充分发挥了排水泄洪作用，84公里路基在暴雨洪水的冲击下，没有发生塌方、滑坡、断裂等水毁现象，冲刷达到最低限度，没有造成直接损失。

别个地段因排水沟未做，造成路基浸水问题，责成立即抢修排水沟。对个别施工排水点不畅，当场决定增加排水设施。

隧道质量　媲美国铁

1994年7月8～14日，铁道部工程建设监理总站副站长潘厚德，与上海路局施工处处长王维汉，及杭州铁路分局基建处处长王进禄等，对金温铁路进行了实地考察，总的评价是：进度快，质量好。

在永康长塘湾隧道、青田狮子头隧道，他们说：这隧道质量可以同国铁媲美。看了缙云北段12.8公里路基后认为：质量到达了国铁大秦线的标准。对温州已完成的几座桥梁墩台，他们称：内实外美，几何尺寸准确，内业界资料齐全，达到了铁路专业队伍的施工水平。

考察中，他们也指出了存在的一些问题，如高填方路基宽度没有一步到位，边坡欠饱满，有的填料粒径过大，分层辗压不足，一些工程施工工艺和方案不大合理等。要求建设单位严格施工管理，加强质量监督，把好测量和隐蔽工程检查关；对重点控制工程，要科学合理地编制施工组织方案和工艺，进行重点攻关（这点我在1993年8月至9月期间，就已向各施工指挥所提出，在第七章中已有说明)。

保持清醒头脑 面对困难工程

1996年6月24日，张启楣副省长带领省府办公厅、省计经委、省交通厅、省环保局、省建厅、省铁投负责人一行，到丽水地区视察了金温铁路丽青段的建设工地，并在青田县，召开了工程进展情况汇报会。省总指挥部李林访总指挥，汇报了金温铁路全线的进展情况，杨秀珠、赵毅通副总指挥，以及丽水地区、青田县指挥部负责人，分别汇报了温州段、金华段和丽青段的有关工程情况。

金温铁道公司阮晖总经理，专题汇报了工程资金的筹集情况。

张副省长听了汇报后很是高兴，他把金温铁路工程建设目前的形势概括为四句话：工程进展神速，全线精神振奋，工程质量良好，全面协力同心。他说去年11月7日在丽水召开过一个现场办公会，提出了三项工期目标，一是1996年上半年金缙段开通，二是1996年下半年缙丽段铺通，三是1997年底全线贯通。经过大家的奋力拼搏，第一项目标已经实现，第二、三项目标也很有希望实现。今天到现场看了，丽水站场建设和缙丽段铺轨都进展很快，看来明年初丽水代表，乘火车到杭州参加省人大会议的愿望有可能实现。丽青段也形势喜人，腊口、祯良、良港施工段的重短点工程有所突破，建设工地热气腾腾，只要各方努力，1998年初温州代表也有可能乘火车到杭州，参加省九届一次人大会议。

张副省长总结了工程取得较快进展的四项经验：一、领导挂帅，身体力行；二、精选队伍，优选方案；三、政策激励，措施得力；四、奋力拼博，上下协同。并提出要一鼓作气乘胜前进，实现三项目标坚定不移。但同时又要保持清醒头脑，对工程的难度不可低估，要切实抓牢工程的各个环节，质量第一，严格把关，确保安全。

张副省长还对建设资金问题作了重要指示。他说，全线工程进展良好，但资金仍有困难。虽然今年资金基本到位，也是历年资金到位较好的一年，但仍有缺口。现在釜底要添薪，众人要拾柴。一定要把握全线建设的总概算，精打细算。概算总额的小量变动是合情合理的，但较大的变动，必须经公司董事会讨论，并报有关部门审批核准才行，建议公司和总指挥部在一个半月时间内，拿出具体总概算调整方案。整个资金要合理安排，要把握好今、明年的工程建设投资强度，使工程建设资金投入，处于最佳效益状态。工程建设也要保重点，如重点修建好金、丽、温三大站和武、永、缙、青等四个县级站，一般小站除必需的工务、电务、交换站的停车设施外，其他的可暂缓建。最后，张副省长勉励铁路建设者们再接再厉，同心协力，实现“连通金丽，力拼青田，决胜温州”。

会上省政府朱荣培副秘书长，和省计经委周震武副主任，也先后就工程建设投资程度，与概算调整，以及资金等问题，作了重要讲话。

这里要顺便提一下的，就是原任总指挥杨国章已令退休，由副总指挥李林访接任。可是这个任命，既没有预先告知合资伙伴——香港联盈公司，事后也未开董事会，通过其去留。南老对这突来的招数，感叹不已。

金温铁路金缙段，自 1995 年 2 月 21 日铺通后，即投入工程运输。据统计，从 1995 年 5 月至 1996 年 5 月。工程运量已达 30.9 万吨。1996 年 4 月 21 日，旅客列车临运开通后，截至 1996 年 6 月 20 日止，共运送旅客 25719 人次。

为了进一步吸引客流，扩大影响，金缙段最近调整了临运优惠价和列车时刻表。1996 年 6 月 11 日起，列车 7 点 30 分自缙云站开出，下午 4 点自金华南站返回，在金华停留六个半小时，以方便缙云方向旅客到金华办事或旅游。

为加快工程建设进度，确保 1997 年底全线建成通车，今年 3 月开始，从铁十二局、十四局、十五局、十六局等单位抽调了机械化施工力量，撤换了部分地方施工队伍，实现了全线机械化施工，并对重点控制工程，实行三班制作业，加快了工程建设进度，现全线已进入施工高潮。5 月 19 日，丽水市站北段开始人工铺轨；6 月 1 日，缙云向丽水开始机械铺轨，计划于 1996 年 10 月 11 日完成缙丽段铺轨任务。

坚定奋斗 贯通金温线

1996 年 8 月 1 日，柴副省长在青田讲了话：

“今天大家冒风雨来，这是对金温铁路的关心与支持。我一年多没来金温铁路，但对金温铁路一直很关心，你们寄的每期简报我都认真看过。

这次来，我也看也听，对同志们努力拼搏的精神感到满意，对同志们付出辛勤的劳动，我代表省委、省政府表示亲切的慰问。

今天讲两个问题：

一、1997 年建成金温铁路，留下的时间不多了，现在是真正的攻坚阶段。攻坚的主战场在丽青段，重点是路基与隧道、桥梁等控制工程，难度很大，工程艰巨、任务很紧，但社会寄予厚望。金温铁路几上几下，大家都非常关注，这是一条扶贫路、致富路。按时建成通车是向人民代表许了愿的。上不去，对人民是很大的挫伤，省委、省政府下决心一定要上。

1992 年 12 月 18 日上这条铁路，条件是不具备的，当时在之江饭店召开沿线地市、县市（区）领导会议上，提出坚决上，义无反顾。在沿线各级政府和人民的支持下，金温铁路建设的开头阶段取得可喜进展，但后来资金缺乏，是最为担心的，又遇到了种种困难，我常为金温铁路困扰之事睡不好觉。为解决困难和问题做了两件事：

1. 千方百计筹措资金。为解决工程建设资金，省委、省政府多次向国务院李鹏总理、朱镕基、邹家华副总理汇报，向国家计委、国家开发银行、铁道部领导汇报，反映情况与困难，得到国务院及有关部委领导的大力支持，做了大量工作，终于同意铁道部参股 30%。国家计委、国家开发银行很支持金温铁路建设，帮助解决贷款资金。阮晖同志在落实资金方面做了很多协调的具体工作，以前顾德裕同志在落实资金方面也同样做了很多工作。现经省政府办公厅、省计经委的多次组织协调安排，和银行、财政、投资公司等各方的支持帮助，工程建设资金基本落实。

2. 关系现在理顺了，总结经验教训，光靠热情是不够的。现在外部的关系理顺了，内部项目投资业主与施工总承包的关系也理顺了。这对工程顺利建设起重要作用。

另外，海外南怀瑾先生是金温铁路的催生者，对金温铁路建设过程也很关心，特别在工程建设资金紧缺时，他也积极帮助努力。

同志们！大家要继续团结一致，心往一处想，劲往一处使，有资金基本到位，和关系理顺这两个基本条件，加上金温力量与精神风貌，是完全有把握拿下来的。

二、讲几点要求

1. 抓质量：我看到的工程质量很好。但由于工程量大、工程面广、人多，一定要树立质量第一的观念，要以国铁的标准，要求地方铁路的建设，特别全线铺开施工，干劲很足时，一定要狠抓质量。现在指挥部很重视质量，很多指标与质量考核挂钩，并实行否决制。要讲科学、严管理，工程进度要服从质量，要达到工程验收一次成功，不要出现工程质量的反复。不怕慢，只怕反复。我赞同地方铁路施工建设管理，以国铁的工程质量管理办法与标准，进行监理的做法，因为金温铁路今后南连‘福温’，北接‘温甬’，所以金温铁路要经得起大运量的考验，因此必须把好工程质量建设关。

2. 抓重点：抓重点地段、重点工程。金温铁路工程主要桥、涵、隧在缙青段，地形结构复杂，施工难度大，后又受到资金等问题的影响，使工程建设更为艰难，在困难情况下，沿线各级政府与人民给与充分的理解与支持。温州市委书记张友余同志表示，不管有多少困难，温州段照常施工，届时火车开到青田交界。我们当时还分析金华、丽水这段虽有困难，但问题不大，最担心是青田段7.3 公里。现在青田段全面施工又比其他几段推迟了两年。所以工程目前的重点地段在青田，重点工程是路基与桥、隧等控制工程。现在指挥部与施工队伍精神面貌好，青田县委、县府十分重视，青田沿线人民十分支持，突破重点，攻下难点，按时拿下青田段，是完全有可能的。完成全线工程的时间很紧，而我们的资金、物力总是有限，特别是资金还是很紧张的，所以不能随意开口子。一定要用有限的资金保重点工程，要把线路拉通，作为整个工程重中之重来抓。一些场、站可先放一放，有的国铁线路开通十几年也还在不断地改善。

3. 抓进度：要保证 1997 年铺通，已经没有退路。今年内路基一定要完成，我看抓紧一点，还可以提前一点。路基早完工，可以使路基有一个自然预压沉降过程，所以路基工程能早上，尽力早上。抓进度，保铺通，就要把有限的资金、人力、物力，精打细算，用于保重点控制工程建设的进度。

4. 抓机遇：要抓住机遇，扩大战果。现在大环境对我们有利，项目投资方与施工总承包方的关系也理顺；国家实行宏观控制，压缩投资规模，使建设资金集中到基础与重点工程上。同时，大京九铁路工程顺利完工以后，铁路施工队伍要较为富裕；现在原材料价格低，要抓紧备好料；9 月开始气候条件逐渐转好，要抓住施工的黄金季节，大干快上，扩大战果。

总之，因工程建设资金较为紧张，要算总账，要算细账，要算具体账。比如原材料的采购，那里面很有文章可作，减少中间采购环节，控制原材料价格。大家要共同努力，发挥政治优势，继续支持金温铁路建设，创造积累修建地方铁路的低造价、高质量、高效益的经验。这样，我看工程建设资金不会超出很多，大约 X 亿就差不多了。要严格管理，质量与速度都是效益，提早一年完成，利息就少一亿多。还有社会效益，是难以估量的。

同志们，我们要继续加倍努力，以低成本、高速度、高效益，按时保证质量地完成建设金温铁路的任务，造福人民。”

金温铁路分段通车了

金温铁路从1992年12月开始施工，到1995年2月正式完成了从金华到缙云县的土方工程与轨道铺设。1996年4月又完成金华、武义、永康、缙云等车站的建设，而且均较原先的设计面积扩大数倍。以永康站为例，全部车站的面积达12000平方米，候车室由原先设计的200人次，增加到1000人次，而且建筑雄伟、大方、广阔，为进入下世纪打下基础。我个人很幸运在1996年4月9日代表南怀瑾先生，亲自乘坐挂有10节车厢的火车，从金华市到缙云县。在金华市指挥部总指挥赵毅通副市长，及吴振仰处长、季包献经理等工作人员陪同下，参观了各个新完成的车站，及车站附近预留的都市计划等设施，并就全线试车检验作了考察。全程84公里，预定在1小时40分内完成测验，全程行车速度在每小时58公里左右，并在各大车站停留。行车平稳，沿线路轨水平、山坡地及路边的排水设施均发生作用。

试车期间正下着大雨，但没有看见任何土方的流失，全体施工人员的辛劳，终于有了硕果。

金温铁路的无形价值

1996年9月16日下午4点，我于金温铁路丽水铺轨典礼时，代表南老师的讲话：

“李书记、各位领导、李总指挥、阮总经理、各位地方长官来宾及施工指挥与各位同志、各位女士、各位先生：

今天，在香港的南怀瑾先生，要我们代表他来参加这个大典，并要我向政府及地方政府的领导及各位同志，致以敬意、祝贺及感激，因为金温铁路兴建三年来，都是省府领导、李书记、万省长、柴副省长、刘副省长、张副省长及与各位秘书长共同策划与安排及推动，及地方政府领导与全线人民的全力协助、配合，才能达到今天的成绩。他除了有形的价值外，更有无形的价值，会与历史长存，我愿意提出来同各位分享。

一、金温铁路是第一个中外合资兴建的公共设施，这除了美国外，没有一个国家同意由私人参与国家的公共建设。金温铁路在省府领导费时三年协调，才获中央批准，今天，国内有多少电厂、高速公路、铁路、地下铁、海港都以金温铁路为例，利用中外合资来兴建。如此加速了国内的建设，及提高了人民的生活，它的价值是无穷大的，大得无法计算出来，而且每天都在增加。

所以我要代表南怀瑾先生，再次谢谢省府各位领导的远见，与为民服务的精神，没有各位领导的全力付出，中国的公共建设可能还无法突破，无法做到今日的成绩。

二、金温铁路全长 251 公里，国内刚完工的京九铁路全长 2381 公里，也就是同它轨长比例为 10%；京九的隧道全长为 56 公里，而金温铁路为 37 公里，我们同它的比例为 66%，也就是我们的难度超过它 6 倍；京九的涵洞为 880 座，我们则为 900 座，几乎相等；它的造价为 400 亿，照比例 10%计为 40 亿，我们为 25 亿左右，只有一半的价格。为什么我们能在如此困难的工程中省下如此多的钱呢？是沿线地方政府的全力参与、全力付出及民众的全力参与、无私的奉献。所以这一个无形的价值，是无法形容与计算的，这是大家的铁路，沿线每个人都付出了代价。我要代表南怀瑾先生，向沿线地方政府领导与民众致谢。

三、省政府领导在这条金温铁路的策划、执行，经费的筹集上全力的协助，地方政府与沿线民众的无私付出，工作同志不分昼夜的辛苦工作，它表现了一个什么特色呢？原来就是今天世界上，大家讲：‘未来 21 世纪是中国人的世纪’，它不是狭义的‘中国人统治别人的意思’，是中国文化会带动世界上思想的意思，就是‘诚诚恳恳地做人，老老实实地做事’！我们金温铁路全线的人民都表现了这个精神，原来 21 世纪的领导思想，已在我们这儿开花结果了。所以，我要代表南先生再次向中央领导、省政府领导，及地方政府领导及全线民众道贺，中华文化的精神已在金温铁路上发扬出来了。

最后，谢谢各位来参加这个大典，南怀瑾先生告诉我，他说：

“他没有做什么，他只是做了一件任何一个热爱中华民族的人都会做的事而已，算不得什么!”但是，我认为他播了一个种子，已经开花结果，而且发扬光大。我们饮水思源，还是感念他的无私付出，但如果不是省领导、地方政府领导、全线人民的付出，同他一样有着无私的理念，这个种子是不会开花结果的。所以，应该谢谢的还有全线人民与政府领导。让我们再次的用心里的敬意，说声谢谢各位。”

侯承业博士代表南怀瑾先生讲话

第十二章 功成身退 还路于民

人民铁路人民建 铁路利益人民享

浙江省人民政府邀请函

金温铁路工程建设情况报告

丽杭开通一月 服务备受称赞

金温铁路全线完成铺通

浙江省柴省长在大会中讲话

南怀瑾先生的代表讲话

量入为出 开源节流

两年时间 追加八亿

联盈公司代表在董事会的讲话

功成身退 还路于民

柴省长尊重南老还路于民的意见

调整概算 有所垂教

多为公众设想 多做一点人事

为公为私 再三尽心

认真领会 全力以赴

一贯主张 还路于民

调整概算 各述所见

感谢南老还路于民的晚宴

一九九八年一月九日金温全线通车到杭州

1997年7月28日，香港《文汇报》四分之一版的大消息：

金华温州铁路全线铺通

内地首条外资参与建设经营
全长251.5公里明年初通车

【本报特约记者楠江温州27日电】中国大陆第一条有外资参与建设经营的地方铁路于昨天（26日）全线铺通，预计明年二三月份正式通车。

金温铁路始于金华新东孝，止于温州龙湾区，全长251.5公里，经武义、永康、缙云、丽水、青田，全线共设置27个车站。金温铁路途经的浙西南地区拥有2000多万人口，总面积为5.82万平方公里，土地面积占浙江省的57%，人口占49%，这一地区，除温州市濒临东海，有绵长的海岸线和深水良港，余者均为山区丘陵地带。在这片土地上，仅有浙赣铁路穿金华而过，且此站为非始发站，进来容易，出去难。绵绵群山，割断了山区与外界的联系。

沿线群山绵绵，溪流密布，其隧道总长仅次于“大京九”铁路，施工艰难可与成昆铁路相比。据介绍，为支持建铁路，沿线群众有的主动拆去由几代人积蓄而造的居室。迁移坟墓一万多座，砍掉的果树，除掉的青苗无数，群众却无怨言。已有数十万人次的干部群众、军人参加建路义务劳动。

金温铁路是由浙江省、铁道部和南怀瑾为董事长的香港联盈兴业有限公司合资建设的，总投资近30亿元人民币，其中港方占股为25%。

金温铁路建设是浙江人民几代人的渴望，这一工程的建成，必将对浙江经济的发展，乃至全国经济的发展，起至重要的促进作用，尤其是对于加强浙江的基础设施建设，改善浙江的投资环境，特别是铁路沿线各县市经济发展发挥重大作用。

此外，美国福丹尼太平洋有限公司决定参与福（州）温（州）铁路建设，该公司已与闽浙两省地方铁路建设投资公司在福州市正式签订了参与建设的意向。福温铁路全长 360 公里。

金温、福温铁路的修建，以及拟议中宁波至温州、厦门至汕头铁路的修建，将使中国东南沿海铁路全线开通，必将大大推动浙闽粤三省的经济和旅游事业发展。

人民铁路人民建 铁路利益人民享

南老在 1988 年，初次决定领导大家来修建金温铁路时就已表明，他希望铁路一修好，就功成身退，还路于民，也就是把他的股份全部让给沿线的人民，特别是穷苦的人们，使他们出力修建的铁路变成他们自己所有，达到人民铁路人民建，铁路利益人民享。

在 1993 年 8 月份，南老要我完成境外贷款 1.2 亿元美金的申请，及蒙美国摩根银行核准后，南老又要我与浙江省府达成改为股份有限公司的建言。那时候他就同意了交出其股权，只留下 25%，作为外资合作的最低额，同时并要我致函柴副省长，请他能立即派专人来接管公司的经营，因为南老的股份已减少，应该由占 75% 的浙江省，派人担任董事长及总经理的职务。

1993 年 11 月份，我还向当时的董宏副总经理，提出建言。他的工作可能就要告一段落，我愿意安排他到美国华盛顿大学做交换学者进修，并也于返港时，当面向南老特别报告了这件事。后来 1997 年 8 月 8 日铺轨典礼时，我看到了董宏，董宏说，当时应该听我的话，他深有感触。

另外在当时我也当面告诉杨国章总指挥，说改制后，中方股权加大，他的责任就更重了，但也得注意身体，不要理直气壮，而要理直气和，不然会伤了身体，现在他还有利用的价值，将来可就不同了。在 1996 年丽水铺轨大典后，我到杭州特别约了杨国章午餐，他那时已退休下来，见了面，也想到当时 1993 年所说的话，他也是有着无限的体会。

南老致函柴副省长，也说明了相同的理由，当时就准备召开董事会，作一切工作的安排与条文的修正。我在丽水工作时，还特别传真给南老，这次董事会要注意及讨论的事项，在第七章中也作了说明。可是董事会一直无法召开，到 1994 年 4 月 1 日，柴副省长一行到香港拜会南老时，南老很客气地问柴副省长："如果今天我死了，铁路要不要修?"柴副省长说："南老师可不要这么说，怎么样我们都要修下去。"南老师说："我不是客气，我是很认真在问你。"马上又问到："如果我没有钱了，你们修不修?"柴副省长说："一定修下去。"南老师说："这就好，我们签个协定，你就挑起这个担子来吧!"这在前面已提到过了。到了 1995 年 7 月 6 日，才开了这 1993 年就应该要开的会。南老也在 1994 年 7 月 26 日去函给柴副省长，说他已不再是合营公司的董事长，不管开不开会他是辞职了。

自此以后，南老仍然关心着铁路的修建，先后致函柴副省长及许鸣真先生，又烦许老向中央领导报告，这才使铁道部加入了行列，他只是做他认为应该做的事，但对铁路内部的经营，他已不再发号施令，全部交还给浙江省了。

但是有一个不同的地方，就是原来压在南老身上的担子而由浙江省挑起来了。1993 年南老借到的 1.2 亿万美元，因为中国银行不肯担保，拿不到钱去使用，南老就给柴副省长去函，说明经费没有怎么办，但是那时没有钱，杨国章就向南老要，如今挑担子的人不同了，杨国章面临了问题，这个担子由柴副省长与朱副秘书长挑起来了。他们向国内各方面去借钱，利息由 9%至 11%不等，尝尽了艰辛，但还是得去拜托，使修建铁路的经费能供应无缺。南老常说："他们二人才是铁路的催生者呢!"

好在工程一直在进行，南老仍然按时阅读总指挥部寄来的工程简报，他时时关心着这条铁路，这条为浙西南人民修建的大道。

1995 年 4 月 9 日，南老要我去金华亲自察看了部分通车后的情况。南老知道了金华接轨国铁的情形，很高兴地说，这就好了，将来可由温州直达杭州、上海了。

1995 年 7 月，南老又要我去上海待命，本拟派我参加在杭州召开的董事会，但因为有更重要的事要我去办，就作罢。那次董事会通过了增加概算由 15 亿到 21.07 亿元，他本不同意，但为了铁路能尽快修通，他委曲求全的同意了。

1996 年丽水铺轨完成，南老又派了我领队参加庆典，并代表南老讲了话，这在前面已报告过了。当时参加的人民有一万多人，我未用讲稿，即席讲话，全场鸦雀无声，谈了金温铁路三点无形的价值。

1997 年 8 月 8 日全线铺轨典礼前，南老又要我由美国立即来香港代表他率团参加大典及讲话，更重要的是，南老认为全线完工了，他也该功成身退，还路于民了。所以也交待了我就以此一主题作研究，并早日完成他的心愿。

这下面几节就是南老功成身退，还路于民的真实报告。这项工作，他也派了我去完成。

这期间，我特别感谢上海铁路局王副局长、省府朱副秘书长、刘副省长、张副省长、柴省长与铁道公司各董事及阮晖董事长的指导与合作。

南老也希望柴省长能早日将股份分散到沿线人民手上，也算为国为民做了一件事情。南老还对我说，他对名、对利均无求，也不求任何一件事，所以他说，您看着去办，只要是还路于民，功成身退就好了。柴省长对我说，早年听南老说区区一条铁路算什么，当时还怀疑南老有那么多钱吗？今天才知道了他是为文化事业在奉献，修一条人心的大道，那自然比铁路要大数百倍了。同时柴省长也说，如果不是南老带头来修此一铁路，过十年后，政府也会修，但那时得花多少钱呢！而且提早了十年，铁路为人民服务，他的价值怎么能用数字去计算呢，所以他心中深深感到南老的伟大。

董事会的成员都期望着南老再领导大家，所以一致恭请他担任永久名誉董事长，而且会永远感谢南老为浙西南人民修此一条铁路的奉献，这条铁路就是一个最大的纪念品，每一个浙西南人民都不会忘记的。

1996 年 6 月 25 日，南老给浙江省刘锡荣副省长写了一封信：

刘副省长锡荣左右：

六月廿二日传真敬悉。今春及今，我因年老事烦，竟日沉沉于昏迷之中，故对各方世事，尽付疏阔，罪甚！歉甚！今尚欠万学远省长来信，有关丽水农业发展之函。亦欠柴副省长自北京电话温州市府转告之言。更欠李泽民书记关怀之情。待我精神稍复，自当一一奉答，为此，敬请锡荣省长先予吪名致意为幸。

有关金温铁路事，早知李林访先生之才能，及其任劳任怨之事迹。但因金温铁路公司转型后，直到目前之组织，一切均在不完全合理合法令之中，故唯沉默静观，以待其后效。近来久未与阁下通讯，一半亦属此故。总之：一切事，我今皆以静观其变以自处中，一一当容后及。专此先复，即颂

平安

南怀瑾启

一九九六年六月廿五日下午

1997 年 7 月 30 日，浙江省政府柴副省长，特邀请南老参加金温铁路全线铺通的大典，南怀瑾老师的心愿，浙西南 1000 多万人的梦想终成了事实。

浙江省人民政府邀请函

南老先生台鉴：

值此举国欢庆香港回归，炎黄子孙扬眉吐气之际，历时近五年建设的金温铁路将全线铺通，浙西南1400万人民盼望已久的梦想即将实现，这是浙江人的一件大事、喜事。8月8日金温铁路铺通仪式，将在温州火车站隆重举行。在此，我谨代表浙江省人民政府，敬请先生届时拨冗光临。

金温铁路孙中山先生于《建国方略》中描出蓝图以来，历经曲折，今日终于得以铺通，这是中央和地方各级政府、沿线人民群众和许多海内外朋友长期努力的结果。特别是先生的鼎力扶助，为全线铺通奠定宏基，着实功不可没。在这里，我谨代表省政府和全省4400万人民，向您表示最真挚的谢意！

金温铁路的铺通、建成并投入营运，对于推动浙西南乃至全省的经济发展，带动贫困脱贫致富，将起到重要作用。同时，也为了内地与港、澳、台地区合资建设地方铁路，和其他基础设施项目创出了一条新的路子。

真诚地期待先生前来参加盛典，并望先生对金温铁路和浙江的建设与发展给予赐教、指导。专此，恭请

大安

浙江省代省长柴松岳

1997年7月30日

金温铁路工程建设情况报告

上次董事会会议于1996年7月召开以来，公司根据董事会决议要求，在浙江省委、省政府和各董事会决议要求，在浙江省委、省政府和各董事的大力支持下，积极筹措资金，切实保证了工程建设的需要。两年来，公司筹集到建设资金12.95亿元，其中拨付省总指挥部工程款10亿元，完成投资16.9亿元。截至1997年7月底，公司累计筹集到建设资金20.2亿元，累计完成工程总投资

22.6亿元，其中：工程投资完成19.2亿元，其他投资完成3.4亿元。

一、各主要工程量完成情况：

截至1997年7月底，各主要工程量完成情况如下：

1. 路基土石方累计完成1764万立方米，完成总工程量的99％。

2. 桥梁工程累计完成15131延米，完成总工程量的100％。

3. 涵洞工程累计完成16945横延米，完成总工程量的100％。

4. 隧道工程累计完成37350延米，完成总工程量的100％。

5. 正线铺轨累计完成252.4公里，完成总工程量的100％。

6. 站线累计完成30.2公里，完成总工程量的71％。

7. 房建工程累计完成3.8万平方米，完成总工程量的37％。

二、两年来，工程建设围绕确保全线按期铺通，分段开通的目标，主要抓了以下几项工作：

1. 狠抓了金缙段的扫尾完善工作，确保金缙段旅客列车安全运行。铁道部、浙江省领导曾提出“金温铁路要建设一段，开通一段”。金缙线84公里线路铺通以后，公司及时抓了综合整治工作。在有关指挥部的配合下，公司工电部一百多名职工，日夜奋战在铁道线上。经过一年多的整道、维养和配套完善，目前金缙段线路时速已达每小时60公里。截至6月30日止，金缙段旅客列车已安全运行435天。

2. 加快了缙丽段的铺通、与国铁的接轨工作，保证了丽杭段的顺利开通。

金缙段实现临运开通后，公司重点抓了两项工作：一是狠抓了缙丽段32公里的铺通工作，和缙丽段线路的整道、维养、配套完善工作。二是完成了客列车与国铁接轨的衔接工作。在铁道部、上海路局、杭州分局的关心支持下，1997年6月26日开通了丽水至杭州的旅客列车，实现了地铁与国铁的顺利接轨，完成浙江省委、省政府、铁道部和董事会提出的目标与要求。

3. 工程建设力拼青田至瓯海西线段，确保全线按时铺通。

青田至瓯海西线全长约100公里，该段地形地质复杂，群山连绵，山高沟深，是金温线工程施工难度最大的一段。为确保1997年全线贯通，省总指挥及时调整了施工力量，并向全体建设者发出了“晴天拼命干，雨天照常干，夜里加班干”的号召，实行全天候施工。各级指挥部与施工单位奋力拼搏，克服了青田段山高沟深，和温州段软地基处理等难题，提前完成了铺通任务。为确保工程进度，公司把筹集建设资金作为头等大事来抓，公司人员在外地日夜为筹集资金而奔波，使资金到位比较及时，从而保证了工程同建设顺利进行。

三、各级党委政府和各投资方的关心支持，是金温铁路顺利建设的重要保证。

金温铁路建设，始终得到了各级党委政府，和各投资方的关心与支持。浙江省委、省政府领导李泽民、柴松岳、刘枫、刘锡荣、张启楣等，多次亲临金温铁路第一线看望建设者，检查工程建设情况，对金温铁路建设，作了很多重要指示。柴松岳代省长、张启楣副省长和朱荣培副秘书长亲自抓金温铁路，为金温铁路建设资金的筹集及时关心帮助，排忧解难。铁道部、上海铁路局、杭州分局，同样十分关心金温铁路的建设。铁道部有关领导、铁四院领导、上海路局王鳞书副局长、杭州分局赵金荣、金志康副局长等多次带有关人员到金温线检查指导工作，对金温线的建设与发展提出许多建设性意见。南怀瑾先生、李素美女士、李传洪先生等也一直关心支持金温铁路建设，提出了很多宝贵的建议与意见。

沿线各级政府与领导，更是一如既往地支持金温铁路的建设。这两年来，金华市政府与领导，亲自关心与帮助解决了麻车塘至金华市区的水泥公路和公交车。丽水地区陈仲方书记、徐培金专员经常亲自深入一线，解决铁路和站场建设中出现的实际问题，日夜为金温铁路操劳。省委常委、温州市委书记张友余同志亲自开会或到工地，帮助解决问题。温州领导杨秀珠副市长，对温州每个工程的上马、建设、验收都亲自布置、检查，质量问题抓得特别紧。各级领导的关怀支持，是金温铁路顺利建设的重要保证。

四、关于站后未完工程：

随着金温线全线铺通，站后配套工程将成为当前建设的主要任务。工程目前的余留部分主要为：

1. 房建工程已完成 3.8 万平方米，还需要建设 606 万平方米的房屋。

2. 丽水至温州 130 公里的通信、信号、电力工程，至今还没有动工。

3. 担负着金温线 70%以上的客货运量的温州客货站、青田站、丽水站的站后配套工程，急需上马动工。

4. 缙云南至瓯海西线的路基边坡，急需进行处理。

虽然剩余工程施工量比较大，但只要资金到位及时，工程各方面安排妥当，全部工程可望在 1998 年二季度完成。

丽杭开通一月 服务备受称赞

1997 年 7 月底，公司在丽水市召开会议，总结 6 月 26 日丽水至杭州旅客临运开通一个月来的工作情况，并部署下一步的工作计划。阮晖总经理，和公司各部门、车站负责人，参加了会议。

会上，生产部门汇报了一个月来的客运情况。据统计，自 6 月 26 日至 7 月 27 日，丽水至杭州一对空调快车，和丽水至金华南二对普通快车的旅客接发送量共达 70698 人次，日均为 2209 人次。其中丽水至杭州 604 次，每日均为 833 人次，杭州至丽水的 603 次，日均为 1082 人次。一段新线开通才一个月就达到这样的成绩，确实令人鼓舞。

为了开好这三对客车，公司运输部、工电部等部门，下了很大的功夫。他们首先是千方百计地抓列车的安全正点运行。7 月上旬浙西南连降暴雨，缙丽段几次塌方，一遇险情，两部员工就赶赴现场，以最快速度排除障碍，抢通线路。机车乘务员加强瞭望，避免发生事故。车站人员，严格把好列车接发安全关、行车凭证关。从而在7月洪灾期间未发生一件责任安全事故，并最大限度地提高了正点率。

其次是狠抓列车优质服务，积极推进列车文明服务规范化。他们从加强列车环境建设，服务仪表、举止规范和服务语言规范三个方面着手，努力使列车服务向“航空式”目标靠近。一个月来，旅客好评如潮。一位叫林浙沪的华侨旅客在意见簿上写道：“好多人都说国外的列车服务好，我今天刚从国外回来，从北京经杭州乘坐603次列车回丽水探亲，我看到6车厢023号服务员，胜于欧洲的列车服务员，谢谢!”一位署名普通乘客的旅客写道：“列车员全心全意为旅客服务，让我觉得新时代的雷锋就在我们身边。”有的列车员一个往返受到的表扬多达13件。

三是处处为旅客着想，实行配套服务。为了方便旅客，公司在沿线和周边吸收地区，广设售票点，预售5天内的车票，并代售经金华中转的车票。对各车站实行票额分配计划，长短结合，合理安排金华西以远预留车厢座位号的套用。各车站还积极联系当地公安部门，做到及时疏散到达的旅客。如603次列车员，每当列车从金华西站开出，就进行旅客管内到站人数统计，并通过金南调度向各站通报信息，以便做好公交衔接。他们还在列车上代售丽水到温州的汽车票，使旅客能尽快到达目的地。旅客们称赞：你们为我们想得真周到!

在听取了各部门的汇报后，阮晖总经理进行了总结。他说，丽杭临运的顺利进行，为金温全线客货运输开了个好头，起了个好步，得到了好的反响，取得了好的效益，值得庆贺。它证明了：

一、省委省政府作出的“先通后备，先客后货”的决策是十分正确的，各地党委、政府对金温铁路的支持是十分重要的。我们今后的工作绝离不开各级党委政府对我们的关心和支持。

二、国家铁路的支持是金温铁路取得效益的保证。我们任何时候都必须搞好和国铁的关系，虚心向国铁学习。

三、公司这支员工队伍的基本素质是好的，我们公司目前的经营框架思路是对头的。我们完全有信心通过我们的辛勤工作，把公司建设成一个现代化的企业。

阮晖还谈到，取得第一步的成绩是不易的，但要使已取得的成绩巩固下来，则更需要极大努力。下一步工作关键还是两条：一条是进一步树立为旅客服务的观念。运输行业就是服务行业，运输行业的成败就取决于服务的好坏，服务开好了头，就能为营销打下雄厚的基础。整个公司管理服务于生产需要，生产要服务于营销需要，全体员工都要为实现营销目标而努力。特别是要继续抓好窗口岗位的服务，要制订优质服务的标准化操作规范，按期进行列车员评选活动，不断提高我们的服务水平，让旅客真正感到“宾至如归”，“一张车票就像一张请柬”。稳定并逐步增长我们的客流量。

一条是安全。安全是铁路的竞争优势，是企业的生命线。失去这个优势就会失去旅客和用户。我们各个部门各级领导万万不可粗心大意。应该看到，金温线目前在建工程还存在不少需要解决的问题，对我们今后的安全工作是很大考验。我们必须以加倍的认真和努力做好危险地段定点定员看守、雨季三查制、道口管理和危险品检查等工作。确保旅客的生命财产安全。

1997 年 8 月 2 日，南怀瑾先生在收到柴省长 1997 年 7 月 30 日的信后，并看到香港《文汇报》于 1997 年 7 月 28 日的大版新闻“金华温州铁路全线铺通”，以及阮晖总经理所作的书面《金温铁路工程建设情况报告》与“丽水至杭州开通一月，乘客超过七万人”的报道后，心中感触甚多，80 年浙西南人民的铁路梦成现实。他在回函上如此写着：

柴省长松岳先生勋右：

来示知悉。欣闻金温铁路全程铺路工程完成，首先敬贺省府诸公以及参与兴建诸位同仁，大功将要告成的莫大喜讯。

但我因忙于另一件工作，比起修筑铁路的工程，还紧急重要百倍以上。年老神衰，昼夜不懈，致使身心疲惫不堪，实在无法遵命亲自到场观礼。今特托侯承业、李传洪、王伟国三位代表祝贺。俾可面聆金温铁路董事会诸公高论。为此敬请见谅是幸。此复即颂

公绥

一九九七年八月二日　南怀瑾

我有金温铁路全线铺通感言一首，并请教正。

铁路已铺成　心忧意未平

世间须大道　何只羡车行

金温铁路全线完成铺通

1997 年 8 月 8 日上午 7 时 5 分，停驻于温州火车站的机车拉响了首次在温州大地上长鸣的汽笛，静卧轨道的铺轨车轻舒铁臂，将金温铁路上的最后一节轨排铺上了路基……至此，金温铁路全线铺通。1400 万浙西南人民企盼了近一个世纪的梦想，终于成真!

浙江省委、省政府在新落成的温州火车站广场，隆重举行金温铁路全线铺通庆祝大会。国务院特区办主任葛洪升，铁道部副部长蔡庆华，省委、省人大、省政府、省政协领导李泽民、柴松岳、刘锡荣、张友余、吕祖善、孔祥有、张启楣，老同志铁瑛、王裕民、袁芳烈，香港联盈兴业有限公司代表侯承业、李传洪、王伟国，国家开发银行华东局局长王泽民，上海铁路局局长邓金华，党委书记王汝宽，副局长王麟书，国家计委重点代表庞金刚，省级民主党和工商联代表、省民主建国会主委程炜，浙江金温铁道开发有限公司各董事，以及金温铁路沿线温州、金华、丽水三市（地）有关领导和设计、施工单位代表等出席了大会。

国务院发来贺电，对金温铁路全线铺通表示热烈祝贺。

原浙江省委书记王芳、原省长万学远也分别发来贺电贺信。

温州火车站广场成了欢乐的海洋。铁路建设者、驻温部队及公安、金融、外贸、卫生、交通等系统的干部群众一万余人，排列成

一个个整齐的方阵，一大早就等候在广场。军乐队奏起了昂奋的凯歌，老年自行车协会老人们挥舞彩旗，数百名中老年妇女跳起了花伞舞，自发而来的群众从四面八方汇集到广场四周……瓯越儿女以各自的方式，表达了梦圆时分的飞扬激情。

副省长张启楣主持庆祝大会。省委书记李泽民下达金温铁路铺通接轨命令。金温铁路最后一节轨排，在长鸣的汽笛和万众欢呼声中于7时7分连接完毕。

浙江省柴省长在大会中讲话

省委副书记，代省长柴松岳在庆祝大会上讲话。他说，全省人民特别是浙西南人民盼望已久的金温铁路，经过上万名筑路大军和人民群众连续近五年的艰苦奋战，而全线提前铺通。这是我省铁路建设取得的又一辉煌成果，也是我省经济建设的一项重大成就。柴松岳代表中共浙江省委、省人民政府，向金温铁路建设做出贡献的全体干部职工，向大力支持金温铁路建设的沿线各级党委、政府，和广大人民群众，表示热烈的祝贺和亲切的慰问！向一直来关心、支持金温铁路建设的中央有关部门，和南怀瑾先生等海内外各界人士，表示衷心的感谢！

柴松岳指出，金温铁路是我省面向21世纪的宏伟工程，也是我省最大扶贫工程。它的建成，填补了浙赣线以东地区网络空白，为浙西南地区通向我省沿海及至温州、厦门、广州开辟了一条新的运输大通道。对于完善我省铁路布局，带动浙西南地区资源开发，形成一条新的经济增长带，推动浙西南地区经济发展，加快贫困地区群众脱贫致富奔小康的步伐，都具有十分重要的意义。他说，加快金温铁路建设，是省委、省府作出的一项重大战略决策。它的全线胜利铺通，是各级共同努力、各方通力合作谱写的一曲凯歌。希望各级各部门继续发扬团结协助精神，加强对金温铁路正式营运工作的领导，尽快完成工程扫尾任务，使它早日发挥效益。希望沿线各级党委政府把握机遇，充分发挥金温铁路对区域经济的带动作用，抓好规划，搞好配套设施建设，加快山区经济的发展。

铁道部副部长蔡庆华，在会上讲话时指出，金温铁路是我国第一条由铁道部、内地与香港地区三方合资建设的地方铁路，它的建成为合资建设地方铁路探索了一条新路子。铁道部愿意与各投资方，一起为地方铁路建设，为金温铁路灿烂的明天，做出应有的贡献。

金温铁路工程设计指挥部总指挥李林访、香港联盈兴业公司代表侯承业先生，温州、金华、丽水三市（地）代表都在会上讲了话。

庆祝大会结束后，李泽民、柴松岳等领导亲切慰问了建设者代表，参观了火车站站容，并合影留念。

南怀瑾先生的代表讲话

1997 年 8 月 8 日侯承业博士代表南怀瑾先生讲话：

“各位领导、各位来宾：

在香港的南怀瑾老先生，要李传洪、王伟国先生及我共同代表他来参加这个大典，并向中央领导、市领导、地方政府领导与人民共同参与并完成此项伟大工程致以贺意、敬意。

南老在我们启程来温州前，特别作了两小时的谈话，回顾过去八年来为兴建金温铁路所作的工作，并作了一首感言的诗，我特别记下来同各位分享：

铁路已铺成　心忧意未平
世间须大道　何只羡车行

前二句：‘铁路已铺成，心忧意未平。’我想他的意思是在说，过去近 100 年来，大家修建这条铁路共达 7 次，但是都没有成功。这次南先生以一位海外学者的身份，来启动这条铁路的修建，多少人怀疑，他老人家如何能有超越过去别人所遇到的困难呢？所以认为也是修不成的。可是一个不可能的事，变成了放在世人面前的事实，他真的修通了。他老人家自然有着无比的感叹。就在修建开始的时候，他就说不能因有了道路，增加经济上的效益而忽略环保，也就是要预防一切的污染，注意环境保护。而且他也想到铁路的修建要同时带动地产业、贸易、矿业的开发，那还有很长的路要走呢！所以他心忧意未平。

后二句：'世间须大道，何只羡车行'的意思，我想他老人家在说世间须有大道，是一个通往人心的大道。《礼记》上说过，'大道之行也，天下为公'，大道就是消除我们的私心，为这个社会奉献一点我们的力量。四书中《大学》一书也说，'大学之道，在明明德，在亲民，在止于至善'。这就是说，这个无私的理念，就是修习道德的原始动机，也就是训练我们，及找出我们心中原有的清清静静的善念，而且去影响旁边的人，也使他们除去他们的恶习，而同我们一样有着清明的心境。如果我们可达到这个境界，就要保持下去。所以他认为仅仅一条铁路，只是表示我们做了一件事而已，那有什么好羡慕的呢！

我希望我们都能体悟他老人家的感言，去发扬我们心中的道路，有文化，有修养，为我们社会民族尽一份力量。谢谢各位。”

量入为出 开源节流

1997 年 8 月 9 日至 10 日，浙江金温铁道开发有限公司（以下简称“合营公司”）董事会在温州召开会议，对《金温铁路调整概算报告》和合营公司其他经营管理方面的重大问题进行了审议。出席会议的董事和代表有：阮晖、赵毅通、徐培金、杨秀珠、陈洪源、王麟书、赵金荣、金志康、黄金才、王伟国、侯承业，浙江省政府朱荣培副秘书长列席了会议。

全体与会者对 8 月 8 日金温铁路的全线铺通表示庆贺，并对合资公司名誉董事长南怀瑾先生为金温铁路所作的贡献，深表敬仰之意。

现将会议主要事项纪要如下：

一、董事成员的变更。

1. 朱荣培副秘书长在会上宣读了浙江省人民政府《关于浙江金温铁道开发有限公司董事长人选的函》：杨国章不再担任董事长职务，浙江投资方推荐阮晖出任合资公司董事长。全体与会的董事和代表一致表示了同意。

2. 上海铁路局通知董事会，因工作变动的原因，吴强不再担任合营公司董事，另委派黄金才担任合营公司董事。

二、关于金温铁路工程建设和调整总概算的问题。三方董事和代表对金温铁路工程建设，特别是工程总概算的调整问题表示了关注。

1. 会议认为，由于各董事三方的共同关心和支持，金温铁路在建设资金十分紧张、工程难度相当大的情况下，得以全线铺通，成绩是主要的。会议要求合营公司注意已完工程中部分路基边坡的稳定，加强线路的整治和保养，确保行车安全。在房建、通信、信号、电力等工程方面要留有余地，充分考虑全线营运后和近后期发展的需要。

2. 由于种种原因，上次董事会会议批准的21.07亿元工程总概算已难以满足完成全部工程建设的实际需要。合营公司在浙江方的支持下，于去年以来，委托铁道部第四勘测设计院，编制了金温铁路工程调整总概算。编制的工程调整总概算为29.43亿元。

上海铁路局方建议，由三方聘请专家组成联合工作组，对调整总概算进行审核，并把审核结果报告合营公司董事会审定。

浙江方同意上海铁路局方的建议。

香港联盈兴业有限公司的代表表示，上海铁路局方提出的建议是可行的，但考虑到调整概算问题事关重大，尚需进一步商议。

会议相信，合营三方都以真诚的态度面对现实，一定能够寻找到解决调概问题的最佳途径。

三、关于财务报告和近期运输方案问题。

1. 会议原则上同意合营公司提出的财务报告。

2. 会议原则同意合营公司提出的客货运输近初期方案。

3. 要求合营公司对吸收地区的客货运量进一步地调查核实，对运输价格、服务、排点作进一步的研究分析，对购置或租用机车车辆，作出切合实际的方案。

4. 合营公司委托上海铁路局派出一个专家小组，对合营公司的客货运输近初期方案进行研讨，帮助合营公司，制订具体实施方案。

四、关于合营公司机构、定员和工资福利的问题。

1. 会议对阮晖总经理在《公司工作报告》中提出的公司经营管理思路表示肯定，赞成在机构、定员方面贯彻高效精干、市场化和以人为本的原则，最大限度地调动员工的工作积极性，为企业创造效益。

2. 定员计划的具体数据，尚缺乏充分的论据，应待对金温铁路近初期运输的实施计划完成后，再加以最后的确定。

3. 考虑到金温铁路负债经营的实际情况，初期员工工资不宜定得太高。原则上可按《员工工资方案》中的方案一试行，人均年收入暂定为 18000 元左右的水平。待今后企业效益提高后，员工的工资水平再逐步相应提高。

4. 员工的住房问题，原则上采取属地化、货币化，和企业的经济效益挂钩，具体办法由合营公司自行掌握试行。员工的医疗应实行小病费用包办，大病（住院）按实报销的原则。

五、关于人事委任问题。

1. 同意上海铁路局推荐，总经理提名的陈晓雄，担任合营公司副总经理。

2. 同意总经理提名的：

冯大明担任办公室经理

吴哲楣担任办公室副经理

王敏担任劳动人事部经理

林新光担任财会部经理

凌浩初担任经济发展部经理

陈金福担任工程管理处经理

王培君担任运输部副经理

季包献担任工电部经理

六、关于多种经营问题。

1. 多种经营也是合营公司的重要业务，必须加以充分重视。合营公司要选好经营项目和项目负责人，并制定相应激励和制约机制。原则上多种经营的税利润 30％上缴合营公司，其余 70％按 4∶3∶3 比例分别建立生产发展基金、福利基金、奖励基金（奖励基金具体分配办法，授权总经理决定）。

2. 同意合营公司设立以下子公司：

金温铁道租赁公司

金温铁道广告公司

金温铁道旅游公司

金温铁道房地产开发公司

金温铁道贸易公司

3. 同意授权总经理可根据生产经营发展需要，决定设立非法人单位的金温铁道客运分公司、金温铁道货运分公司等分公司，及客货运代理（代办）机构。

4. 同意授权总经理决定二、三项所述子公司、分公司和代理（代办）机构的负责人。会议认为，本次董事会会议取得了丰硕的成果。希望今后按章程规定，每年召开两次董事会会议。对本公司干部的选拔，希望注意从各地选择优秀人才。

两年时间 追加八亿

1995 年 7 月，公司董事会会议批准，金温铁路工程总概算调整为 21.07 亿元人民币。经过两年多时间的运作，由于（1）近几年物价、基建定额发生变化，（2）线路地形地质复杂而引起的施工中变更设计较多，（3）工期延长，投资增加而引起的借款利息增加，（4）原概算项目漏编等原因，原核定的总投资已难以满足完成工程建设的实际需要。为使金温铁路按期保质完全，并早日投入营运，为有利于投资的控制和建设资金的筹措，公司对金温铁路总概算进行调整是必要的。

根据国家计委对核定、核查大中型项目总投资、概算的要求，我公司委托铁道部第四勘测设计院，对金温铁路调整总概算进行了核定。一年来，省领导十分关心这项工作。为控制总投资，省政府、省计经委曾主持十多次调概会议，要求本次调概严格执行严、细、实的精神，对建设规模、内容，控制在批准的设计范围内。并提出了“先通后备，四主四铺”和1996年6月30日前已完成工程按实结算等原则。同时，由公司牵头，省铁办、铁四院、总指挥部派员三次，到各分指挥部及施工队伍，了解概算的执行情况，为已完工程按实结算提供了依据；在深入调查人工费、材料费、隧道单价等情况的基础上，为未完工程的定额编制提供了资料。

经铁四院初调，本次调整总概算为29.43亿元，比核定总投资增加8.36亿元，增加的主要项目如下：

1. 由于征地增加710亩，租地增加595亩，拆迁房屋增加9.8万平方及变更设计等原因，施工准备费增加投资5144万元。

2. 由于路基边坡处理、变更设计等原因，路基增加投资6942万元。

3. 桥涵由于增加1.5公里和变更设计等原因，增加4811万元。

4. 隧道单价平均每平米调增1700元，数量增加360米，加之变更设计等原因，隧道增加投资12388万元。

5. 轨道增加投资8237万元。

6. 通信及信号由于增加客货电脑联网结算系统2006万元，和单价调整，增加投资 2442 万元。

7. 三电部分增加投资 427 万元。

8. 房屋由于增加缙云南至温州段宿舍 1.1 万平方米和单价调整，增加投资 3391 万元。

9. 其他营运设备由于变更原因，增加投资 2437 万元。

10. 其他工程费增加投资 334 万元。

11. 临时工程费由于增加施工便道、电力、通信、场地、制梁厂、轨排基地、道碴场等，增加投资 3268 万元。

12. 其他费用：增加的有金华站相关工程 4200 万元，金温线公安警力设施设备 1000 万元，边坡处理 3000 万元，赶工措施费 2.5 亿元，补偿工程费 1018 万元，自然灾害损失 2087 万元，人工费不足补偿 2000 万元；电费补贴 300 万元，增加合计为 1.6105 亿元。由于综合调整与同口径计算等原因，比核定总投资减少 1.2558 亿元。增加与减少相抵后，其他费用实际增加投资 3547 万元。

13. 预备费增加 4100 万元。

14. 工程造价增涨预留费减少 4003 万元。

15. 由于机车车辆价格上涨和运输需要，机车车辆购置费增加 4678 万元。

16. 由于工期延长，投资增加建设期货利息增加 2.5462 亿元。为控制本次调概，经浙江省同意，金温铁路各省内各财经机构借款所挂利息 1.7 亿元，暂不列入本次概算内。

本次概算调整后，用于工程建设的控制费用为 22.48 亿元，其他费用为 6.5 亿元。概算调整后的每公里控制工程建设造价为 893 万元。如按照上述确定的原则控制投资，本次调整总概算可以保证全线工程的完成。

特此呈请董事会议决。

总概算调整表

章别	项目名称	原批准概算（万元）	现调整概算（万元）	其中	
				工程概算	其他概算
一	施工准备	13334.30	18478.70	18478.70	
二	路基	16129.80	23071.50	23071.50	
三	桥涵	16104.40	20915.20	20915.20	
四	隧道及明洞	13886.90	26275.20	26275.20	
五	轨道	8131.60	16368.80	16368.80	
六	通信及信号	2738.50	5180.10	3174.10	2006.00
七	电力及电力牵引供电	966.50	1393.30	1393.30	
八	房屋	2930.50	6321.60	5526.60	795.00
九	其他营运生产设备及建筑物	3156.00	5593.40	5593.40	
十	其他工程费	32.40	366.80	366.80	
十一	临时工程	4047.70	7315.30	7315.30	
十二	其他费用	87905.50	91452.70	86172.70	5280.00
	以上各章小计	169364.10	222732.60	214651.60	8081.00
	预备费	4510.10	8610.40	8610.40	
	工程造价增涨预留费	5502.70	1500.00	1500.00	
	机车车辆购置费	8500.00	13178.00		13178.00
	铺底流动资金	1720.00	1720.00		1720.00
	建设期贷款利息	21100.00	46562.00		46562.00
	概算投资	210700.00	294303.00	224762.00	69541.00

联盈公司代表在董事会的讲话

1997 年 8 月 9 日，侯承业代表香港联盈公司在董事会发言如下：

“各位董事：

现在我想我应该说几句话了。刚才阮董事长说原来公司一开始概算（工程）为零。这句话是对的，因为当时的决定（请看合同），是浙江铁路公司包到底，也就是说，全部工程费用为1.7亿美金（说成整数），由浙江省铁路公司负责修建，这费用已包括了，材料、人工及物价上涨的考量。也就是说，这条铁路的造价为1.7亿美元，价格不变，只能在这个预算，概算，决算内施工，不足的要由省政府负责，一杆包到底，这是最早的协议（阮董事长当时尚未来，故不知详情）。

做一件事情，一定要有个计划，金温铁路亦然，最早的规划、概算也是铁四院定的，当时是1.7亿美元，公司决定以5000万现金注入，另外1.2亿美元，由外方负责落实寻找贷款银行。同时为铁道公司争取到1500亩土地及贸易，与铁路沿线矿业的开发，并同时进行股份制，以这些财力来负责归还所借的债务。可惜的是大家并没有去认真执行，所以南老先生在我来前作了两个小时的训话，并作了一首诗：

铁路已铺成　心忧意未平
世间须大道　何只羡车行

他是在说，铁路虽然已铺成，但他心里忧虑，我们拿什么去还钱呢！他提出的建议，我们都没有执行，所以他心中很是不平，他有话要说了，多少年来，8年了，他为了铁路的修建，委曲求全，每次都为了大局，而勉强同意。就拿铁路向外贷款来说吧！1993年，南老先生请我做金温铁路的总顾问，沿金温铁路线，忙了3个月，完成了向美国摩根士丹利银行的境外贷款，年利息为6%，分10年还清，由中国银行担保，浙江省政府反担保。等到美国银行核准，可是中国银行说不能担保（信件在这儿），这就失去了一个大好的机会。三家合资，两家都是公家的，南老这一家可是私人的，他可要负责他股份内的责任呢！自然他有意见。

做一件事，预先的计划不去执行，跟着又不去开源节流，南老虽然不是大企业家，但他说，为什么可以抵税的进口材料而不去申请呢？为什么不可以将公司取得的 1500 亩土地去开发卖出而生财呢？现在可简单，钱不够就增加概算、调整概算。1995 年 7 月开董事会，将原来的 15 亿调高为 21.07 亿元。他不同意，大家去香港向他老人家报告、说明，为了大局，他勉强同意了，说过下不为例。如今两年来未开董事会，要调高了，才通知他来盖个橡皮图章，这已是不合理、不合法了，他能不生气吗？所以他要我告诉各位，加钱的事，一毛不能加，我想我把他的信息传达到了，一毛不加！

如果各位认为非加不可，那也有一个办法，就是把他这一方请出去就好了。您如不好说，我也请示过他老人家，他说：他自动退出，将他的股份让给沿线人民就好了，或者省府买下他的股份也好。如此，各位就可以关起门来调高概算，就没有人来反对了，因为都是自己人了，都是政府的事了。

多少次，只要有新闻发布会，我们绝少提到他老人家的贡献，都是我们政府与人民的力量，才使这条铁路向前修建。但是每次调高预算，就要他老人家来盖章，这是不公平的，也是不合理的，以前合同都不按章施行，怎么可以呢！

刚才王局长说过，做事有两大原则，一则为守信，一则为诚实，这一个合同是事实，不能不遵守，所以王局长提出找专家再研究一下，就增高概算而言，这次会议是无法通过的。我个人对这条铁路是有感情的，因为我曾同各位一样出过力，不是只在那儿说话，是由金华到温州跑了每个工地，每个山洞，我瘦了20磅，过去我比您（阮董）还胖。沿线人民的付出，出钱出力，为我们驾驶的同志，还出了一个月的薪金呢！人民的合作，地方政府的全力配合，省府朱副秘书长、柴省长为经费向银行及上级的申请，出了多少力量，这是事实，我没有一笔带过，他们的功劳是放在那儿的。大家在为铁路的付出，南老一直记在心里，而且就在去年丽水铺轨典礼上，要我代表他讲话，我提出金温铁路除了有形的价值外，还有三点无形的价值：

第一，打开了中外合资修建公共建设的大门，我们是第一家国家批准的中外合资企业来建设铁路，它对全国的建设方法提供了借鉴，它的价值每日俱增，无法计算。

第二，我们同京九铁路应是1比10左右，但我们的山洞达31公里，京九仅50多公里，它的涵洞为900多个，我们为800多个，我们的难度超过京九好多倍，但我们的价格照比例计算，仅一半的价格，为什么呢！因为地方政府与人民都出钱出力，全力配合，所以这条铁路是大家的心血所造成，是一条人民的铁路。

第三，过去七次都未完成，而这次由南老播了种子，如今开花结果，但如没有大家的配合，也成功不了。这表示了我们打开了我们的心，是南老带着我们修了一条通往我们人心的大道，那就是我们祖先留下来的文化，那就是南老的理念，那就是‘诚诚恳恳地做人，老老实实地做事’，今天在金温沿线做到了，这还不伟大吗！

所以我说过，对的、好的，大家都记得，功劳在地方政府与人民也是绝对正确的，但不合理不合法，未照公司法做事是事实，不能不承认。

今天合同放在这儿，没有照章执行，土地的开发不去生财，只借钱，这个，南老先生不能同意。但他对各位的付出表示了敬意，并没有忘记。

合资公司要照国家通过的法律来执行，可是我们还是以政府命令在行事，果如此，就应该收回南老的这一份股，那就好办事了。不然，公司成立五年来，都没有照公司法行事。照公司章程，董事会一年最少开董事会两次，早的不说，就由 1995 年 7 月开过董事会后，今天是 1997 年 8 月 9 日，超过两年了才召开这次董事会，主要原因为调高概算，要大家盖章，这怎么可以呢！这已是不合法、不合理了。这不是政府命令，这是合资公司，就是要调高概算，也应把资料先寄给别人，那能一来开会，就要调高概算，独裁也要演一下戏呀！

照公司章程，重大事项之一，向外借款作保证要全体出席会议人员通过才行，今天我代表香港联盈公司不同意概算，也就是不赞同，所以这次董事会是不能通过的了。

至于王局长的建议，各位要做是各位的事，多一点资料的准备总是好的，但我并没有同意。我只是说，此事我只表明不同意此次的调概，其他的意见，我可带回去向南老报告，我作不了主，所以如要加上一个什么准备融资什么的，我不能同意，我只能说到这儿了。

好多事情，合情合理去做就容易做得好。我个人在美国，预测了圣海伦火山的爆发；在台湾，将水刀用到翡翠水库，水刀侯承业几乎在台湾是无人不晓。后来又推动工业自动化，制造机械人，并为 200 家企业改为自动化作业，他们的年产值占了全台湾的 10% 以上，当时大家称我为自动化之父。可是我为南老跑腿，将他的名字贴在我脸上，自觉光荣，为什么各位就不能做一下呢！把他贴在我们身上，我们会有什么损失呢！而且他还是你们浙江人、温州人，而且还出钱修了铁路，他在中国文化的贡献又那么大，为什么每次开工、通车，总是说省领导、地方人民政府的贡献，而要调高预算时，就要他来盖章呢！那就是我们有私心呀！所以他说：‘世间须大道，何只羡车行’，大道之行也，天下为公，要除去我们的私心才行呢！所以他老人家才写了这首诗呀！要我们修成一条通往我们人心的大道呀！

我想我已表达了南老的决定，如果我说地有点激动，也请各位原谅，谢谢各位。”

我回到香港向南老报告后，南老认为他应该退下来了，因为铁路已修成，心愿已了，特写了信给柴省长，要我再去杭州一趟。

功成身退 还路于民

1997年8月15日，南怀瑾先生给柴省长的信：

柴省长松岳先生勋右：

因修建浙江金温铁路的关系，我与您的交往，好像先后已有七八年了。人生际遇，真难逆料。希望我们在道义之交上，永远是好朋友。朋友，是中国传统文化的五伦之一，是极为可贵的。因此，友情需要珍惜。

有关金温铁路事，我仔细反省，犯了很多错误，首先，我不应该被乡谊情感所自欺，不必先与浙江打交道。应该一开始就找中央交涉，那么，一切问题，就不会像现在那么复杂了。

金温铁路开始所签的意向书和第一次合同契约，都是我代表香港联盈公司与浙江省政府签约的。因为我太大意，信任太过，认为我是与浙江省府合作，创办铁路公司。谁知后来变成只是属于浙江省府地方所属的公司，真是莫名其妙。事实上，我是出国太久，不知道国内政府的体制组织，比起过往的情形复杂百倍。

但我的初衷，是很明白的，修建铁路，是根据我自己四个目标：1. 共产主义的理想。2. 社会主义的福利。3. 科学管理的方法。4. 中国文化的精神。总之：金温铁路如由我的呼吁修建成功，我必须做到还路于民，使行者有其路。我所代表的联盈公司，必定退让出来，人民的路人民有，不可使它成为资本主义国家中的铁路公司，是属于私有的资产之一。

所以我在一开始，一、便提出借用外资，引进外资，这不只是为了铁路，也是为了国内的开放发展，使浙江方面起动。二、是主张使铁路公司的股票或向民间暂借的建路券上来，吸收温州等个体户的存款，变成做社会福利的事业。最后修成了铁路，便还路于民。因此，1. 为铁路公司，向省府争取铁路沿线的车站房地产的开发。2. 铁路沿线的矿产开发。3. 贸易。

当然，这些一切，都有白纸黑字，记载在契约上。然而，由铁路修造动工到现在，贵省府所委派的执行者，不但统统没有照约依法执行，反而使我与外国银行讲好贷款的事，推说中国银行不肯担保，就不来接头，使我在国外丧失信用名誉。此其一。

我特向北京邀请作为私人代表的许鸣真先生，受到冷落。又向北京邀请来的董宏先生，担任（代表）铁路公司总经理，办好股票上市等工作，一概不予支持。此其二。

铁路沿线，应得的土地，包括修建车站用的用地，都被地方政府强有力，强有理卖掉。此其三。

另外，还加种种诬蔑，节外生枝，随便开支，没有经过董事会议的正式评估，不照契约规定，妄自增加经费。擅自向国内银行高息贷款，准备再造成公营事业一样的三角债模式，变成国家负担。此其四。

至于后期委派负责办事人员，既缺乏社会主义经济发展的国际学识，又欠缺共产党员应有的学养，绝对没有半个如您一样温文尔雅，具有方面大员的风范。但凭地方主义的霸道作风，实在不堪领教。此其五。

因此我在本年（九七）香港回归之前，当面向您提出，希望将我代表香港联盈公司所有的股份，转由贵省府设法收购，使我得以全身而退，就感激不尽了。如果您能赐予鼎力帮忙，使我代表联盈公司的股份，怎样办法做到还路于民的原先理想，卖给沿线的平民老百姓做为铁路股东，那便是我最基本的愿望了。

今为此事，特别委托侯承业博士晋谒，请赐恳谈、指导。希望在本年（九七）内，迅速得以解决。我如还老而不死，近则明年，将必为您的功勋，做点投以还报的事。

南怀瑾

一九九七年八月十五日

柴省长尊重南老还路于民的意见

1997年8月16日至1997年8月28日，我由香港去杭州共计13天，为金温铁路之事，南老师特写信托我去杭州面呈柴省长。我于1997年8月16日起程先到上海，但因台风直对浙江省台州吹来，柴省长到各地视察灾情，故我于8月26日才拜见了柴省长。

席间柴省长先报告了一下浙江的灾情，损失近180亿，又对南老的远见及付出，有着无限敬佩，并就金温铁路的开通，南老的贡献永远使浙江人民纪念。

跟着看了南老的信，并作了若干的解说，有不对的地方，有误会的地方，也作了说明，最后结论为："一切尊重南老师的意见。""这不是一个大数目，温州有意接过去，并请铁道公司去研办，并会将接过去的方法告诉王伟国先生。但南老师对这条铁路的贡献是无价的，这条铁路迟早要修，今日因南老师的领导，提早了好些年，也就是省下了很多钱，而对地方人民提早了经济效益，所以无论如何，我们都记着南老师的远见与贡献。"

我的看法：柴省长对铁路的付出，应给予肯定并从旁协助，如照这个基础，沿着这个轨道往前推动，应可完成老师意见。但如果有其他偏离轨道的想法与做法，就会冲坏了这个基础而回到原地踏步，一直拖下去。

调整概算 有所垂教

1997 年 9 月 3 日，金温铁路新任董事长阮晖给南老的信：

南老师大鉴：

春间面聆教诲，获益良多。倏忽数月，常为挂念。

现将公司近来几项工作情况禀告如下：

一、公司董事会顺利召开。在老师和浙江省政府、铁道部的大力支持下，公司董事会于 8 月 9、10 日在温州顺利召开会议，对金温铁路调整总概算报告，和公司经营管理方面的诸多重大事项，进行了认真审议，并做出了若干重要决议。会议期间，三方董事推心置腹，恳切交谈，感情更趋融洽。与会者一致认为，这次董事会开得比较圆满成功。记述会议具体成果的《会议纪要》已报老师，在此恕不赘言。

二、丽杭段临运情况良好。自今年 6 月 26 日丽水至杭州客车临运开通以来，公司运输部门着重抓了优质服务、客源组织和安全运输三项工作。两月来，接送旅客共 14 万人余次，日均 2000 余人次。经济上已稍有收益。尤为可喜的是，广大旅客对我们列车的服务质量十分赞许，两月来共收到旅客表扬 2000 余条，从而极大鼓舞了公司员工的工作信心，同时也证明了公司目前试行的用工机制和规范化管理已初见成效。我们准备在此基础上，总结经验，再接再厉，为明年的全线客货运输开通，做好各方面的准备。

三、调整总概算工作正在抓紧进行。根据公司董事会决议，8 月下旬，公司在温州召开了金温线调整总概算专家审查会，邀请铁道部和浙江省有关单位的领导和专家，对铁四院编制的调整总概算进行审查。专家们肯定了公司前阶段对调概做出的努力，使总概算从 32.38 亿核减到 29.79 亿元。认为金温铁路工程单位造价，与同类工程相比还是偏低的。同时也指出编制调整总概算中，还存在资料不齐、重复计算和计费标准不统一等毛病，要求部分内容重新核实修改。

根据专家审查意见，铁四院已对调整进行了修改。公司按照上次董事会商定的程序，准备于 9 月中旬再次召开董事会议，审定金温铁路的调整总概算，9 月 20 日前上报国家计委，争取落实今年的贷款规模，以保证余留工程的顺利进行。

以上做法妥否？敬请老师有所垂教。专此布达，恭请

大安

浙江金温铁道开发有限公司　阮晖　顿首

1997 年 9 月 3 日

多为公众设想　多做一点人事

南老答复阮晖先生，为金温铁道公司召开董事会议：

事由：本人南怀瑾，今以香港联盈兴业公司董事长及为金温铁路原始倡导投资修路者的身份，特别提出根本否定九月十五日在杭州召开调整总概算会议。

理由：

一、金温铁路开始的建造合约，是由本公司和浙江省政府所签定。主要包括造价总数及引进外资，与沿途车站土地等等条件，均有原本合约存查。但浙江省府，自开动修造铁路迄今，完全没有一件依约合法履行。我乃一介平民，为了铁路的修成，屡屡委曲求全，一再忍让，以期铁路的修造成功，有利于社会和人民，是为最要。

二、浙江省府，为了修造金温铁路，又特别另行成立地方铁路公司，承包金温铁路工程。且由省府负责人承诺，如果预算增加，统由省府自行负责筹措。

三、根据原先合约规定，如果在建造铁路的过程中，真肯负责为国为民谋福利的话，那么，在铁路沿线及公司应得的土地房地产，甚之，运用其他合理合法的经营，对于铁路工程所需增补的资金，应当毫无问题。但省府方面及担任铁路公司负责的人，只顾现实，争取工作成绩，哗众取宠，志在官位。并没有为铁路公司着想，更没有为将来的社会进况着想。而且缺乏现代化国际经营实业智识，一味大言不惭，平时只会报喜不报忧，临事又只会要股东追加概算，从来没有反思调整过去所犯的失误，以求弥补目前的不足。须知做官也罢，做实业也罢，必须要真诚为民服务，为人消灾。官位并非长久之物，总有一天会离休的。但人总要做的，所以应该多为公众着想，多做一点人事才好。

四、且金温铁路公司的组成，亦统由省府派出国内政府人员负责。本公司并未有安插介绍一个境外人员参加。而在修造铁路的中途，我方观察结果，生恐省府仗势，宁可退为小股，以策安全。不料你们忽然中途走马换将，把金温铁路公司原始人事变动，既不依公司法规定，不经公司董事会议决，就自做官式安排处理，重新调整，派来担任董事长及总经理的人选，亦皆为在职干部调任。过后才于今年八月十日，召开董事会议，要追认其事。而且在这次会议上，又提出再要增加概算，官方派任的董事们，疾言厉色，非要外资民股同意承认的气势，实在咄咄迫人。因有录音记录带回，使我及本公司同人听了，均感畏惧不堪。我已行年八十，老迈不堪，但也情不自禁，殊觉难堪。我平生不欺人，但亦不愿受人欺，因此，决计要依法即将提起控诉，宁为玉碎，不做瓦全了。

五、有关阮晖先生部分，敬请注意，你虽然也是奉命派来，代表政府的大股东负责人。但你须得理解，你既然担任金温铁路公司的董事长兼总经理，应该依公司法规定，根据原始契约，向省府方面依约合法力争，才是不负公司的所望。最初原先签定的合约，等于是公司的母法，你不能不加注意。因此，趁你给我来信说“敬请老师有所垂教”的一句，觉得你很谦虚，我也很受感动，所以特别向你阮晖先生提出以上的奉告，还请见谅是幸。

并请将此函影件转送省府及其他有关方面为荷。

南怀瑾

一九九七年九月四日

为公为私 再三尽心

再致金温铁道公司阮晖总经理函

补充声明

至于在本年八月十日以前，亦即是浙江省突然走马换将，变更金温铁路公司人事以后，所有增加预算的借贷款项等（1）向何处借得？（2）利息多少？（3）将来如何归还？都没有依照公司法，事先向董事会议决通过，事后也无交代。至于我们，可以说一无所知，但须听令而已。不管所借得的款项，是国家的、银行的、或私人的，总而言之，统是国家人民的钱，依法依理，有借有还，所以必须有预算还账的准备计划。你们代表政府公职的，不怕三角债，不怕还不出来会破产。只要功成名就，铁路修好了，还不了债，就把铁路交给银行，交给国家，毫无负担。可是我们呢？是老百姓，是外资来投资修铁路的股东之一，将来要受被追还借债的法律责任。还不了，是要吃官司有罪的。你们常说大家很感谢我修铁路，感谢的结果，是罪有应得吗？所以我一直在观察人的诚心，只告诉诸位，不要感谢，将来不骂我就好了。现在你们一而再，再而三还是这样做，我就准备开始挨骂，不得不依法先提起控诉，行吗？

既然大家不讲理，不顾情理法，要闹就闹大一点吧！我将向国内国外，投之公诉，以免后患。因为我在为公为私方面，都已再三尽心说明做到了，但所得到的回应，只有敷衍了事而已，故此不得不再做声明，不要错怪是无理取闹吧！此请明鉴。

并请将此函影件转送省府及其他有关方面为荷。

南怀瑾

一九九七年九月四日

认真领会 全力以赴

阮晖回答南老师的信：

南老师大鉴：

老师9月4日的电传函已收到。其时我正出差哈尔滨调查处理公司1995年前遗留的200万元债务问题，闻讯即匆匆赶回。迟复为歉。

拜读老师来函，深为老师对金温铁路的殷切关心，和忧国忧民的博大胸怀所感动。为了修建这条浙西南人民盼望近一个世纪的铁路，以造福于社会和民众，老师确实是劳心劳力，为后人做出了舍己为公的表率。故乡人民将永记着老师的功德。老师的言行，将激励鞭策我们进一步建设和经营好金温铁路。

8月8日金温铁路铺通以来，公司的诸项事务更为繁忙。一是努力筹措资金，以保证原预留工程的费用及时到位；二是加紧温丽段的路线整治和站后建设工作，争取1998年能如期开通全线的客货运输，早日发挥金温铁路的社会和经济效益；三是继续抓好丽杭段的客车临运，提高优质服务水准，增加客流量。从七、八两月看，客运成绩尚为不错。接送旅客共14万余人次，日均2000余人次，并收到旅客表扬信2000余件。证明公司目前的用人机制和管理办法是行之见效的。赞扬声中也有一些批评和建议，如对列车上的供餐不足，和需增加零售报刊服务等意见。公司准备在此基础上，总结经验，改正不足，为明年的全线开通做好各方面的准备。

老师：关于调整总概算一事的教诲，以及侯先生拜会柴省长的事宜皆已知晓，我一定认真领会，并想告诸公司的所有董事，请大家共同磋商。我目前正着手准备9月15日召开的董事会，务请老师派董事或代表届时参加，真诚希望得到老师的理解和支持。

耑此布达，恭请

大安！

浙江金温铁路开发有限公司

阮晖 顿首

1997 年 9 月 9 日

一贯主张 还路于民

我代表香港联盈兴业有限公司南怀瑾先生，提出“功成身退，还路于民”之理想，转让其所有股权给浙江省政府书面提议案：

为了让浙江金温铁道开发有限公司全力贯通金温铁路之工程与经营，特请股东——浙江省政府，收购香港联盈兴业有限公司所有之股份，最后做到南老师还路于民的原先理想。除已向铁道部王局长报告外，并由侯承业博士代表南怀瑾老师面呈信函给柴省长。今特向董事会提出此一转让提案，请各董事及阮董事长就此事给予支持与协助及办理为盼。

浙江金温铁道开发有限公司代表 董事李素美

香港联盈兴业有限公司代表 侯承业

1997 年 9 月 15 日

浙江金温铁道开发有限公司董事会，审议意见如下：

香港联盈兴业有限公司向董事会提案：为了有利于浙江金温铁道开发有限公司，全力贯通金温铁路工程并经营全线运输，出于种种考虑，特要求浙江省方转让香港联盈兴业有限公司所有股权，以实现南怀瑾先生功成身退，还路于民的理想。

全体出席本次会议的董事和董事代表十分认真、慎重地考虑了这一提案，经过充分讨论，决议如下：

一、会议认为，自1995年7月公司董事会重组以来，合营三方的合作是愉快的、有成效的。在公司董事会的领导下，两年多来，公司在理顺内外关系，筹措建设资金、分段开通临运方面做了大量工作，并取得了今年8月8日金温铁路全线铺通等丰硕成果。

二、金温铁路是第一条内地与香港合资修建的地方铁路，影响较大。因此，对于香港联盈兴业有限公司转让股权的提案，浙江省方和上海路局方的董事和代表，均表示意外和惋惜，再三提出了挽留的意见。但香港联盈兴业有限公司董事和代表反复解释此一提案是秉承南怀瑾先生功成身退，还路于民的一贯思想，请浙江省方和上海铁路局方面予以理解和支持。基于公司合同第四章第十一条有关股权转让的条文规定，董事会最后一致同意了香港联盈兴业有限公司转让股权的提案。

三、为了保证金温铁路于1998年全线建成开通，实现浙西南广大人民也即南怀瑾先生的夙愿，董事会委托公司抓紧进行有关股权转让的具体工作，由合营三方进一步对股权转让的细节问题进行磋商，结果报告公司董事会审定后，再上报国家有关机构批准。

四、全体董事和代表一致认为，金温铁路取得的一切成果，都离不开南怀瑾先生的“催生”之功和长期以来的殷切关怀、不懈支持。南怀瑾先生舍己为公、造福于民的思想和精神，必将不断激励促进公司全体同仁和沿线广大人民进一步建设、经营好金温铁路以及做好其他各方面的工作。全体董事和代表一致希望南怀瑾先生，继续担当浙江金温铁道开发有限公司名誉董事长。

同时，董事会感谢李素美女士、李传洪先生为建设金温铁路做出了重大的贡献；感谢侯承业先生、王伟国先生为本次董事会会议的顺利召开做了大量前期准备工作，提出了许多宝贵的办法和意见。

各董事、代表签名：

1997 年 9 月 15 日

调整概算 各述所见

1997 年 9 月 15 日，公司董事会对“金温线审查后修改调整总概算”进行了审议，意见如下：

一、为了调整金温铁路工程总概算，一年多来，公司和浙江省金温铁路工程建设总指挥部、铁道部第四勘测设计院（以下简称铁四院），做了大量调查研究和现场核实工作。公司根据今年 8 月 10 日的董事会决议，聘请专家对铁四院编制的调整总概算进行了审查，而后铁四院又根据专家的审查意见进行了重新修改。调整概算的产生是上述各单位共同努力取得的成果，是来之不易的。

二、对于“审查后修改调整总概算”中的部分内容，提出以下意见：

1. 对于大临工程、青田段改移道路工程的费用，需赴现场进一步核实。

2. 对于浙江省地方铁路设计所具备的资质等级，需进一步了解、确定，从而确定是否需对该设计所作出的各类变更设计进行复审。

3. 对于“三电”工程的设计单位的资质需进一步了解、核查，从而确定是否需对“三电”设计文件进行详细审核，以确保未来的营运安全。

4. 对于工程预备费和各项工程的预留费，应该从严掌握，严格履行报批手续。

三、审查后的修改调整总概算，从 21.07 亿元增加到 29.13 亿元。增加的概算资金仍由公司进行融资。各股东方仍按照原融资渠道，和原担保方式进行融资。对此，合营三方各自阐述了自己的观点，具体意见为：

1. 浙江省方认为铁路是我国第一条内地和香港合资的铁路，由于建设周期长，物价、体制、定额等变化，加上沿线地质地貌复杂等原因，1995 年核定的批总概算 21.07 亿元已难以满足工程建设的实际需要。为有利于筹措建设资金，按期建成投产，早日发挥效益，对总概算进行调整是必要的。浙江省方除愿意落实自己承担的融资部分的来源和担保外，并愿意继续为香港联盈兴业有限公司承担的融资部分落实来源和提供担保。

2. 上海铁路局方认为，根据工程建设的实际情况和专家的审查意见，对金温铁路总概算进行调整是必要的。上海铁路局方愿意落实自己应承担的融资部分的来源和担保。

3. 香港联盈兴业有限公司认为，概算一再调整，影响股东的权益，并由于本次董事会会议上，提出的获得各董事理解与同意的股权转让议案的相关事宜尚未完结，为此对上述调概和融资方案表示不同意。

各董事、代表签名：

1997 年 9 月 15 日

感谢南老还路于民的晚宴

1997 年 9 月 15 日晚上，浙江省张启楣副省长，特设晚宴招待所有与会董事，对南老的理念、奉献、付出，作了很深刻的说明，并对80年来浙西人民盼望的铁路能如期完成，向南老致以谢意，席间各董事均作了报告，一致对南老的无私理念起了新的共鸣。

同时我也代表南老，向大家共同为金温铁路的付出，以及沿线人民的奉献，特别是朱副秘书长、柴省长为筹借施工费用所作的贡献，致以谢意。而且我也愿以个人美国华盛顿大学工学院土木系教授的身份，邀请金温铁道公司总经理与各级经营者去美国，实地参观美国的铁道公司，及其精简的编制制度。同时也愿意以个人的身份，随时为金温铁路的事做些跑腿的工作。

自然，我对南老伟大的理念，为中国历史上增添一个新页，为浙西南人民盼望的金温铁路完成，南老的运筹帷幄，及他无私的胸怀，所作的还路于民的一贯主张，也表示了敬仰和感激，因为这就是我们要恢复的中国文化，把自己无私地奉献出来。

张副省长、朱副秘书长、阮晖董事长、王书麟副局长也表示了会全力协助此次股权之转让，朱副秘书长并同意在今年旧历年底前办好。我也一再向大家致以谢意，并为金温铁路的前途给予祝福。

一九九八年一月九日金温全线通车到杭州

1998年1月9日，金温铁路全线通车，首次连接到金华到杭州线。也就是说从温州可以经过金华，直达杭州了。首次从温州圆满直达杭州后，各界欢欣鼓舞，并纷纷传真给香港的南怀瑾先生：

一、温州市委书记张友余的传真电报。

尊敬的南老先生：

浙南大地上的第一声火车汽笛今天早上6时30分拉响了，金温铁路开通了第一趟专列，送温州、丽水、金华的省政协委员、省人大代表，去杭州开会。此时此刻，我作为省人大代表乘上这趟列车，心里感慨万千。

金温铁路是浙南建设史上的一座里程碑。她的开通，结束了浙南地区长期没有铁路的历史，圆了温州人民的大半个世纪的梦。她的建成，标志着温州海陆空立体交通网路已经全面形成，将对温州和整个浙南地区今后的经济发展和社会进步，起到至关重要的推动作用。

金温铁路的开通，凝聚着南老先生您的心血，温州人民不会忘记，浙南人民不会忘记，您以爱国爱乡的赤子之情起而倡导，以一代宗师的战略眼光予以推动，促进了金温铁路的诞生和建成。您的功绩将载入浙西南发展的史册。

在金温铁路开通专列之际，我谨以个人的名义，并代表700万温州人民向您表示衷心的感谢，祝愿您健康长寿。

张友余

1998年1月9日

二、温州市人民政府的喜报。

尊敬的南老先生：

今天早上6时30分，满载温州市省政协委员的金温铁路专列由温州火车站起程开往杭州，欢送省政协委员出席浙江省政协八届一次会议；在明天同一时，金温铁路专列又将欢送温州市省人大代表赴杭出席浙江省九届人大一次会议。这标志着金温铁路经过艰苦卓越的拼搏，顺利实现省委、省政府提出的既定目标，开始进入全线营运的新阶段！在全市上下欢庆鼓舞之际，我们特向您老人家报喜，再次衷心感谢您对建设金温铁路极大的关心和支持。

金温铁路是温州人民的致富之路、希望之路，建设金温铁路是温州人民的世纪之梦。现在，梦想终于成为现实，长鸣的汽笛回荡在温州大地。700万温州人民不会忘记您的关心和厚爱，永远感谢您的鼎力支持和无私奉献。我们一定会以百倍的努力，科学管理铁路，充分发挥金温铁路巨大的经济和社会效益，全面推进温州各项建设事业的蓬勃发展。

温州市人民政府　杨秀珠

1998年1月9日

三、浙江金温铁道开发有限公司的电报。

南名誉董事长怀瑾先生大鉴：

今天上午6时30分，金温铁路首趟专列在温州火车站发车，欢送温州、丽水、金华三地的省政协委员赴杭州出席省政协八届一次会议。下午2时57分，专列正点顺利到达杭州东站。全程平均时速达到53公里，刚刚开通的温州至丽水段时速亦达45公里。

这次专列开行，为金温铁路全线的通车拉开了序幕，也圆了浙西南人民的百年梦想。

特此向您报喜，并祝

新年大吉！

浙江金温铁道开发有限公司

1998年1月9日

四、金温铁路工程建设总指挥部的传真。

南怀瑾先生台鉴：

金温铁路工程建设，在您等的关怀、支持下，今日又传佳讯——满载人民代表的“金温铁路专列”火车，6点30分从温州火车站始发，于14时57分安全正点抵达杭州。此时此刻，大家的心情万分激动。

百年梦，今日圆。经过广大建设者五年的艰苦拼搏，总算通车了，在此，我仅向您报告这一令人欢欣的消息，愿您同享欢乐；并代表全体建设者向您表示衷心感谢。恭祝身体健康！

李林访先生

1998年1月10日

南怀瑾先生得知这个的消息，亦至感欣慰，对各界的热情和来电也都回电致意，大致如下：

传真收到，因外出今归，方得展读，迟复乞谅。欣闻金温铁路竣工，且于九日由温州直达杭州，至为欣慰。此皆省方及有关负责单位与诸公功绩，恭喜贺喜。至于我之本心，对于铁路事，未能尽如理想，始终心有遗憾，来函过誉之奖，殊不敢当。承蒙见告，谨此致谢，并颂

春安

南怀瑾

一九九八年一月十二日

结语——南老的话

由1987年到1997年，这近10年的日子里，南老以一位海外学者的身份，倡导修建这80年来，7次动工而未完成的铁路。而且在这10年中，时时刻刻为金温铁路而设想，他给大家的信不下百万言，这次由南老师口述过去的点点滴滴，加以整理，公诸于世。这是一个活生生的历史，对国内外合作、合资、经济、政治、交通、工业、农业都会有莫大的影响。他山之石，可以攻错，这不失为一个借镜，让我们用更深一层的心灵去体会。

南老曾说过，他不仅仅是在修金温铁路，他更要修一条通往人心的大道呢！所以金温铁路其实就是一条通往人心大道的路，他代表了信心、恒心、努力、毅力、合作、忍耐、奉献、中国固有文化、教育等等的含义。看到这条251公里的铁路，就会想到南老的理念，现在节录他老人家说过的一些话，体会一下其中的真实意义：

近一二百年间，人类历史的进展，由于交通工具的发展，在空间领域上，融天下为一家；由于电信知识的传播，在种族观念上，使四海之内皆兄弟。虽然如此，但肝胆楚越，世界的战火未已，兄弟阋墙，人类社会的动乱频仍。无论东方或西方，都有数千年文化的蕴积，都极尽宗教、哲学、科学、教育之能事。但仍然不能消弭战火，安定社会，使人类得到梦寐以求的和平和幸福，实为有识人士所扼腕而长叹不已。

回顾人类的历史，因果相仍，循还不已。在中世以前，东西方社会，都能顺时听天，安居乡土。自中世以后，知识随科学的发明而开展，欲望也随海洋的交通而澎湃。工业革命制造了代替人力的机械，也促进了物质的文明。但物欲驱心，军国主义的侵略火把，燃起了漫天的战火。科学与物质文明贡献于人类生活的便利，反成为人类文化的障碍，世界浩劫的助力。直到今天，领空观念，随太空科学而扩张，人类是否能为了对另一世界的征服与追求，而放弃了在地球上的争夺，这当然还有待于天心运会，人事因缘的互变，未便言之过早。

虽然，鉴古可以证今，观今可以知来。欲知明日的天下，先须认清今日的世界。今天人与人间的仇杀，国与国间的争夺，暂且不谈。就拿现代人自诩为经济、政治、教育的高度文化来说，也没有一样不是百孔千疮，问题严重。就以东方古国的中、印来说，局促于自然科学的落后，和物质文明的穷困，虽有救世的苦心，救时的良药，但巧妇难为无米之炊，奈何心有余而力不足了。

然而长夜漫漫，鸡鸣不已，举世皆醉，岂无独醒之人。我们自己就不能做点什么吗?

中国传统文化，在社会而言，始终讲究“养生送死而无憾”。所以礼运大同篇特别强调：“使老有所终，壮有所用，幼有所长，鳏寡孤独废疾者，皆有所养。”

孔子集上古文化的大成，以孝为一切德行的根本。他的学生曾子，在大学上，便以修身、齐家，为内圣外王的枢纽。他的孙子子思，也把明诚之教，归本于孝弟之行；从此拓展出中国以孝义治天下的特殊文化。

这种文化正像一个十字架，以自己为中心，上孝父母而及于天，下爱子女以垂万世；两旁以兄弟、姊妹、夫妇而及于朋友；这个十字架不是宗教的，而是伦理的，它是中国社会的缩影，是中国文化的象征。

西方文化却不然，虽然他们秉承希腊文化的传统，主张自由，固有其特殊的贡献。但他们完全以个人自由为出发点。

中国文化自十九世纪以来，受西方文化的冲击，使固有完美的十字架，也被冲得东倒西歪。随着工业社会的发展，小家庭制度的普遍，孝悌之道也就逐渐地被人所淡忘。老年人的孤露飘零，奄留一息于凄凉的晚景，成为时代的必然趋势。

人性是善是恶，这几千年来，宗教、哲学上争论不决的问题，我们暂且不谈；就以教育的立场来说，人自有生命开始，由婴儿、孩提、幼年、少年，以至于成年，随时随地，都需要教育的培养；所以有胎教、家庭教育、学校教育、社会教育等一系列的教育；而在这一系列的教育中，由于他们历史文化背景的不同，因此在教育思想及方法上，都各有其特殊的精神。

西方的文化，在十八世纪以前，由于宗教教育的时时提醒，尚能非常平稳地发展，可是在工业革命之后，由于科学的创制，带来了高度的物质文明，使人心竞逐于物欲，理性迷醉于现实。固有的宗教、哲学，已收拾不住这一将倒的狂澜。举世疯狂，有谁独醒？十九世纪中叶，曾有丹麦医生契尔伽德研究神学及哲学，认为要由机械文明所造成，举世疯狂的病态中，解救人类，而提倡存在主义，本想医世医人，岂料他自己也无法自医，未及中年，便死于忧郁之症。可是这种尚未成熟的存在主义，却因时代之刺激，普遍于欧陆，风行于美国。附会曲解，乃致于饮鸩止渴；如妄用治疗精神病的药品，来麻醉人心；或剽窃中国道教的糟粕，附会佛家小乘的顽空思想，形成类似印度上古时代的裸形、涂灰等外道来迷惑人心。使无知的青年，以蓬头垢面为适性，以残杀盗淫为自由，而邪风鼓煽，不胫而走传遍全世界。这也足见今日宗教的式微，哲学的没落，和教育的破产。在这时代传染病的侵蚀下，最先遭受毒害的是欠缺抵抗力的青年；而青年的中毒，也等于扼杀下一代的生机。因此今天我们要解救这一危机，应从青少年的德艺教育，作为励志的辅导，希望能本着“幼吾幼以及人之幼”的古训，使迷惘的这一代不再迷惘，而能走上光明的坦途。

文化学术，关系世界人类的命运，国家社会的兴衰，至深且钜。在历史上，无论东方或西方，任何一个国家社会的演变，以及战争的原因，常被视为是政治、经济的动乱。其实，这个动乱的根本，还是在于文化学术。

自十五世纪以来，欧洲文艺复兴运动，促成了科学的发展，为西方社会带来了物质的文明。接着而有工业革命，使西方的文化、学术、思想迈入了一个新的里程。直到十九世纪，东方国家如中国、日本，开始接触西方文化。由于震惊声光电化之奇，船坚炮利之威，而动摇了固有文化的信念，于是急起直追，由盲目学习西方的科学，遂有全盘西化的趋势。正在东方国家犹忙于急起直追的当时，西方社会却因物质文明的发展，孵育成唯物思想的暗流，侵蚀了人心，腐化了社会。就拿代表现代西方文化的美国来说，如宗教信仰的贬值，人文哲学的衰落，教育思想的舍本逐末，在在都使得智者虑，仁者忧。至于青年人的不满现实，陷于彷徨和盲动，老年人的无家可归，流于绝望之境，这些都给予科学文明以严重的讽刺。这不仅是西方推崇物质文明的自食其果，而且也波及了东方各国，使人类数千年来所祈求的世界和平与幸福，濒于幻灭。照理说，东方国家谈不上物质文明，应该不致于陷入这块泥沼，其实不然；一方面固然由于生存现实的世界，弱肉强食，没有经济实力的国家，只有任人摆布；一方面也由于贪图物质上的享受，抛弃自家宝藏，迷途忘返，其可哀可虑，更有甚于西方国家。

鉴于此，世界上有许多先见之士，都认为今后世界局势，能补救西方文化在科学文明发展上的缺点，并作为西方宗教、哲学，振衰起弊之良药的，只有东方文化的复兴。你说我们就不能做点什么吗？

东方文化的结晶是儒、道、佛三家的思想。近年来，西方人研究东方思想，当归于禅学；最近追索东方的科学精神，又趋向于儒、道两家同源的易经；事实上，佛家明心见性的智慧，道家全生保真的修养，与儒家立己立人，敦品励行，以及世界大同的理想，如能与西方文化交流融会，必能补救科学思想的不足，拯救物质文明的所失。

编　后　记

1997 年 9 月，把兴建金温铁路经过的资料，作了整理，参考了近 200 多万字的文稿及资料，其中南老的信函及有关部门的回函，均照实编记。虽然在修建金温铁路的过程中，南老所提出的理想、方法，有时大家并不能体悟，但过后不久，大家就了解了。所以说，全体参与金温铁路的工作人员，及各级领导，均有着统一的目标，那就是全力修好这第一条由中外合资修建的地方铁路。这本书记述修建金温铁路每一个阶段所发生的事情，工作的进度，大家的感受，一切均照实说明。其中所涉及的人、事、物，均是据实报导，并没有刻意的批评，这是要特别声明的。

这一条铁路除了南老的热切支持外，更有浙江省柴省长的全力付出，及其他政府领导与全线工作同仁及地方人民以行动作出的奉献，才使这钢铁巨龙横卧浙西大地，世纪梦想终成现实。

1998 年 1 月 9 日，温州市政府特别以“喜报”传真给南老师，报告当天温州已通车到杭州了。

南老为此要我去杭州向柴省长致贺，并要我带上书籍当作贺礼。我于 1998 年 1 月 11 日早上，带着数十箱的书专程赶到杭州，完成了南老交付的任务。由省府朱副秘书长的谈话中，知道了柴省长要朱副秘书长专程赶往温州，全力协助这次的通车安排。很多平时不为人注意的小事，他都一一作了协调。

例如：金温铁路的隧道特别多，有的长达3公里，怕牛羊走进隧道，所以他派人清查了每个隧道，果不出所料，就有两只牛在隧道中行走。为此，他又将每个隧道出入口处及各个平交道口设立永久观查站，并决定由省府拨款修建统一的房舍。他自己在过去一周中，每日只睡两小时。金温铁道公司的董事长阮晖也在列车上照应大家，对我的到来送达南老的关怀与贺礼，感动得不得了。大家一致地感谢南老师的冲虚谦下与桑梓福利的精神。

1998年1月11日与朱副秘书长、阮晖董事长共进午餐，得知柴副省长与铁道部已协调好南老功成身退，还路于民的工作，并拟在最近召开董事会，正式完成此项任务。

在这本书的整理过程中，有赖许多朋友的帮忙，并协助打字、校正等工作，在此一并致上谢意。

侯承业　记

1998年1月14日